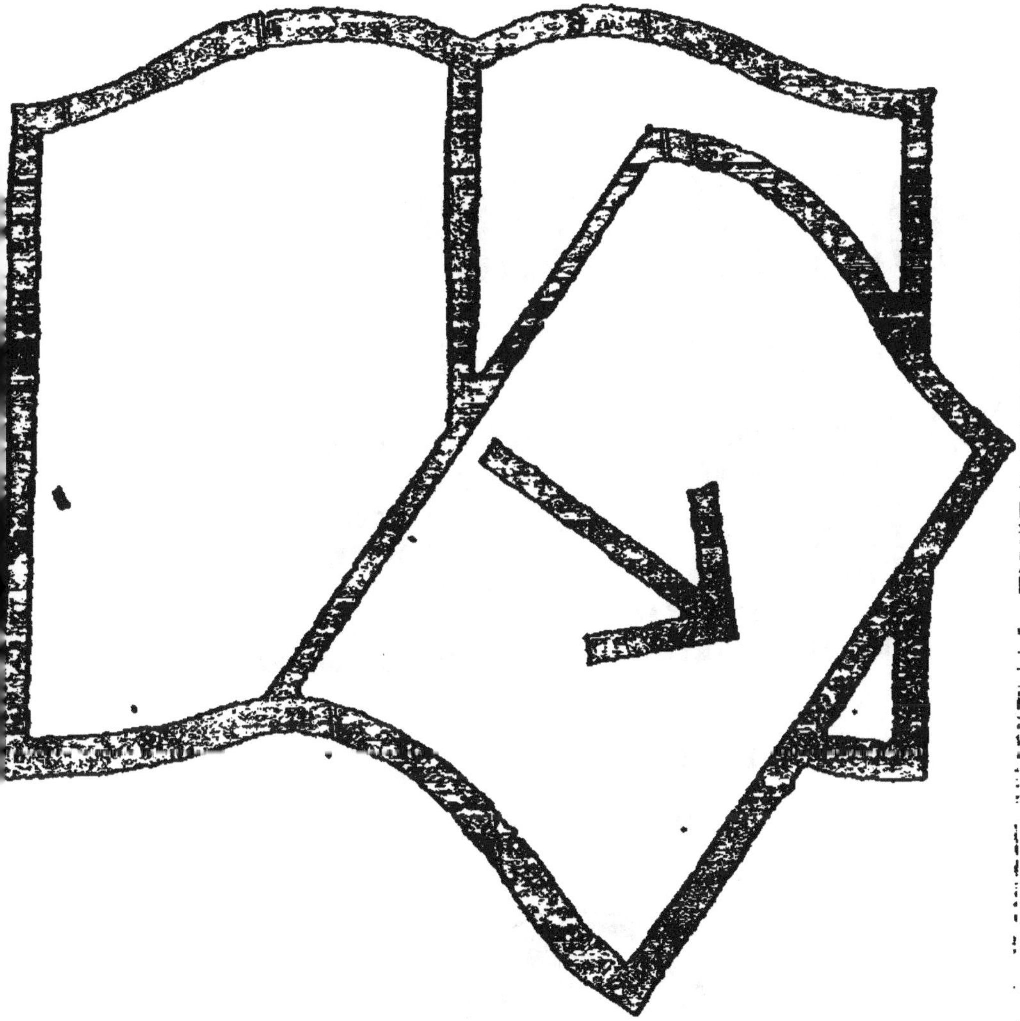

Couverture inférieure manquante

Ernest BOSC

# LA DOCTRINE ÉSOTÉRIQUE
## A TRAVERS LES AGES

Symbolisme.
Langue sacrée.
Évolution.
De l'Homme.
Transformisme.
Races et Sous-Races.
Sémites et Aryens.

D'Isis et d'Osiris.
Livre des Morts.
Renaissance.
Vierges-Mères.
Cosmogonies.
Les Déluges.
Continents disparus.

ÉDITION DES CURIOSITÉS

TOME PREMIER

CHAMUEL, ÉDITEUR, PARIS

Tous droits réservés.

# La Doctrine Ésotérique

## A TRAVERS LES AGES

# En vente à la même Librairie

## PRINCIPAUX OUVRAGES DE M. ERNEST BOSC

*Dictionnaire d'Orientalisme, d'Occultisme et de Psychologie* ou *Dictionnaire de la Science occulte.* 2 vol. in-12, avec figures. Les 2 vol. . . . . . . . . . . . . . 12 fr. »»

*Addha-Nari ou l'Occultisme dans l'Inde antique.* 1 vol. in-12 de xiv-359 pages. . . . . . . . . . . . 4 fr. »»

*Isis dévoilée, ou l'Égyptologie sacrée.* 1 vol. in-12 de vi-356 p. (2ᵉ édition) . . . . . . . . . . . . 3 fr. 50

*La Psychologie devant la science et les savants.* 1 vol. in-18 de xviii-300 pages . . . . . . . . . . . 3 fr. 50

*Traité du haschisch et autres substances psychiques, plantes narcotiques et herbes magiques.* — 1 vol. in-18. . 3 fr. »»

*De la Vivisection. Étude physiologique, psychologique et philosophique.* — 1 vol. in-18 . . . . . . . . 2 fr. »»

*Le Livre des Respirations.* Traité de l'art de respirer ou Panacée universelle pour prévenir ou guérir les maladies de l'homme. Vol. in-18 jésus . . . . . . . . 3 fr. »»

*La Chiromancie médicinale de Philippe May de Franconie,* suivie d'un traité sur la physionomie et d'un autre sur les marques des ongles. Traduit de l'allemand, par P. H. TREUSHES DE VEZHAUSEN, avec un avant-propos et une chiromancie synthétique, par Ernest Bosc. Vol. in-18 jésus, illustré de vignettes . . . . . . . . . . . . . . 3 fr. »»

### Romans de M. A. B. (Mᵐᵉ Ernest Bosc)

*Voyage en Astral ou vingt nuits consécutives de dégagement conscient.* 1 vol. in-18, avec frontispice . . . . 3 fr. 50

*Romans Ésotériques* : Episode en Egypte : Expiation; Revue rétrospective; 500 ans en arrière. — Episode à Jérusalem, avec préface, notes et notules, par J. MARCUS DE VÈZE. 1 vol. in-18 . . . . . . . . . . . . . 3 fr. 50

*Nouvelles Ésotériques,* 1 volume in-12 . . . . . 3 fr. 50

### SÉRIE : INFERNAUX ET SATHANIQUES

*L'envoûtement,* avec préface, notes et post-face, par J. MARCUS DE VÈZE. 1 volume in-18 de xvi-331 pages. . . . 3 fr. 50

*Thomassine,* 1 volume in-12 . . . . . . . . 3 fr. 50

*La Suggestion Mentale ou la Grande Denise.* 1 v. in-18 3 fr. 50

*La Dentellière du Puy* (2ᵉ Ed.). 1 vol. in-18 de 300 pages (en préparation). . . . . . . . . . . . 3 fr. 50

SAINT-AMAND, CHER. — IMPRIMERIE BUSSIÈRE FRÈRES

Ernest BOSC

# La Doctrine Ésotérique

## A TRAVERS LES AGES

Symbolisme.
Langue sacrée.
Évolution.
De l'Homme.
Transformisme.
Races et Sous-Races.
Sémites et Aryens.

D'Isis et d'Osiris.
Livre des Morts.
Renaissance.
Vierges-Mères.
Cosmogonies.
Les Déluges.
Continents disparus.

ÉDITION DES CURIOSITÉS

—

*TOME PREMIER*

CHAMUEL, Éditeur, Paris

—

Tous droits réservés.

# INTRODUCTION

> L'homme doit croire avec fermeté
> que l'incompréhensible devien 1
> compréhensible, sans cela, il cesse-
> rait de scruter.
>
> GŒTHE.

Depuis que l'homme est un animal un peu civilisé, toutes les nations ont possédé une sorte de code de morale qui leur ont permis de vivre dans une probité relative. Ce code de morale toujours le même, chez presque tous les peuples, leur a été fourni par la *Tradition* et a été dénommé DOCTRINE ESOTÉRIQUE.

Que signifie exactement ce terme ?

Nous l'avons dit ailleurs (1) : L'Esotérisme, la Doctrine Esotérique est une *Doctrine cachée*, qui

---

(1) Dans notre DICTIONNAIRE D'ORIENTALISME, d'*Occultisme et de Psychologie* ou *Dictionnaire de la Science Occulte*, p. 325, v° *Esotérisme* ; 2 vol. in-18 avec figures, Paris, Chamuel, éditeur, 1897.

n'est point enseignée au Vulgaire, mais aux seuls *Initiés*, c'est-à-dire à quelques rares privilégiés, qui l'ont mérité, par leur moralité, leur savoir et leur haute Sagesse.

D'où provient cette doctrine ?

Les hommes l'ont reçue par intuition et l'ont conservée d'âge en âge par la Tradition. Elle aurait été primitivement donnée aux hommes par des *Mages* ou *Sages* habitant les hauts plateaux de l'Asie et de là, elle se serait répandue dans le monde entier par suite de migrations successives.

Voici comment se seraient accomplies ces migrations Asiatiques.

Après un déluge, quelques groupes de la vieille race étaient restés sur les hauts plateaux de l'Himalaya et dans de nombreuses îles de la Polynésie. — Les groupes de l'Inde trouvèrent devant eux de vastes terres et s'y développèrent, continuant leur vieille tradition, et peu à peu les Descendants des *Rutas* envahirent le Globe par deux vastes courants, l'un au Sud par l'Iran, l'Arabie et l'Egypte, l'autre à l'Ouest et au Nord par l'Iran également, mais dans sa partie occidentale, par l'Asie-Mineure, la Grèce, l'Italie, le Caucase, la Scandinavie, la Germanie et la Gaule. Ces émigrations de l'Ouest et du Nord parlaient le *Sanskrit* (1) tandis que les émigrations du Sud parlaient le *Tamoul*.

Et voilà pourquoi, disent les partisans du *Mirage Oriental*, à l'Ouest, au Nord et au Sud, on retrouve les mêmes traditions, les mêmes croyances religieuses, toutes puisées dans le grand *Livre de la Loi*, dans les *Védas*, sauvés d'après une légende par Vishnou dans son Avatar de Poisson.

Quant aux autres groupes des descendants des *Rutas* échappés au grand cataclysme sur les débris du grand continent Polynésien submergé, ils perdirent peu à peu la plus grande partie de leur souvenir du passé, et obligés de vivre sur des îlots sans pouvoir s'agrandir, ils perdirent jusqu'à la mémoire de leurs anciens symboles.

L'Inde et la Polynésie ont oublié leur commune origine, parce que des milliers et des milliers de siècles les séparent de leur point de départ unique.

(1) Le Sanskrit, comme peuvent en témoigner tous ceux qui l'ont étudié, est la langue la plus parfaite que les hommes aient peut-être parlée. Elle surpasse certainement le grec et le latin comme régularité et richesse, et le persan et l'arabe comme poésie ; et, fait digne de remarque, elle conserve avec la plupart, nous pourrions dire avec toutes les langues européennes, une analogie frappante, qu'elle tient principalement de la forme de ses caractères, qui, se traçant de gauche à droite, ont certainement servi de prototype à tous ceux qui ont été et sont encore aujourd'hui en usage en Europe, en Asie et en Afrique.

D'autres Archéologues et Linguistes prétendent que la *Tradition Ésotérique* nous viendrait des Celtes qui seraient, d'après eux, *le plus ancien peuple du monde* et que ceux-ci habitaient le Nord de l'Europe ; l'Irlande, la Grande-Bretagne et l'Armorique la *terre d'Armor* ; qu'une partie de ces Celtes, sous la conduite de Ram ayant pour enseigne le Bélier (*Aries*), se serait rendue en Asie et y aurait importé la DOCTRINE ÉSOTÉRIQUE.

C'est là une question que nous ne pouvons même effleurer ici, car elle comporterait de trop longs développements pour cette introduction (1).

Enfin, quoiqu'il en soit, qu'elle vienne du Nord ou du Midi, de telle ou telle autre contrée, la DOCTRINE ÉSOTÉRIQUE existe, elle est et a été toujours vivace et si nous ne pouvons affirmer son pays d'origine, nous pouvons du moins constater son existence ; c'est là un fait incontestable et dans cette nouvelle œuvre, nous allons étudier sa propagation à travers les âges, parmi les grands peuples à civilisation avancée.

(1) Nous l'avons du reste étudié dans un autre ouvrage avec toute l'ampleur que mérite cet important sujet, dans un volume que nous avons sous presse : BÉLISAMA ou *l'Occultisme celtique dans les Gaules*. Ce volume complète une Trilogie de l'occultisme chez trois grands peuples : ADDHA-NARI chez les anciens Hindous ; pour les Égyptiens voir notre ISIS DÉVOILÉE, 1 vol. in-18, 2ᵉ édition, Paris, 1898.

L'Orient, a dit Lamennais, « n'a plus de feuillage, plus de tronc même, plus de végétation apparente, mais il a toujours, dans les entrailles du sol, de fortes et vigoureuses racines. Ce sont, au contraire, les racines de l'Occident qui sont pourries ».

Jamais paroles n'ont été aussi justes, aussi parfaites, qu'appliquées à notre époque.

L'Orient a été pour l'Europe moderne un grand Instructeur, un grand maître (un *Guru*) et c'est pourquoi il y a lieu de l'étudier de plus en plus. Dans ces dernières années, nous n'avons guère étudié que son art et un peu sa littérature. Aujourd'hui, il y a lieu de poursuivre ces études beaucoup plus loin et d'étudier également sa haute philosophie.

Depuis de longues, de très longues années, les Théosophes et Théosophistes de France, de même qu'un grand nombre d'Occultistes et de Spiritualistes de divers pays, attendaient un Livre sur la Doctrine Esotérique.

Pour les lecteurs de langue anglaise, il existe bien une œuvre remarquable : *La Doctrine secrète* de H. P. B. ; mais outre que cet ouvrage est écrit en anglais (bien que conçu et primitivement écrit en français), il est d'un prix fort élevé et son contenu très touffu est d'une lecture assez difficile, par suite des innombrables questions qui y sont traitées et des hautes connaissances occultiques et techniques que le lecteur doit posséder pour lire cette œuvre, sinon avec fruit, du moins avec un réel intérêt (1).

C'est pourquoi nous avons pensé qu'un ouvrage beaucoup plus simple, beaucoup plus modeste, bien que d'une science vraie et certaine, pourrait être utile à la cause spiritualiste et aux nombreux occultistes de langue française fort nombreux aujourd'hui ; et c'est pour cela que nous nous sommes décidés à publier cette nouvelle étude, sans prétention scientifique et qui n'a pas surtout celle de traiter la question à fond et dans ses données les plus profondes, partant les plus obscures.

Nous espérons, néanmoins, que telle qu'elle a été conçue, cette œuvre pourra rendre quelques services, des services vraiment bons et utiles, car elle embrasse avec netteté, avec ordre et méthode l'*Esotérisme* dans ses grandes lignes, dans l'Antiquité, ainsi que dans les temps modernes.

Le lecteur comprendra que pour donner une histoire complète de la *Doctrine Esotérique*, ce

---

(1) L'ouvrage anglais comporte deux énormes volumes du prix de 48 francs, puis il est si touffu et si rempli d'érudition, qu'il n'est pas à la portée, tant s'en faut, du premier venu.

n'est pas deux ni trois volumes qu'il y faudrait consacrer, mais dix ou quinze. Tandis qu'un *Résumé* a l'avantage d'être très maniable, très facilement saisissable, même pour un esprit peu familiarisé avec ces hautes questions, et c'est pour cela que nous avons adopté cette forme abrégée, dont la condensation n'était pas facile à réaliser.

Le lecteur va pouvoir, du reste, décider si nous avons sagement agi, il pourra en décider en connaissance de cause, après avoir lu une sorte de programme synthétique, de ce que renferme cette œuvre, programme que nous exposons plus loin pour permettre d'en saisir, d'un seul coup d'œil, tout le vaste ensemble, car il ne faut pas l'oublier, la Doctrine Esotérique, ou Doctrine cachée, embrasse toutes les connaissances humaines, qui figurent dans presque toutes les religions, dans presque toutes les philosophies dignes de ce nom.

La Doctrine Esotérique est l'essence de toutes les religions passées, présentes et futures, lesquelles religions l'ont défigurée, afin qu'elle soit inconnue à la foule de ses sectateurs, de ses fidèles ; c'est pour cela que les Religions quelles qu'elles soient, ont une partie *Esotérique*, connue seulement par leurs grands Prêtres et une partie *Exotérique* pour la foule des Sectateurs.

La *Doctrine Esotérique* regarde comme une illusion (*Maya*) toute chose finie, arrêtée, qui a des bornes.

Est donc seul vrai, existant, réel, ce qui est sans limites, sans bornes, ce qui n'est point déterminé : l'espace, le son, l'air, la lumière, etc. Donc l'absolu (*Parabrahm*), l'Incognoscible est seul existant.

Qu'est-ce qui a existé, existe et existera toujours : l'ESPACE, voilà l'ABSOLU !

Les Brahmines de l'Inde, de même que les Yogis du même pays, les Hiérophantes de l'Egypte, les Prophètes d'Israël, les Esséniens, les Kabbalistes, les Gnostiques, les Chrétiens, de même que tous les groupes de Philosophes et de penseurs ont tous possédé des Doctrines Esotériques ou mieux la DOCTRINE ESOTÉRIQUE.

Le *Livre des Morts* de l'Antique Egypte, œuvre de très haute envergure, que nous avons étudié et commenté dans notre œuvre, contient la Doctrine Esotérique de l'Egypte ancienne. Aussi la lecture de cette œuvre a-t-elle été incomprise, de ceux-là même qui l'ont traduite, comme nous le verrons ultérieurement.

La Philosophie Yoga contient l'Esotérisme de l'Inde, la Kabbalah celui des Hébreux et ainsi de suite.

L'Esotérisme a été transmis d'âge en âge par la Tradition, avons-nous dit ; de là, fort souvent, de fâcheuses lacunes, de fausses interprétations et beaucoup d'erreurs parfois ; c'est ce qui fait que l'Esotérisme a pu donner lieu trop souvent aux plus fâcheuses interprétations.

C'est pour ces motifs que nous ne nous occuperons que de l'Esotérisme pur et simple, sans épithète aucune, de celui qui nous a été conservé par la tradition, dans toute sa pureté, et qu'on nomme : La DOCTRINE ESOTÉRIQUE qui a pour règle la *Morale* et la croyance en un ETRE SUPRÊME.

Cet *Esotérisme* vient de se réveiller chez nous, d'une manière spontanée pour ainsi dire, à la suite du mouvement spiritualiste contemporain, mouvement dû surtout à l'Occultisme et au Néo-Spiritualisme, car nous sommes arrivés à une époque de trouble, de doute et de fermentation aiguë, tout à fait caractéristique.

Or, à de pareilles époques, correspond toujours une Renaissance de l'Esotérisme ; ce qui devient absolument nécessaire pour paralyser les maux de l'humanité et apporter des consolations après les désastres.

Et ceci est d'autant plus heureux que la Doctrine Esotérique paraissait même si profondément oubliée chez nous, que c'est à une véritable résurrection que nous venons d'assister, c'est certainement plus qu'une rénovation.

Cette résurrection apparaît à notre époque sous des formes diverses et porte dès lors des noms divers : Magie, Mysticisme, Kabbalah, Occultisme, Spiritisme, Théosophie, etc., etc.

Ce sont ces diverses formes de la Doctrine Esotérique que nous étudierons ici et nous les étudierons toutes, sans donner de préférence à aucune en particulier. Seulement, le lecteur comprendra, nous le disons une fois pour toutes, que bien qu'écrivain impartial, nous serons obligé de donner aux diverses formes Esotériques, une place plus ou moins importante suivant l'importance de chacune d'elles.

On comprendra que l'occultisme aura besoin de beaucoup plus d'espace pour se déployer que le mysticisme, le spiritisme ou la théosophie, par exemple.

Nous tenons surtout, dans la présente étude, à dépouiller le Mysticisme, le Gnosticisme et même la Théosophie, d'une quantité de faits secondaires qui les enveloppent et les obscurcissent bien inutilement.

En agissant ainsi, nous pourrons déplaire tout

d'abord à certaines catégories de lecteurs, mais nous leur demandons de nous faire crédit quelque peu, un certain temps, un temps suffisant pour nous permettre de développer l'ensemble de nos idées sur la matière. Qu'ils nous considèrent, en tous cas, comme un ami qui peut parfois blâmer des théories, mais cela avec des intentions justes et bonnes et sans amertume.

Depuis que nous écrivons sur l'Occultisme (il y a de cela bien longtemps), nous avons toujours voulu accomplir une œuvre très difficile, paraissant même impossible à quelques-uns :

Réunir sous un même étendard tous les spiritualistes quels qu'ils soient pour lutter victorieusement contre le matérialisme néantiste qui se dresse en révolté contre toutes les lois divines et humaines (1).

Au début de nos travaux occultiques — il y a

---

(1) Nous avons le regret de constater que nous n'avons guère été secondé par les écrivains, nos confrères. Ainsi il n'y a pas d'abominations que les Occultistes et les Théosophes n'aient vomi contre les spirites ; ceux-ci, de leur côté, ont malmené quelque peu leurs confrères en spiritualisme, et cela à la grande joie des cléricaux.

Nous sommes heureux de constater qu'il s'est fait un grand apaisement dans tous les esprits, depuis qu'il est question du Congrès de l'humanité ; c'est là d'un bon augure pour le futur Congrès.

quinze ans environ — la tâche par nous entreprise paraissait impossible à réaliser, mais aujourd'hui, après quinze ans d'efforts, nous pouvons constater des résultats assez appréciables pour nous permettre de bien augurer de l'avenir.

Nous avons toujours dit aux occultistes : « Vous avez tort de tirer sur les spirites, ce sont vos propres troupes de réserve que vous tuez ; restez donc unis et solidaires avec eux. »

D'un autre côté, nous disions aux spirites : « Pourquoi vous acharner après les occultistes, ils font œuvre utile pour le spiritisme, restez donc tranquilles et ne vous occupez pas d'eux ; mais lisez les œuvres qu'ils publient et en vous instruisant, vous les apprécierez et deviendrez vous-même occultistes, car occultisme et spiritisme sont deux choses qui ne s'excluent pas, mais qui se concilient et ont entre elles de très nombreux points de contact.

Divers groupes spiritualistes sont un peu excusables dans leurs attaques, surtout quand ils battent en brèche le vieux spirite intransigeant qui se complaît dans son immobilité passive, mais nous comprenons moins les attaques des théosophes, qui *posent* pour de profonds altruistes et déclarent respecter toutes les idées d'autrui.

Nous ignorons pourquoi les partisans de la tradition de Blawastky se sont montrés toujours des ennemis implacables des spirites.

Dès 1873, nous avons dit à M<sup>me</sup> Blawastky, qui nous engageait à fonder avec quelques-uns de nos amis une branche française de la Société Théosophique à Paris, nous lui avons dit ce que nous pensions de son œuvre, qui nous paraissait surtout faite en vue de maintenir dans tous les pays, et principalement dans l'Inde, l'influence de la vieille Angleterre (*Old England*) depuis, c'est-à-dire dans l'espace de 27 ans, notre opinion n'a pas changé, au contraire, elle a été pour ainsi dire renforcée, par ce que nous avons vu et voyons tous les jours.

A cette époque nous présentâmes à M<sup>me</sup> Blawastky d'autres objections dont beaucoup se sont réalisées, mais il n'y a pas lieu d'exposer ici les résultats de nos conférences à ce sujet, nous aurons l'occasion d'en parler peut-être un jour dans un autre volume dans une sorte de *Mémoire*, et nous reviendrons à notre sujet en donnant ici le programme de notre œuvre.

Notre étude est divisée en trois parties :

*La Première* développe avec une certaine ampleur des préliminaires, des définitions, des symboles divers.

Elle étudie l'*Evolution* et l'*Involution*, l'astral, le Dévakan et ses plans, la Réincarnation et les Renaissances, ainsi que les Pouvoirs psychiques.

Dans *la Deuxième partie la plus considérable* se déroule la vaste DOCTRINE ESOTÉRIQUE à travers les âges. Le lecteur y voit ce qu'elle a été chez les Hindous, chez les Egyptiens, chez les Chaldéo-Assyriens, chez les Hébreux, en un mot, chez les divers peuples de l'Antiquité.

Dans cette même partie, nous étudions ce qu'a été cette même Doctrine secrète chez les modernes, ainsi que dans les sociétés ouvertes ou secrètes.

La dernière ou *Troisième partie* étudie avec une méthode rigoureusement scientifique des questions très difficiles à élucider.

Ce sont, d'abord, les continents préhistoriques et historiques, les continents disparus, les continents sacrés, puis les âges et les races divers : les races divines, les races humaines, la durée approximative de chacune d'elles.

Dans cette *Troisième partie*, nous étudions l'histoire de Ram et des Celtes ; on y voit ce que sont les *Aryens* ou *Aryas*, ce que sont les *Celtes* ou *Gaulois*, ce que sont les *Sémites*.

Le Sémitisme y est étudié au point de vue moderne et le rôle qu'il a joué et joue non seulement dans l'*Esotérisme*, mais encore dans l'organisation sociale moderne.

Dans cette partie, il y est grandement question — *In fine* — de la *Mission des Juifs* de M. de Saint-Yves d'Alveydre.

Enfin dans une conclusion importante, telle que doit le comporter un tel travail, nous repassons en revue tous les points importants de l'œuvre, et nous plaçons dans une vive lumière, tous les faits, toutes les données, qui méritent d'être étudiés et médités par le lecteur. Aussi nous ne craignons pas de dire que cette conclusion synthétise merveilleusement l'œuvre et la fait apprécier encore davantage.

Nous demanderons en terminant l'indulgence du lecteur pour ce qu'une pareille étude pourrait avoir d'imparfait, de difficile à interpréter. Une œuvre aussi synthétique ne saurait être plus claire, du reste, elle doit laisser place à bien des sujets de méditation pour le lecteur, car ce n'est que ce qu'on apprend par soi-même qu'on sait bien.

Telle est, du reste, la méthode orientale d'enseignement qu'il faut faire pénétrer dans notre Occident.

E. B.

*Versailles, Octobre 1899.*

# La Doctrine Ésotérique

## PREMIÈRE PARTIE

### CHAPITRE PREMIER

PRÉLIMINAIRES. — DÉFINITIONS. — SYMBOLISME

Depuis l'ère vulgaire, l'ésotérisme a eu quatre périodes principales :

La première, presque à l'origine du Christianisme, nous montre le néoplatonisme des Philosophes Alexandrins et un peu plus tard les Gnostiques.

La seconde période se révèle dès la fin du xiv<sup>e</sup> siècle avec les Hermétistes ou Alchimistes qui se nomment Nicolas Flamel, Guillaume Postel, puis après au xvi<sup>e</sup> siècle Paracelse, Cornelius Agrippa, Van Helmont et d'autres encore, moins illustres que ceux-ci.

La troisième période commence vers la fin du xviii° siècle et s'étend jusqu'à la fin de la Révolution française. Les représentants de cette dernière période sont: Saint-Martin, le philosophe inconnu, profond admirateur de Jacob Boehme et son disciple posthume, Swedenborg, que certaines gens traitent d'*Illuminé* (ne l'est pas qui veut cependant).

Swedenborg était un spirite ; de là le mépris professé à son égard par certains ; mais ce grand spirite ne communiquait pas avec les esprits en les appelant à lui, mais au contraire en allant à eux. Ceci est un fait pour nous, absolument certain, car nous avons pu le constater en lisant son Œuvre. Il allait dans l'astral en dédoublant sa personnalité et c'est de cette façon que l'illustre Suédois a pu nous décrire d'une manière si admirable les *Merveilles Célestes*.

Mentionnons aussi pour mémoire des Illuminés qui se nommaient Cagliostro et Saint-Germain.

Enfin la quatrième période de l'Esotérisme est l'époque contemporaine. En peu d'années, le mouvement moderne a été si considérable, il s'est développé avec tant de rapidité, que nous ne craignons pas d'affirmer qu'il est absolument certain cette fois, que l'Esotérisme vivra, prospérera et ne s'éclipsera pas, après avoir brillé quelque temps, comme pendant les trois périodes qui nous ont immédiatement précédé.

Ce qui nous fait présager cet avenir pour le mouvement Esotérique contemporain, c'est que l'instruction se répand de plus en plus et atteint presque aujourd'hui jusqu'aux dernières couches sociales.

Ensuite, parce que des hommes de véritable science se trouvent en tête du mouvement contemporain.

Puis, pourquoi le taire ? l'excès du mal est un sûr garant de sa fin très prochaine (1901); la pourriture égoïste sera bien obligée de succomber, il n'y a plus aujourd'hui, ni droit ni justice ; aussi surviendra-t-il très prochainement de graves catastrophes avant l'établissement du règne de paix qu'amènera la propagation de l'Esotérisme.

La tourmente passée, il deviendra de plus en plus nécessaire d'appliquer la *Doctrine Esotérique* à l'amélioration de la situation du déshérité. Il faudra donc alors résoudre la question sociale, afin que l'Esotérisme ne sombre pas encore une fois et soit obligé d'attendre une période plus favorable pour son parfait épanouissement.

S'il en était autrement, l'humanité tomberait encore dans un cycle de décadence, comme cela a déjà eu lieu trois fois, depuis le commencement de l'ère vulgaire. Mais si ce malheur arrivait combien serait long ce cycle de décadence ; mais il n'arrivera pas, nous en avons l'intuition profonde.

L'Esotérisme a du reste assez sombré dans ces temps modernes : une première fois sous l'Empire romain. Il s'est tout à coup effrondré sous des persécutions odieuses ; l'Eglise catholique avait alors abandonné totalement les belles doctrines de Jésus *le Christ* ; elle avait ainsi décrété elle-même sa propre déchéance, surtout par les massacres perpétrés par le *Saint-Office* de l'Inquisition, massacres qui donnèrent naissance aux guerres de religions, sous la Renaissance, et qui amenèrent l'avènement de la Réforme, avec Luther.

Ces deux dernières causes contribuèrent puissamment à l'abandon de l'Esotérisme antique, pendant la seconde période du xvi$^e$ siècle ou de la Renaissance.

L'Esotérisme a été également méconnu pendant une troisième période, par suite des excès de la Révolution française.

L'extermination en grand des hommes, quelle qu'en soit du reste la cause, est toujours un obscurcissement profond de l'Esotérisme. Les maux qui en résultent pour l'humanité sont d'autant plus profonds que l'homme, ignorant la cause initiale de ces maux, ne peut mettre à profit ces catastrophes et les faire servir à son avancement moral.

Mais quels que soient les malheurs qui fondent sur l'humanité, jamais la Vérité occulte ne saurait entièrement être obscurcie ; car elle a toujours de vigilants gardiens qui en conservent pieusement la tradition et la remettent en lumière, quand c'est nécessaire.

Ainsi pendant la troisième période, celle du xviiie siècle qui s'est prolongée jusqu'à nous, la doctrine nous a été transmise par les Claude de Saint-Martin, les Fabre d'Olivet, les Wronski, les Lucas, les Martinez Pascalis, les Eliphas Lévi et autres.

Grâce aux travaux de ces hommes d'élite nous pouvons aujourd'hui relier les chaînons manquant à la longue chaîne traditionnelle.

Grâce à ces hommes d'une valeur tout à fait incontestée, et vraiment considérable, nous avons pu nous mettre rapidement au courant de la science psychique, véritables prodrômes de la doctrine secrète ou ésotérique.

Espérons, comme nous l'avons déjà dit, que la

*Vérité ésotérique* triomphera d'une manière définitive et donnera enfin à notre siècle tourmenté et assoiffé de repos et de science, le calme, le bonheur et la prospérité à tous.

Espérons que cette Vérité répandra le bien-être largement dans la classe infortunée, par la charité et l'altruisme, et qu'enfin les hommes oublieront ces haines de classes qui retardent avec leur propre progrès, le bonheur même de l'humanité ; car la morale ascendante de celle-ci ne peut s'opérer qu'autant que tous les hommes marcheront, côte à côte, la main dans la main et se considèreront tous comme les enfants d'une même famille, les frères d'une même mère.

Voilà pourquoi il est essentiel de combattre tout ce qui peut faire naître la haine entre les hommes ; tout ce qui les pousse directement ou indirectement à se considérer comme des frères ennemis.

Ce qui précède se trouve admirablement synthétisé dans les lignes suivantes écrites par le regretté L. Dramard (1), mort si jeune.

« Contrairement au Dogme catholique, la Doctrine Esotérique enseigne que le salut ou avance-

---

(1) *Lettres sur la théosophie, in Lotus Bleu*, n° du 7 avril 1890, page 90.

ment moral du prochain, de nos parents, de nos amis, de nos compatriotes, de nos frères des règnes inférieurs, de l'Univers entier, doit être notre mobile principal pour la bonne raison, au simple point de vue égoïste, que le nôtre y est intimement lié, et que sauf des exceptions motivées par des prodiges d'abnégation, nous ne pouvons marcher en avant qu'entraînés par l'humanité à laquelle nous appartenons ».

Et dans cette question d'apaisement nous demandons qui doit le premier commencer?

La réponse est toute faite.

Evidemment, c'est celui qui possède, qui doit faire la part de celui qui n'a rien ; car de même qu'on ne saurait tirer du sang d'une pierre, de même on ne saurait demander à celui qui n'a rien de diminuer sa part, tandis que celui qui possède le superflu, peut et doit assister en frère, celui qui n'a rien.

Ce sont là des vérités si élémentaires qu'il semble puéril de les énoncer, et cependant tout le conflit social ne réside guère que dans l'oubli complet de la pensée que nous venons d'exprimer. Il ne faut donc pas dire seulement : *Date pauperibus et Deus benedicet!*... Il faut ajouter à cette bénédiction divine, dont les classes fortunées ont l'air de se moquer, il faut ajouter, disons-nous :

Donnez à manger à ceux qui ont faim, si vous ne voulez pas être dévorés.

Tel est du reste le seul fait brutal dont on a l'air de se préoccuper. On donne pour empêcher le loup de sortir du bois ; quant à donner par charité, par altruisme, cela paraît aujourd'hui absolument démodé, oublié.

Et du reste dans notre monde actuel, dans notre belle civilisation, dont nous sommes si fiers (il n'y a pas de quoi cependant), tout va de mal en pis et l'injustice paraît être la seule et souveraine Loi ; aussi pouvons-nous dire en toute vérité que nous sommes loin, fort loin encore, du règne de la justice et partant que la Doctrine Esotérique est loin d'être mise en pratique.

Abordons maintenant les Définitions et le Symbole.

Le terme sanskrit UPANISHAD signifie littéralement *Enseignement secret*, Doctrine Esotérique.

L'étymologie du mot aurait pour racine *Sad* s'asseoir et *upa* au-dessous, aux pieds de et *ni* en bas.

Cette étymologie indique donc que l'enseignement ésotérique était donné aux disciples (*lanous*) aux pieds de leur maître (*Guru*) dans le cercle consacré et éclairé à l'Orient par le Soleil.

Les livres dénommés en général UPANISHADS font partie des livres dits de *Sruti* ou de révélation, ainsi dénommés par opposition aux livres écrits d'après la *Smiriti* ou Tradition.

Anquetil-Duperron, le savant orientaliste, traduit ce terme de UPANISHAD par Ouponek'Hat, c'est-à-dire *Secretum tegendum*, qui signifie : Enseignement secret, Enseignement Esotérique.

Cet éminent auteur a traduit l'UPANISHAD, d'après une version persane. Il mit de longues années à accomplir sa tâche, car cette œuvre même (et surtout, devrions-nous dire) en persan, était d'une interprétation très difficile car l'*Upanishad* du grand Aranyaka est un livre hindou qui remonte au VIe siècle avant l'Ere Vulgaire (1).

(1) Voici le titre exact de la traduction d'Anquetil-Duperron : OUPNEK'HAT (ID EST SECRETUM TEGENDUM ; *opus ipsa in India rarissimum, continens antiquum arcanum seu* THEOLOGICAM ET PHILOSOPHICAM *doctrinam è quatuor sacris Indorum libris* RAKBEID DJEDJR BEID, SAM BEID, ATHRBAN BEID, *excerptam; ad verbum è Persico idiomata, Samskreticis vocabulis intermixto in latinum conversum ; Dissertationibus et anotationibus difficiliora explanantibus, illustratum* : STUDIO ET OPERA ANQUETIL DUPERRON, INDICOPLEUSTAE. R. *Inscript. et human. litt. Academiæ alim pensionar. et Directoris. Argentorati, typis et impensis fratrum Levrault* IX (1801).

Dans cet *Upanishad*, on lit dans le second Brahmana :

« Mrityu (la mort, ce terme est masculin en sanskrit) se meurt adorant; et comme il adorait en vérité *Ka* est né...

Et plus loin :

« Ce qui est susceptible d'être Arka (1) est arka... il y a *ka* pour celui qui connaît que ce qui est susceptible d'être arka est arka...

« Les eaux sont l'arka » : ce qui tendrait à faire supposer que l'eau est l'origine du feu ; ce qui est absolument acceptable et met fin à toutes les versions de quantité de savants qui se sont escrimés pour expliquer comment l'homme avait pu se procurer le premier feu. Il a existé de tout temps la foudre qui a pu enflammer du bois, mais ceci est une version trop simple pour être admise par de grands savants.

En ce qui concerne l'origine du feu par l'eau, rien n'est plus facile à expliquer, puisque si nous avons dans la campagne des monceaux de feuillages, d'herbes ou de paille humectée par l'eau, la

---

(1) Ce terme sanskrit *Arka* a des significations diverses, mais ici il désigne exclusivement le feu.

Ce terme est formé très probablement de la racine *arc* adorer et *ka* terme liturgique ou mystique qui a la double signification de Eau et de *plaisir*.

fermentation amènera certainement l'échauffement, la fermentation de ces masses végétales et bientôt leur inflammation.

Passons maintenant au symbolisme et pénétrons dans la Doctrine Esotérique par un de ses principaux Arcanes.

Le sanglier est le symbole oriental de la *Gnose Esotérique*; ce symbole fait allusion au Sanglier, qui est un des avatars de Vishnu ; celui dans lequel le Dieu incarné enlevait la terre immergée hors des eaux primordiales. En d'autres termes, l'avatar de Vishnu-Purana « représente, allégoriquement, le monde sauvé d'un déluge d'iniquités par les Rites de la religion ».

Du reste dans le *Ramayana*, on voit très bien Brahma prendre la forme d'un sanglier, qui symbolise la Doctrine secrète des Esotéristes (*Initiés*) en un mot, qui possèdent la science intérieure de Brahmâ.

La chair du sanglier séchée est conservée, signifie la *Sagesse Esotérique*; de là, cette légende absurde ou mensongère à dessein, répétée par des ignorants ou des imposteurs, qui montre Bouddha, mourant d'une indigestion de sanglier (2). !

(2) Au sujet de *Bouddha* et des *Avatars* de *Vishnu*, voir ADDHA-NARI ou *l'Occultisme dans l'Inde antique*, un vol. in-18, 2ᵉ édition, Paris, 1894.

De ce sanglier, nous pouvons aussi tirer cette conclusion, c'est que les Celtes ou Gaulois étaient bien Aryas, puisque le sanglier est une Enseigne de ce peuple ; voilà encore une preuve que Celtes, Kymris, Galates, ou Gaulois, divers rameaux d'une même branche, ont bien la même origine.

Après ce premier symbole nous parlerons de celui du *Lotus*, plante mystérieuse et sacrée, qui a été considéré dans l'Inde, puis en Egypte, comme le symbole du macrocosme et du microcosme, de l'Univers et de l'homme. C'est pour cela que les temples de l'Inde et de l'Egypte sont ornés de quantité de fleurs de Lotus. Les chapiteaux de colonnes affectent même la forme de cette fleur ; quant aux manuscrits égyptiens, leur ornementation comporte en grande abondance cette plante aquatique ou sa fleur ; c'est, du reste, un des attributs indispensables des Dieux créateurs et des Déesses créatrices.

C'est du *Padma-yoni*, du sein du Lotus, de l'Espace ou de l'*Absolu* ; de l'Univers, qu'est sorti le Cosmos. C'est à cause de cela que l'*Hiranya-Garbha*, l'œuf (ou matrice) d'or, d'où est sorti Brahmâ, est dénommé *Lotus Céleste*.

Vishnu synthèse de la *Trimourti* hindoue assoupie pendant les nuits de Brahmâ flotte sur les eaux primordiales, étendu sur une fleur de Lotus et parfois aussi sur une feuille de cette plante.

Le Lotus est aussi une des formes symboliques du double pouvoir créateur dans la nature ; il est le produit de la chaleur (feu) et de l'eau (vapeur ou aither), or nous n'ignorons pas que dans la plupart (si ce n'est dans toutes) les philosophies ou religions, le feu représente l'Esprit de la Divinité, le principe mâle ou générateur, et que, la vapeur, ou Aither, l'âme de la matière, représente le principe passif ou féminin, duquel tout émane dans l'Univers, au moyen de l'œuf.

Or, il paraît démontré par les botanistes anciens que la graine du Lotus, avant même toute germination, renferme des feuilles formées, véritable miniature de la plante.

Le lotus (*Padma*) qui n'est nullement le Nénuphar, comme beaucoup trop d'écrivains l'ont dit, représente la vie du Cosmos et de l'homme, parce que, sa racine plongeant dans la vase, dans la boue des eaux, représente la Vie matérielle, tandis que les tiges de ses feuilles et de ses fleurs qui émergent de l'eau symbolisent la Vie astrale ; enfin, sa fleur qui flotte bien au-dessus de l'eau, s'ouvre au soleil couchant et brille toute la nuit, symbolise la Vie spirituelle.

Revenons à l'Œuf du monde.

Un livre très ancien : le *Livre du Dzyan*, nous dit que les Ténèbres rayonnent la lumière, et que celle-ci laisse tomber un rayon solitaire dans les eaux, dans la profondeur de la Mère ; ce Rayon pénètre l'Œuf vierge, le fait frissonner et laisse tomber le germe périodique qui se condense dans l'Œuf du monde.

Le rayon solitaire qui tombe dans les profondeurs de la mère, signifie que l'Intelligence (ou Pensée Divine) féconde le Chaos. Le germe périodique contient en lui la promesse et la puissance, la fécondation de tout l'Univers.

Ce symbole de l'œuf exprime un fait enseigné par l'Occultisme, c'est que, la forme primordiale de toute chose manifestée est de forme sphéroïdale (œuf), cette forme étant toujours et partout, c'est-à-dire chez tous les peuples et dans tous les temps, le symbole de l'Infini ; c'est l'*Ourobouros*, le serpent avalant le bout de sa queue.

L'Œuf du monde est un des symboles les plus universellement admis, il est du reste très suggestif soit dans le sens spirituel, soit dans le sens cosmologique, soit dans le sens physiologique ; aussi toutes les théogonies du monde nous le montrent et il est toujours associé à l'ourobouros, qui est lui aussi le symbole de l'Infini, de l'Eternité, de la Régénération et de la Sagesse.

L'Œuf vierge est le symbole microcosmique du Prototype macrocosmique de la Vierge-mère (le Chaos ou l'Abîme primordial), dont nous parlons plus loin dans un chapitre spécial.

Le créateur mâle (Osiris, Brahma, etc.) peu importe son nom, fait naître de la Vierge, la Reine immaculée, bien que fructifiée par le Rayon solitaire (ou Pensée divine) dès lors l'œuf est fructifié et donne naissance au Cosmos. L'œuf d'or est entouré des sept éléments naturels dont quatre apparents (aither, feu, air, eau) et trois secrets.

Après les symboles du Lotus et de l'œuf, nous dirons quelques mots du terme sacré par excellence, de AUM.

Au point de vue étymologique, Aum serait dérivé de *av* qui comporte une idée de refuge, de protection, de salut ; d'autres étymologistes pensent que AUM est une forme ancienne du terme Sanskrit *Evam* qui signifie *ceci* ; la lettre V étant assourdie par la lettre A on prononce Ev. ; *a* disparaît, s'élide et on obtient OM.

Ce terme sacré a été étudié avec beaucoup de développements dans ces derniers temps, notamment dans le *Lotus*, dans la *Curiosité*, aussi nous n'in sisterons pas plus longtemps sur ce grand symbole et nous nous contenterons de renvoyer ceux de nos lecteurs qui voudraient de plus amples informations, au *Dictionnaire d'occultisme et de psychologie* (1), qui donne une étude très approfondie de ce terme.

Un des grands symboles a été chez presque tous les peuples et dans tous les temps le Soleil, qui a été glorifié et adoré sous des noms très divers : Suria, Ra, Agni ou le Feu, etc., etc. Nous retrouverons ce symbole chez divers peuples à propos desquels nous en parlerons, aussi il n'y a pas lieu d'insister ici à ce sujet, pas plus du reste que sur d'autres significations, allégories ou symboles qui figureront chacun dans leur milieu au cours de notre étude, et nous nous occuperons, dans le chapitre suivant, de l'*Evolution* et de l'*Involution*; aussi résumant ce qui précède, nous dirons qu'aucune légende quelle qu'elle soit n'a jamais été à aucune époque une pure fiction, car chacune possède un symbole, elle représente un fait historique ou mythologique, c'est pourquoi on peut y découvrir une parcelle de vérité Esotérique. Et c'est bien à tort qu'un grand nombre d'archéologues, de mythographes ou même de symbolistes voient dans

---

(1) 2 vol. in-18, Paris, 1896.

chaque mythe, une preuve de l'esprit de superstition de leur créateur.

C'est pourquoi nous ne saurions partager l'opinion de Max Muller, le célèbre professeur d'Oxford qui prétend que la mythologie est une maladie du langage et que le symbolisme est le résultat d'une aberration mentale.

Ceci est parfaitement faux et paradoxal !

Les symboles les plus antiques de l'ésotérisme occidental sont le *point*, le *cercle*, le *triangle*, le *carré*, le *pentagone*, l'*hexagone* et d'autres figures planes à côtés et à angles multiples; ce qui par parenthèse démontre que la symbologie géométrique est aussi ancienne que le monde : elle formait pour ainsi dire la langue sacrée.

Il est facile du reste de comprendre comment la Nature a pu enseigner au genre humain primitif les premiers principes de la langue des mystères ou langue symbolique, numérique et géométrique à la fois. C'est là le motif qui fait que nous trouvons les *Nombres* employés pour exprimer la pensée dans toutes les écritures sacrées symboliques.

A part quelques variations qui découlent des premiers chiffres, ces symboles sont toujours les mêmes. Ainsi toute cosmogonie commence par un cercle, un point, un triangle ou un carré jusqu'au nombre 9 et fut alors synthétisée par la première ligne dans le cercle.

La décade mystique de Pythagore est la somme totale contenant et exprimant le mystère du Cosmos, tout entier. Les nombres 3 et 4 dont la combinaison donne 7 ainsi que les nombres 5, 6, 9 et 10 sont les véritables pierres angulaires des Cosmogonies occultes.

Nous aurons l'occasion de parler des nombres, de la langue sacrée et d'autres symboles dans divers autres chapitres de notre étude.

# CHAPITRE II

## LA MATIÈRE, ÉVOLUTION, INVOLUTION

L'univers avec toutes ses manifestations procède par émanation d'une *Substance Unique*, la matière non différenciée, non manifestée.

Les travaux des savants contemporains, entre autres ceux de Helmhotz, de Lothar Meyer, de Claude Bernard, de Berthelot et d'autres encore, démontrent presque, que tous les corps simples dérivent d'une seule et même substance, encore mal définie : l'AITHER, qui, suivant les époques, a reçu les noms les plus divers.

Les expériences du savant génevois Pictet et celles de Cailletet ont prouvé qu'il n'y a plus de gaz permanent et que l'hydrogène n'est que l'état gazeux d'un corps.

Dans ses *Origines de l'Alchimie*, M. Berthelot

de l'Académie des sciences nous dit : « J'ai retrouvé non seulement la filiation des idées qui avaient conduit les alchimistes à poursuivre la transmutation des métaux, mais aussi la philosophie de la nature qui leur avait servi de guide, *théorie fondée sur l'hypothèse de la matière une*, et aussi plausible au fond, que les théories modernes les plus réputées.

Ceci ne donne pas seulement une opinion sur l'Unité qui nous occupe, mais Berthelot venge encore la mémoire de ces alchimistes du moyen âge si cruellement persécutés.

Un peu plus loin, le même auteur ajoute : « A travers les explications mystiques et les symboles dont s'enveloppent les alchimistes, nous pouvons entrevoir les théories essentielles de leur philosophie, lesquelles théories se réduisent en somme à un petit nombre d'idées claires, plausibles et dont certaines offrent une analogie étrange avec les conceptions de notre temps.

Passons au témoignage d'un autre savant, du grand physiologiste Claude Bernard; voici ce qu'il écrit dans ses *Phénomènes de la Vie* : « Les corps vivants ont pour conditions, les mêmes éléments et les mêmes principes élémentaires. C'est la complexité de l'arrangement qui fait la différence ».

En effet, au fur et à mesure qu'elles s'éloignent de leur point de départ, les émanations successives de la Substance Unique, de la matière Une, arrivent à la relativité, à l'objectivité, à la pluralité. L'Unité exclut toute manifestation, tout phénomène quelconque ; car pour la plus simple relation il faut au moins un sujet, un objet; alors l'absolu peut devenir relatif, l'Unité se transformer en pluralité et le subjectif en objectif.

Après ces quelques considérations, si nous passons aux sciences analytiques, nous voyons qu'elles peuvent fournir de leur côté des preuves certaines en faveur de l'hypothèse, l'Unité de la matière. De plus, les savants reconnaissent presque aujourd'hui que *force* et *matière* ne sont qu'une seule et même chose, car l'une et l'autre ne sont que des modalités différentes d'un même élément; mais quel est-il, cet élément ? C'est encore l'Aither et qu'est-ce que l'aither ? C'est à la fois, l'électricité, le fluide magnétique, la force psychique, l'hylé des anciens, l'Akhasa, l'arché du moyen âge, la lumière odique, etc.; car tout cela constitue une seule et même force ou matière qui n'est différenciée que par le milieu où elle se produit ou par ses modes divers d'action; de là, cette variété de noms donnés à travers les âges à cette seule et même substance.

Ajoutons ici que les applications récentes de l'analyse spectrale à l'étude des étoiles et des nébuleuses, nous ont appris d'une façon certaine, indubitable, que les corps célestes ont, à quelque chose près, la même composition que notre soleil et ses satellites.

Résumant les lignes qui précèdent, nous dirons aussi que la physique reconnaît que *toutes* les forces naturelles ne sont que les manifestations d'un seul agent, ce qui a fait supposer avec raison à un grand nombre de chimistes que tous les corps peuvent être réduits en un élément ultime. — Or, la base, le principe fondamental de la Doctrine Esotérique, c'est l'Unité originelle et finale de tout ce qui est. Cette base est confirmée par les lois générales, sur lesquelles reposent toutes les connaissances de l'Occident. Or, si notre enseignement scientifique est trop souvent en contradiction flagrante avec les corollaires de la Doctrine Esotérique, nous sommes heureux de constater que son point de départ est admis par notre science contemporaine.

### Unité de la nature.

De même que la Matière, la Nature est toujours Une ; cette Unité se trouve nettement exprimée dans les livres sacrés de l'Inde, dans les VÉDAS, qui définissent Brahm ou Para-Brahm, comme l'Intelligence, le Dieu Suprême, Immatériel, partout invisible et existant par lui-même. « Il est éternel, disent les Védas, l'ETRE par excellence se révélant dans la félicité et dans la joie. L'Univers, c'est Brahm, il ne subsiste que par lui et il retourne à lui, à Brahm ».

Les Sindovistes japonais modernes croient « à une âme Universelle qui anime tout, dont tout émane et qui absorbe tout ».

Lucain fait dire à peu près la même chose à Caton : « *Jupiter est quod cumque vides, quod cumque moveris;* Jupiter est tout ce que tu vois, tout ce qui fait vibrer tes sens ».

Ce que le poète anglais Emerson traduit à sa façon de la manière suivante : « Il n'y a qu'un Esprit et nous en sommes tous des manifestations. »

Il nous serait facile de multiplier les citations, nous ne le ferons pas, mais il nous sera permis de dire qu'au XVIII<sup>e</sup> siècle, Voltaire pensait de même (1) : « L'auteur de la nature, dit-il, aurait-il disposé avec un art si divin les instruments des

---

(1) *Dictionnaire philosophique*, art. IDÉE, sect. II.

sens, aurait-il mis des rapports si étonnants entre les yeux et la lumière, entre l'atmosphère et les oreilles pour qu'il ait encore besoin d'accomplir son ouvrage par un autre secours ? La nature agit toujours par les voies les plus courtes. La longueur du procédé est impuissante ; la multiplicité des secours est faiblesse ; *donc* il est à croire que tout marche par le même ressort... *Il n'y a dans la nature qu'un principe universel, éternel et agissant* ; il ne peut y en avoir deux ; car ils seraient semblables ou différents. S'ils sont différents, ils se détruisent l'un l'autre, s'ils sont semblables, c'est comme s'il n'y avait qu'un seul. *L'Unité de dessein* dans le grand *Tout* infiniment varié, annonce un seul principe ; ce principe doit agir sur tout être, où il n'est plus Universel.

« S'il agit sur tout être, il agit sur tous les modes de tout être. Il n'y a donc pas un seul mouvement, un seul mode, une seule idée qui ne soit l'effet immédiat d'une Cause universelle, toujours présente.

« La matière de l'Univers appartient donc à Dieu, tout autant que les idées et les idées tout autant que la matière. Dire que quelque chose est hors de lui, ce serait dire qu'il y a quelque chose hors du Grand Tout ; *Dieu étant le principe Uni-*

*versel de toutes les choses, toutes existent en lui et par lui.* »

On voit par cette citation qui résume bien l'*Unité de la nature*, que le philosophe de Ferney avait des idées très avancées pour son époque, mais qu'il n'était ni matérialiste, ni *Athée* : ce que nous venons de citer de son Dictionnaire le prouve surabondamment.

### De l'évolution et de l'involution.

Nous avons vu que comme la Nature, la Matière est UNE, nous allons étudier maintenant la diversité des objets créés à l'aide de la matière. C'est là un grand problème.

Prenons l'animalité ; comment l'animal naît-il ? Fait-il son apparition dans le monde des êtres d'une manière spontanée ou tout autrement ?

Il paraît aujourd'hui démontré que tout naît d'un œuf et le plus grand nombre des physiologistes, presque tous, pourrions-nous dire bientôt, ont adopté la formule de Harvey *Omne vivum ex ovo* (1). En lisant dans le célèbre *Traité* de ce phy-

---

(1) Dans son Traité *De generatione animalium*.

siologiste, la formation de l'être dans l'œuf, on peut se figurer qu'il parle de la création du monde, né de l'Utérus d'or de la Cosmogonie Hindoue :

« La masse du corps, y lit-on, est au début homogène ; elle apparaît comme une sorte de gélatine séminale et c'est dans celle-ci que s'ébauchent d'abord en un mélange obscur, toutes les parties de l'animal, puis apparaissent les organes distincts... On dirait que le poussin se crée en entier par le Verbe de l'ouvrier divin ; qu'il se produit une masse blanche homogène et que tout en s'accroissant, elle se divise et que pendant l'accroissement une ébauche de parties séparées soient, les unes dures et épaisses, les autres plus molles et colorées ; et il fut fait ainsi et c'est ainsi que le poussin a été créé dans l'œuf.

Un savant, Florentin Redi, membre de l'Académie del Cimento (de l'expérience) annonça dans le sein de sa compagnie, en 1668, que les vers qui naissent dans les chairs y sont produits par les mouches et non pas par la putréfaction des chairs et pour le démontrer, il recouvrit simplement d'une gaze de soie des viandes en putréfaction et il fit constater qu'il n'y naissait rien dans ces conditions, tandis que le voile qui entourait ces viandes était couvert d'œufs déposés par les insectes, attirés par l'odeur de la viande.

Et Redi tira de ce fait cette conclusion : *Omne vivum ex ovo*. « Aucune vie sans précédente vie ».

C'est la doctrine dénommée aujourd'hui BIOGENÈSE...

Dès 1745, Néedman, membre de la Société royale de Londres, soutint le premier la thèse contraire ; la génération spontanée ou *Abiogenèse*. Il affirma que si la putréfaction n'engendre pas d'insecte, ainsi que le dit Redi, elle donne néanmoins naissance à des myriades d'animalcules microscopiques, et il publia à ce sujet un ouvrage qui eut beaucoup de retentissement.

Vers 1750, Buffon exposa un nouveau système dit des *Molécules organiques*, dans lequel il combattit vaillamment en faveur de l'hétérogénie, l'illustre auteur arrive même à dire : « On s'assurera même que cette manière de génération est non seulement la plus fréquente et la plus générale, mais la plus ancienne, c'est-à-dire la première et la plus universelle ».

D'après l'hypothèse de Buffon (Les molécules organiques), la vie serait la propriété inséparable de certaines molécules matérielles qui existeraient dans les corps vivants et posséderaient une activité propre qui la distinguerait de la matière non douée de vie.

Ceci ne nous paraît pas admissible ; du reste les expériences de Flourens, sur la rénovation constitutive des os, l'infirment. On sait parfaitement, du reste, que des parents privés de telle ou telle autre partie de leur corps peuvent parfaitement produire des enfants complets.

La science dut donc renoncer à l'hypothèse de Puffon et passa à l'*Épigenèse* que nous résumerons ainsi : « Le développement de chaque organisme s'effectue par une série de formations nouvelles et soit dans l'œuf, soit dans les spermatozoaires, il n'existe pas la moindre trace des formes définitives de l'organisme.

Donc l'œuf ne contient pas un être tout formé, mais seulement les matériaux de l'être.

Aujourd'hui, il paraît démontré, nous l'avons dit au commencement de ce chapitre, que tout naît d'un œuf, et il semble prouvé par la composition même de celui-ci, que tout provient d'un protoplasma primordial instable, uniforme et éminemment plastique.

Mais qu'est-ce que l'œuf ?

Bien des gens croient le savoir et cependant j'estime que nous n'en savons rien, absolument rien.

Est-ce l'œuf qui a produit le premier l'animal ou bien l'animal qui, le premier, a produit l'œuf!...

Bien osé celui qui prétendrait résoudre cette simple question !

L'œuf contient la vie, dès que l'ovule a pénétré dans la matrice ; c'est là un fait incontestable, mais il contient aussi toutes les théories de la vie, et c'est là le grand et le grave problème que nous allons essayer de résoudre.

On voit par les quelques lignes qui précèdent que si l'étude de cette petite *graine de vie* ouvre à l'esprit du penseur des perspectives considérables sur les plus graves problèmes de la vie, la même étude a pour l'anatomiste, le physiologiste et le pathologiste de très grands attraits. Mais cet attrait est surtout considérable pour le philosophe, car l'œuf est la représentation microscopique d'un monde, ou, si l'on veut, un microcosme : un petit monde.

Sans l'œuf pas d'existence possible ; il est un véritable prodige, une merveille de la nature que la science n'a pu expliquer encore ; le pourra-t-elle un jour ? Il faut l'espérer ?

L'Ovogénie nous apprend bien d'où vient l'œuf, et l'Embryogénie ce qu'il devient, mais c'est tout ce que nous en connaissons ; de sorte qu'aujourd'hui, nous ne pouvons mieux définir l'œuf que par cette belle expression de notre maître physiologiste, Claude Bernard : *l'œuf est un Devenir* !

Tout vient de l'œuf, tout se reproduit par l'œuf, tout aboutit à l'œuf, c'est l'alpha et l'oméga de toute existence, quelle qu'elle soit ; c'est l'anneau de la série des existences ; il prend une partie de la vie à celui qui l'a créé, et il la donne à celui qui va venir.

Nous venons de dire que l'œuf est un *Devenir*, mais c'est un Devenir qui est déjà, qui a sa propre vie, son existence propre et qui est, pour ainsi dire, une personnalité, une individualité peut-être.

Si nous prenons un morceau de houille, une gouttelette d'eau, ces deux substances sont elles aussi, des *Devenir*, mais pas de la même façon que l'œuf.

Le bloc de houille que ne renferme-t-il pas ?

De la chaleur, de la lumière, les plus brillantes couleurs, la vie, la santé, mais aussi la mort.

La goutte d'eau suivant le milieu ambiant, peut devenir cristal ou vapeur, source de vie ou de destruction, tandis que l'œuf, lui, est créé pour la reproduction et rien que pour cette fin ; et, chose bizarre, il reproduit toute sorte d'animaux bien que composé toujours des mêmes éléments : albumine, glycogène, corps gras, enveloppe, une certaine dose de chaleur et d'oxygène. Et cette composition toujours une, toujours identique pour toutes les espèces produit, suivant son créateur, une autruche ou un petit oiseau, un moucheron même ; et le même œuf, de même composition, produit également une abeille ou un ver, un papillon, un poisson ou un crocodile, un oiseau ou un serpent, une morue ou une écrevisse, des actinies, des éponges, des coraux blancs ou rouges, etc., etc.

Donc, si nous pouvons indiquer par une formule la composition de l'œuf, il ne nous est pas possible de donner par une formule quelconque le *devenir* de cet œuf.

Avec Flourens, nous pouvons bien dire : « Tout œuf est composé de même » mais nous ne saurions ajouter : « et le résultat de sa création est toujours le même ».

En effet, le résultat est bien toujours un animal, une existence, mais n'est pas le même animal.

Nous pouvons donc conclure de ce qui précède que tout provient d'un « protoplasma primordial, uniforme, instable, éminemment plastique, où le pouvoir créateur a tracé d'abord les grandes lignes de l'organisation, puis les lignes secondaires, et, descendant du général au particulier, toutes les formes actuellement existantes, qui sont nos espèces, nos races et nos variétés.

« Cette grande synthèse, résultat direct du principe de continuité, correspond, dans les sciences morphologiques, à l'hypothèse de Laplace, en astronomie. Comme cette dernière, elle montre le passage graduel de l'homogène à l'hétérogène, de l'informe au figuré, du simple au multiple, de l'organisation la plus élémentaire à l'organisation la plus compliquée. Elle nous montre en même temps l'intégration croissante de la force évolutive à mesure qu'elle se partage dans les formes produites et la décroissance proportionnelle de la plasticité de ces formes, à mesure qu'elles s'éloignent davantage de leur origine et qu'elles sont mieux arrêtées. C'est dire qu'il y a eu pour l'ensemble du monde organique, une période de formation où tout était changeant et mobile, une phase analogue à la vie embryonnaire et à la jeunesse de chaque être particulier. A cet âge de mobilité et de croissance, a succédé une période de stabilité, au moins relative, une sorte d'âge adulte pendant lequel la force involutive ayant accompli son œuvre, n'est plus occupée qu'à la maintenir et sans pouvoir produire un nouvel organisme.

Limitée en quantité, comme toutes les forces en jeu dans un système sidéral tout entier, cette force n'a pu accomplir qu'un certain travail, qu'un travail borné ; et, de même qu'un organisme animal ou végétal ne croît pas indéfiniment et s'arrête à des proportions que rien ne peut lui faire dépasser, de même aussi l'organisme total de la nature s'est arrêté à un état d'équilibre dont la durée, selon toute apparence, doit être beaucoup plus longue que celle de la phase de développement et de croissance ».

La première phase de l'Evolution de la matière dénommée INVOLUTION ou *Descente de l'esprit dans la matière* a donné naissance à la légende religieuse de la chute de l'homme dans le péché originel. Sous cette fable, se cache une idée scientifique et philosophique d'une grande portée : idée qui a donné naissance à la plupart des dogmes religieux. Nous ne les examinerons pas ici, cela nous entraînerait trop loin, mais nous donnerons à la fin de ce chapitre une étude sur Lucifer, Adam et Sathan, qui montrera l'essence même de ce dogme et sa haute portée philosophique.

Abordons l'étude du transformisme ; le véritable auteur du transformisme est Lamarck. Sa théorie a été restaurée et réduite pour ainsi dire en *formules par Darwin* et ses disciples : Wallace, Huxley, Hœckel et quelques autres naturalistes.

Le transformisme de notre compatriote Jean Lamarck, et Darwin après lui, a renversé les barrières des espèces qui séparaient entre elles les êtres vivants. M. Marchand a, dans sa botanique cryptogamique, démontré scientifiquement l'unité d'origine des trois règnes ; il a même donné la formule intermédiaire qui relie entre eux : le minéral, le végétal et l'animal.

D'après la théorie transformiste, confirmée en grande partie par la Doctrine ésotérique, une monade débute dans la vie par les plus basses catégories du règne minéral et nous commençons à voir son évolution dans ce règne, mais il est certain que cette monade doit passer par des formes plus inférieures, tellement infimes que nous ne les connaissons pas !

Mais ce que nous savons, c'est que le règne minéral comporte (comme tout autre ordre d'existence), sept divisions correspondantes à chacun de ses principes ; la monade traversera donc chacune de ses divisions en développant en elle le principe correspondant à chacune de ces divisions, jusqu'à arriver à la dernière catégorie de l'existence minérale. Puis il paraît, d'après certains ésotéristes, que cette monade va dans une autre planète, pour passer à une existence végétale. Le long stade ou cycle de la monade dans un règne étant une fois parcouru, cette monade minérale, après avoir passé par une double évolution dans les divers degrés du plan astral, tombe dans la dernière division (la septième) du règne végétal. Dans ce règne, elle y développe également les sept principes qui composent sa nouvelle phase d'existence ; puis elle passe dans le monde animal, mais seulement après avoir épuisé tous les degrés compatibles avec les formes de la végétation ; enfin en suivant une même succession de mutations, cette monade arrive à l'animalité. — Combien faut-il à la monade pour parcourir tous ces cycles transformateurs ? Nous pensons qu'à l'heure présente, aucun humain ne saurait le dire ! Divers auteurs ont donné des chiffres fantastiques, qui doivent rendre heureux les mortels, qui aiment tant la vie de notre globe ! Ce qu'il y a de certain, c'est qu'il doit falloir un grand nombre de siècles, car les plus anciennes momies de l'Egypte nous montrent des exemplaires de l'homme, de certains animaux et de diverses plantes qui ne diffèrent que fort peu de ceux de l'époque actuelle ; mais il y a lieu d'ajouter que cette fixité des espèces provient de ce que depuis 4 ou 5 000 ans, le climat de l'Egypte n'a pas très sensiblement changé et aussi qu'une fois que les espèces sont arrivées à un état d'intégration, c'est-à-dire de complet achèvement, des changements notables ne sauraient se produire. Dans la nature, tout ce qui est à l'état embryonnaire ou élémentaire, change et se transforme grandement, mais l'être, une fois arrivé à la maturité, c'est-à-dire à son point de perfection, ne change plus du tout, car alors l'espèce est fixée.

Du reste, quand les espèces varient très visiblement, elles accomplissent ces variations en vertu d'une propriété intrinsèque innée pour ainsi dire, qu'elles tiennent d'une sorte de plasticité primordiale, qu'elles renferment encore en elles. En dehors de ceci, elles restent fixes ; ainsi le transformisme ne s'accomplit qu'à l'état embryonnaire et de croissance et nullement dans l'âge adulte, dans l'âge parfait.

### Microcosme et Macrocosme.

L'évolution de l'homme reproduit exactement celle de l'humanité, celle du globe même ; autremant dit, l'Evolution du Microcosme s'accomplit de la même manière que celle du Macrocosme.

Voici du reste le Rythme Universel : Germe, développement, naissance, croissance, maturité, déclin ; mort, renaissance ; jour, nuit ; été, hiver ; chaud, froid ; action, réaction.

Tout accomplit son évolution d'après la loi fondamentale, d'après l'Unité qui harmonise tous les modes fort complexes de la matière Universelle (Akasa).

L'Evolution parcourt une spirale, dont nous ignorons le commencement et la fin, nous ne voyons guère que la portion de cette courbe qui semble parfois revenir en arrière, bien que tendant sans cesse vers le progrès sans limite.

Ce n'est donc pas sans raison que Wurtz a dit (1) qu'on a comparé « le *Petit monde*, où tourbillonnent les atomes, au *Grand monde*, dans lequel roulent les astres. Dans l'un et dans l'autre tout est mouvement. Il faut remonter à l'origine même de l'atomisme pour trouver cette conception d'atomes en mouvement. C'est l'Esprit (Νοῦς) qui leur donne l'impulsion d'après Anaxagore. Selon Démocrite d'Abdère, ils se meuvent perpétuellement de par

---

(1) *Théorie atomique*, p. 222.

leur nature même : la force qui les anime agit fatalement. Ils ne diffèrent point par leur essence, nous dirions aujourd'hui par leur qualité chimique, mais bien par leurs dimensions, car ils ont une étendue sensible, ils diffèrent aussi par leurs formes. Lourds, il tombent dans les profondeurs de l'espace; plus légers ils s'élèvent dans l'air. Les uns sont à surface lisse ; d'autres présentent des aspérités, des dards, des crocs. Le mouvement qui les entraîne les met naturellement en rapport, sans qu'ils s'attirent réciproquement : tantôt il les agglomère, tantôt il les sépare et c'est ainsi que toutes choses se forment ou se détruisent. Limité dans leur étendue et leur surface, il ne saurait se confondre avec le milieu où ils se mouvent ; ce milieu c'est le vide. »

Nous terminerons ce chapitre en montrant un terrible exemple de l'Involution : la chute des Anges, fait qui selon nous n'a jamais été bien expliqué, jusqu'ici.

### Lucifer.

Lucifer, une des émanations premières, avait dans le cercle incommensurable à lui dévolu, une connaissance et une puissance divines que nous ne pouvons même comprendre tant elle était immense. Il était uni à Dieu bien qu'il fût une divinité créatrice indépendante et entièrement distincte de la Cause Première, de la Cause des Causes. — Toutefois il faisait partie d'un ensemble d'Univers mus par des fils de la Lumière incréée, émanés dans la même région et de même degré que lui ; (Ici les mots sont impropres à exprimer la grandeur des effets).

Toute manifestation créatrice porte en elle l'enchaînement harmonique. Lucifer était omnipotent dans sa sphère d'activité, mais sa puissance devait pour l'ordre de l'œuvre créatrice primordiale, agir en union avec les procréés divins ses frères.., Lucifer était leur égal en puissance, en pouvoirs, mais ils étaient cependant différenciés entre eux, par la nature de leurs principales vertus et de la région céleste où l'INCONNAISSABLE les avait fait jaillir de son FIAT.

Lucifer était le plus beau, le plus ardent de ses procréés ; il s'absorba en sa contemplation intime, au point d'oublier la source de son émanation. Cet oubli diminua soudainement l'influx incréé; il comprit à ce nouvel état, qu'il n'était bien que Dieu, qu'une lumière créée libre et pouvant s'abstraire complètement de sa source, mais par cet acte, s'éloignant d'autant de sa céleste et nourrissante influence.

Cette constatation de la limitation de sa puissance enflamma tellement la qualité principe et particulière de Lucifer, qu'elle désaxa son royaume ; il sortit de l'harmonie primordiale, il projeta sa puissante sphère d'action peuplée des fils de sa pensée créatrice dans une région inférieure de la création, s'éloignant de plus en plus dans une spirale vertigineuse du PLAN DIVIN !... Enfin, il fut arrêté à la région astrale que sa sublime nature ne pouvait dépasser, c'était la limite maximum de son involution. Là, il organisa à nouveau son Univers ; sa puissance était immense, sa beauté originelle n'était que légèrement voilée et le feu créateur devait demeurer toujours en lui ; aussi émana-t-il de nouveaux fils, mais ceux-ci ne furent point égaux aux premiers, car leur émanation fut projetée dans un milieu inférieur et ténébreux. Ils ne s'abreuvèrent pas en naissant à la source divine primordiale et par là ne furent point doués d'immortalité. Lucifer pouvait créer comme par le passé des êtres à son image ; mais l'image s'étant voilée et le milieu d'où émergeait sa création étant de substance moins subtile, fut soumise au temps et au conditionnement de la matière astrale, de son milieu.

Un des premiers tourments de l'Ange déchu, après la reconnaissance de son crime, fut la discorde qui s'alluma entre ses fils de création dernière et ceux qu'il avait entraînés dans son éloignement du centre premier, où il avait lui-même jailli du Logos.

Toutes les passions mauvaises s'allumèrent ensemble et la jalousie pour les fils de la sphère primitive amenèrent des scissions dans le royaume Luciférien ; des séparations eurent lieu, qui peuplèrent les diverses altitudes et différencièrent à l'infini les créations qui s'y produisirent ; mais toutes subirent le sort plus ou moins malheureux des conséquences de leur milieu et le grand cœur de Lucifer devint l'écho de la collectivité souffrante de sa création, s'augmentant sans cesse.

. . . . . . . . . . . . . . .

Les premiers anges étaient comme leur père (ayant émergé dans la sphère divine) doués d'une âme immortelle ; beaucoup d'entre eux *crièrent* vers Dieu et ne furent pas rebelles ; mais toutefois la puissante *loi de la création* les retint encore et les retiendra captifs dans leur cercle respectif d'élévation jusqu'à la consommation des âges.

Ces anges aiment les hommes, les aident, bien

qu'ils envient leur nature possédant le don de franchir librement tous les cercles en se dépouillant graduellement de leurs enveloppes matérielles.

Le vide laissé dans le Cosmos par déplacement (ou changement) du royaume de Lucifer eût apporté un trouble dans l'harmonie primordiale préétablie ; l'ensemble eût manqué d'une force de manifestation. L'influx divin qui ne s'arrête jamais ayant une fois commencé à agir, une sphère de vie s'alluma de nouveau et Adam fut émané *Ange de lumière*, seulement la période était en succession de celle qui avait existé, lors du jaillissement premier du sein de l'INCONNAISSABLE.

### Adam.

Adam fut créé en période quatrième : bien que Dieu comme Lucifer, il était *conditionné* dans sa puissance. Celle-ci donna toutefois un champ d'action plus vaste, puisqu'il pouvait agir et créer dans sa sphère, ainsi qu'en dehors et successivement dans sa progression naturelle.

Il fut, pour mener à bien son œuvre multiple, doué d'une âme immortelle, comme son essence pouvait permettre à ce feu créateur divin et subtil de s'envelopper d'une substance divine le circonscrivant, lui fournissant aussi le pouvoir d'atteindre aux différentes couches ou milieux spirituels, enfin la faculté de produire et d'adapter à sa nature (sans s'y confondre) une forme fluidique moins éthérée que celle des autres entités angéliques de la sphère céleste et par ce moyen organiser, ainsi que régner sur des plans de manifestations où son feu divin différencié en lui n'aurait pu descendre et agir directement à cause de sa nature divine. Par cette appropriation dans les vertus d'Adam, une chute semblable à celle de Lucifer devenait impossible et bien qu'*Ange Roi Créateur*, Adam ne pouvait entraîner avec lui son premier principe, il ne pouvait s'en séparer que pour un temps.

Adam doué de la propriété d'exercer ses vertus et son intelligence dans les divers plans de manifestations, avait un héritage, un royaume merveilleux et c'est en ensemençant, en faisant fructifier sa création personnelle, que notre *Père divin* eût amené peu à peu sans secousse et presque sans souffrance sa postérité et lui, non seulement à tenir la place vide faite par Lucifer, mais à le remplacer virtuellement dans sa lumière primitive : Adam eût conquis les trois degrés et fut parvenu avec son œuvre toute hiérarchisée, au rang des Protocréés...

Voilà quel était et devait être le rôle d'Adam et son élévation dans le feu central divin.

Examinons maintenant s'il est possible de nous faire une juste idée de sa désobéissance aux lois données à sa nature quaternaire et qui soit admissible pour les hommes de sens.

Adam, disons-nous, reçut dans sa royauté la puissance de créer, en reflétant son image dans sa sphère, c'est-à-dire dans une certaine limite de la région astrale, qui avoisinait son domaine, dans laquelle Lucifer essayait vainement de reproduire son image première en immortalité, mais l'affaiblissement de sa puissance n'aboutissait qu'à des productions de plus en plus mauvaises et défectueuses.

Le dernier et suprême effort de l'Ange déchu fut la formidable et monstrueuse création de Sathan, qui rejeta son créateur, le méconnut et s'enfonça plus bas encore dans la région purement matérielle, attirant avec lui dans les ténèbres quelques-uns de ses frères. Ces derniers, émanés du grand Lucifer par abominable méchanceté, firent déborder la coupe d'amertume du cœur de leur émanateur, qui connut alors combien il avait été coupable de s'éloigner lui-même du Logos créateur, en qui est toute vie et tout amour.

Lucifer maudit cette dernière postérité, qui lui était si inférieure et lui retira, par un effort digne de sa puissance antérieure, le reste du feu divin qui aurait permis à Sathan de perpétuer, durant les âges, sa diabolique création. Celui-ci ne pouvant plus augmenter par lui-même ou par ses frères son royaume fit la guerre à toute la nature physique ou astrale du monde où sa force d'expansion put atteindre. D'origine hautement intellectuelle, il se servit de sa lumière pour troubler toutes choses et devenir ainsi le Maître ou le Prince du monde matériel dans l'astral.

Adam et sa légion lui faisaient obstacle et d'ailleurs sa puissance dans les quatre voies ou degrés de matière manifestée, excitait sa jalousie ; son orgueil, héritage paternel, le rendit l'ennemi irréconciliable d'Adam, dont la postérité avait pour mission d'élever graduellement les terres ainsi que leurs astralités respectives dans les régions spirituelles et d'y progresser sans fin dans la béatitude. — De plus Adam et ses fils étaient doués d'une âme immortelle qu'ils pouvaient à volonté retirer de leur forme plus dense ; ainsi la mort réservée aux créations ultimes ne pouvait les atteindre.

Sathan mit tout en œuvre pour faire oublier à notre père divin la défense qui lui avait été faite d'agir directement dans la matière ultime, avant une période déterminée, qui ayant amené par la suite des âges cette création à un plan moins objectif lui eût permis sans péril de la diriger.

### Sathan.

Sathan savait qu'Adam, ayant été créé en principe d'amour, était plus facile à tenter par un appel fait à son immense amour des productions soumises à ses lois protectrices, que la Providence lui avait donné d'exercer souverainement. Le père du mensonge fit connaître à Adam les douloureuses lenteurs de la progression des plans ténébreux dans lesquels il avait fondé son empire et persuada notre Père qu'un contact momentané de son angélique nature avec ses créatures anti-spirituelles diminuerait leurs souffrances et les ferait rapidement progresser. Or, ce bienfait divin, Adam SEUL pouvait l'accorder, au dire de Sathan : seul Adam pouvait opérer, ce qui agrandirait encore sa puissance. Que la défense à lui faite de retarder son action sur ce plan ultime était une épreuve imposée pour exercer sa pénétration d'esprit, ainsi que sa puissance. Dès lors, agir serait sortir de l'épreuve encore plus puissant et plus lumineux. Enfin Sathan, pour décider complètement Adam, lui persuada qu'il était pour lui et ses frères le seul moyen de retourner dans la région luciférienne ; il lui donna encore sans aucun doute beaucoup d'autres raisons.

Aussi Adam ému d'une grande pitié, se laissant persuader, projeta son feu, principe créateur, dans le plan physique de la Nature ; l'œuvre était contraire à sa propre nature et en dehors de ses possibilités. Sa nature angélique fut engluée par le contact matériel et recouverte de plusieurs enveloppes fournies par ses divers milieux. Adam et sa légion ne reçurent point le vêtement de peau, mais à partir de ce moment, leur création subit cet emprisonnement et par lui fut soumise aux lois temporaires ; à la mort, à une possibilité de dégradations successives, etc., etc.

Comme Lucifer, après son détachement du centre divin, avait été mis dans un état secondaire, de même Adam eut à subir aussi un changement dans son état spirituel, ainsi qu'un affaiblissement dans son pouvoir d'émanation, qu'il ne pouvait d'ailleurs exercer que hors de son centre divin ; et voyant les résultats de sa désobéissance, il renonça même à faire descendre sur le plan objectif le reflet de son image. Il ne mit ses forces et puissances amoindries qu'à l'œuvre de la régénération de sa création, c'est-à-dire à lui faire remonter les degrés où sa chute l'avait précipité.

Adam, comme Lucifer, est devenu l'écho des luttes, des souffrances de la grande famille humaine, dont il est le Premier Père.

Toute sa postérité, à tous les degrés d'émanation, doit suivre la même route d'épreuves pour se rétablir avec lui dans sa sphère divine. Or voici pourquoi l'homme est l'esclave, l'îlote des Puissances Sathaniques et Lucifériennes. L'ange de lumière déchu d'une création première n'avait pas reçu d'âme, n'en ayant nul besoin dans le milieu où devait évoluer sa Divinité tombée dans une région inférieure à sa nature, il ne put donner à sa création seconde, une âme immortelle, susceptible de fournir à ses fils un véhicule moteur et conservateur de leur énergie, pour remonter au monde supra-spirituel. Le plus petit des fils d'Adam possédait cette âme immortelle, une union était possible entre leur création ; Lucifer mit tous ses soins à l'établir : il donna dans ce mélange des qualités et des défauts aux enfants d'Adam que ceux-ci n'avaient pas et les siens participèrent au moins dans leur progéniture mixte à l'ascension possible de l'homme régénéré par sa volonté. Lucifer eut donc tout intérêt à maintenir dans l'ignorance la famille humaine, afin de fournir à la sienne le moyen de se réintégrer.

Tout ce qui précède nous montre une involution autrement sérieuse que la chute originelle de l'homme telle que la narre la Bible ; quant à l'évolution, elle est toute indiquée : par des réincarnations successives, l'homme doit sinon facilement, du moins toujours, atteindre en s'améliorant le point de départ de Lucifer même.

# CHAPITRE III

### RENAISSANCE. — RÉINCARNATION. — DÉVAKAN

La Doctrine ésotérique admet non seulement les renaissances, mais même la réincorporation, vulgairement dénommée *Réincarnation*. Elle ne peut pas ne pas les admettre, car une seule existence sur notre planète ne pourrait permettre à l'homme d'atteindre à la perfection et par suite d'accomplir la mission pour laquelle il a été créé ; celle de sa réhabilitation pour atteindre à son ancienne splendeur.

Qu'est-ce en effet que l'existence de l'homme, aussi longue qu'on la fixe, pour le transformer en un esprit élevé, pour lui permettre d'acquérir le Divin ?

Ce n'est rien, surtout quand on sait que même

un laps de temps considérable n'est qu'une quantité négligeable en face de l'éternité.

La Doctrine ésotérique admet donc les renaissances et même la réincarnation ; celle-ci a été contestée de tout temps et surtout à notre époque. C'est là cependant un fait indiscutable, car comment l'homme pourrait-il se régénérer sans se réincarner, des centaines, des milliers de fois peut-être ?

Pour être convaincu de la vérité de la réincarnation, il n'y a qu'à parcourir les livres anciens de l'Inde.

Ainsi, par exemple, si nous ouvrons les *Mahaparnibhana Sutta*, nous y lisons : « alors le Béni
« s'adressa aux disciples de Pataligama et dit : ô
« maître de la maison, quintuple est la perte de
« celui qui fait le mal par son manque de recti-
« tude. En premier lieu, celui qui fait le mal et qui
« est sans rectitude, tombe en grande misère à
« cause de sa paresse ; en second lieu, sa mauvaise
« réputation se répand au loin ; troisièmement,
« quelle que soit la société dans laquelle il entre,
« qu'elle soit composée de Brahmanes, de nobles,
« de maîtres de maison ou de Samanas, il y entre
« avec timidité et confusion ; quatrièmement il est
« tout angoissé à sa mort, enfin en dernier lieu à

« la dissolution de son corps, après la mort et
« quand il se réincarne, il revit dans un état mal-
« heureux de souffrance et de douleur. »

Et comme parallèle à ce tableau, nous lisons, un peu plus loin, la situation de l'honnête homme :

« Quintuple, ô maître de la maison, est le gain
« de celui qui fait le bien par la pratique du droit
« et de la justice. En premier lieu, fort de son
« honnêteté, de sa rectitude, il acquiert de grandes
« richesses par son industrie ; en second lieu, sa
« bonne réputation est partout connue ; troisième-
« ment quelle que soit la société au milieu de
« laquelle il pénètre, qu'elle soit composée de
« Brahmanes, de nobles, de maîtres de maison ou
« de membres de l'arche, il y entre digne et con-
« fiant ; quatrièmement, il meurt sans remords et
« sans crainte ; enfin, en dernier lieu, après la mort
« et la dissolution de son corps, il renaît dans
« quelque état heureux dans le Ciel. »

Du reste, pour que l'homme accomplisse son évolution, il lui faut naître et mourir, renaître encore et cela combien de fois ? Nous l'ignorons, car évidemment cela dépend de l'individualité même, des progrès qu'elle a accomplis pendant ses existences successives (1).

(1) Au sujet de la *Réincarnation*, nous conseillons à nos

A en croire certains théosophes et certains occultistes, l'homme vivrait un laps de temps si considérable entre deux incarnations successives et reviendrait si souvent sur le plan physique, sur une terre quelconque que nous n'osons pas rapporter les chiffres qu'ils nous donnent, tant ils nous paraissent excessifs. Nous aurons, du reste, l'occasion de revenir ultérieurement sur ce sujet, quand nous parlerons des cycles et des souscycles.

Si la théorie de l'*Evolution* était bien comprise, on verrait qu'elle implique nécessairement la *Doctrine des Renaissances*, et nous dirons à ce propos, qu'il y a une différence considérable entre la théorie indoue de l'évolution et la théorie moderne européenne ; celle-ci n'est qu'une esquisse imparfaite de celle-là. Lamarck, Darwin et Albert Spencer, les trois premiers évolutionnistes modernes ont méconnu le pivot de l'évolution : la renaissance, à cause des tendances matérialistes de leur esprit et de l'état peu avancé de notre science.

Et Tennyson lui-même, qui se montre très sympathique à la Doctrine de l'Évolution, n'a vu qu'un seul côté de la question. Il y a lieu ici de se de-

lecteurs de lire le beau roman de M. A. B. : THOMASSINE, 1 vol. in-18, Paris, 1900.

mander pourquoi l'Evolution ne se poursuivrait-elle que pendant la vie, c'est-à-dire sur le plan matériel et grossier, sur le plan Sthulique. Tous les plans sont nécessaires pour l'accomplissement de l'Évolution.

Est-ce que la mort arrêterait l'évolution de l'individu ?

Pas le moins du monde ; c'est le contraire qui est la vérité.

Elle peut couper court à notre perception comme le fait la distance, l'absence ou le sommeil. La naissance nous a donné beaucoup, mais la mort à coup sûr nous donnera davantage.

Par les lignes qui précèdent, on voit que la Doctrine de la réincarnation n'est pas moderne ; de plus elle n'est pas spéciale aux Hindous. On la retrouve non seulement chez tous les peuples à civilisation avancée, mais elle est aussi largement répandue parmi les races inférieures, chez les sauvages par exemple, chez les Sontals, les Somalis, les Zoulous et autres peuplades africaines ; on retrouve également cette même doctrine chez les Dyaks de Bornéo et de Sumatra, ainsi que chez les Powhattans mexicains.

Parmi les nations civilisées, les anciens Egyptiens et les Hindous ne sont pas les seuls à croire à la Doctrine des renaissances (1), car nous la retrouvons chez les Grecs avec les enseignements de Pythagore et d'Empédocle, c'est-à-dire les premiers temps de la Philosophie Hellénique. Plus tard, dans le *Phédon*, Socrate traite de la préexistence et de la postexistence de l'âme ; enfin Platon se rapproche tout à fait des données orientales relatives à la transmigration de l'âme, comme on peut le voir par les lignes suivantes, dans lesquelles il parle des âmes des grands hommes.

« Cette âme, dit-il, part pour un monde invisible, comme elle est elle-même invisible. Arrivée dans ce monde, son destin est d'être heureuse, affranchie de l'erreur et de la folie humaine, des craintes, des mauvaises passions et des autres maux dont souffre l'humanité ; et elle demeure toujours, comme on le dit des *Initiés*, dans la société des Dieux.

« Dirons-nous cela, Cébès, ou dirons-nous autrement ?

« Il en est ainsi, dit Cébès, sans nul doute possible.

« Mais croyez-vous que l'âme partira dans une pureté parfaite, si elle est souillée et impure au

---

(1) Voir à ce sujet notre Isis Dévoilée, notamment ch. xx, 1 vol. in-18, 2ᵉ éd., Paris, Librairie académique Perrin et Cⁱᵉ.

moment où elle quitte le corps ; parce qu'elle a toujours été la compagne et la servante de ce corps, l'aimant et étant pour ainsi dire fascinée par lui, par les désirs et les plaisirs de la chair jusqu'à ce qu'elle arrive à penser, enfin, que rien n'est vrai que ce qui a une forme matérielle ; que ce que l'homme peut toucher et voir par les sens physiques, que ce que l'homme peut manger et boire et avec quoi il peut satisfaire sa sensualité. Et si, d'un autre côté, cette âme a été habituée à craindre, à fuir, à haïr même le monde intellectuel, invisible pour les yeux de l'homme et qui ne peut être perçu que par le philosophe.

« Il est impossible que cela soit ainsi, répliqua-t-il, l'âme est absorbée par ce qui est corporel et qui lui est devenu naturel par suite de sa relation continuelle avec le corps et de la constante attention qu'on lui prête.

« Cela est parfaitement vrai ; et l'on peut comprendre cela, mon ami, comme étant cet élément de la vie, lourd et pesant, sur la terre et qui appesantit par suite cette âme et l'entraîne de nouveau en bas dans le monde visible, parce qu'elle a peur de l'invisible et des régions éthérées. Elle rôde alors autour des tombes et des sépulcres, dans le voisinage desquels on voit certaines apparitions d'âmes qui n'étaient pas assez pures, car elles étaient liées par les choses des sens, qui tombent sous les yeux et en conséquence sont vues elles-mêmes.

« C'est assez probable, Socrate !

« Oui, c'est probable, Cébès, ces âmes ne doivent pas être celles des bons, mais des méchants qui sont forcés de hanter de tels lieux pour expier les fautes d'une mauvaise existence précédente et ils continuent à errer ainsi, jusqu'à ce que le désir de l'élément matériel qui s'attache encore à eux soit satisfait et qu'ils soient réincarnés dans un nouveau corps. Il est probable qu'alors, ils sont liés ou réunis aux natures qui leur étaient sympathiques dans leur existence précédente.

« Quelles natures voulez-vous dire, Socrate ?

« Je veux dire, par exemple, que les hommes qui se sont adonnés à la gloutonnerie, à la luxure, à la débauche et qui n'ont rien fait pour éviter ces vices, pourraient revêtir la forme d'âmes ou d'animaux adonnés à ces vices.

« Qu'en pensez-vous ?

« Ce que vous venez de dire est très probable.

« Sans doute, dit Cébès, ils passent dans les formes de ces animaux.

« Et il est très facile de comprendre, dit-il, dans

quel corps les autres iront, suivant le genre analogue des vies qu'ils auront menées.

« C'est très clair, dit-il, même parmi eux, quelques-uns sont plus heureux que les autres. Et les plus heureux en eux-mêmes sont ceux qui ont pratiqué les vertus sociales et civiles que les hommes appellent tempérance et justice, et qui s'acquièrent par l'habitude et l'exercice, sans philosophie et sans réflexions.

« Pourquoi sont-ils les plus heureux ?

« Parce qu'il est probable qu'ils passeront dans une nature bonne et douce comme eux.

« C'est possible.

« Mais celui-là seul qui est Philosophe, qui aime l'étude et qui, au moment de quitter la terre, est pur et honnête, celui-là seul peut arriver jusqu'aux Dieux. »

Autrement dire au Nirvanâ des Hindous ; mais combien long sera le chemin à parcourir avant que l'homme arrive à ce bienheureux Nirvanâ !

Poursuivons le cours de la destinée de l'homme.

Après la mort, l'âme entre dans un état d'existence nommé *Dévachan* ; l'esprit désincorporé se nomme *Dévachani*.

Quelle est la condition de cet esprit en Devachan ?

La Doctrine ésotérique nous apprend que le Dévachani est entouré de ceux qu'il a aimés sur la terre d'une affection sainte, pure et parfaite; et l'Union de ces êtres s'opérant sur le plan de l'*Ego* et non sur le plan physique, l'Etre est affranchi de toutes les souffrances qui seraient inévitables, si le Dévachani était consciemment présent sur le plan physique. — La vie dévachanique n'est guère que la continuation idéalisée de la vie terrestre. Mais dans la liberté partielle du Dévachan, l'individu s'assimile ses travaux et ses expériences sur la terre, bien qu'il soit encore dominé en partie par eux. — L'âme dans le Dévachan se nourrit, pour ainsi dire, des travaux accomplis sur la terre.

H. P. Blavastky prétend que « le temps moyen qu'une âme passe en Dévakan est de dix à quinze siècles, et les Cycles de quinze siècles sont les plus marqués dans l'histoire. L'Ego est alors prêt à revenir et il rapporte avec lui le résultat, maintenant augmenté, de son expérience et tout ce qu'il a pu acquérir dans le Dévachan sur la ligne de la pensée abstraite. Car, tandis que nous sommes en Dévakan, « dans un sens nous pouvons développer davantage toutes les facultés que nous aimons et que nous avons cultivées pendant la vie, pourvu qu'elles soient en rapport avec des choses abstraites et idéales, comme la musique, la peinture, la poésie, etc. »

Mais, tandis qu'il traverse le seuil du Dévakan et qu'il meurt à cette vie là pour renaître à celle de la terre, l'Ego rencontre dans « l'atmosphère du plan terrestre », les semences du mal qu'il a semées dans sa précédente existence sur la terre.

Pendant le repos dévakanique, il a été affranchi de toute peine et de tout souci, et le mal qu'il a fait dans son passé est resté dans un état de suspension de vie, mais il n'est pas mort, il ne s'est pas dissipé... Et l'Ego doit reprendre le fardeau de son passé et ces germes ou semences, qui se développent comme une moisson d'une vie passée, sont les Skandhas.

Cette exposition explique parfaitement l'inégalité des conditions humaines, pourquoi les uns naissent très riches, heureux et bien doués, et les autres pauvres, malheureux, sans aucune faculté. — Car, en naissant, nous récoltons ce que nous avons semé, nos Skandhas.

Or, ce terme qui signifie germes, semences a aussi d'autres significations. Sumangala nous dit que : (*In Theosophist I*, 144).

« Suivant les Bouddhas, il n'y a pas d'autre âme (chez les êtres vivants) que les cinq agrégats (Skandhas). Tout être vivant a cinq agrégats. Ce sont le matériel, l'affectif, le perceptif, l'impressionnel et le mental. Les agrégats matériels sont les corps, à commencer par les atomes et ce qui est au-dessus, soumis au changement, parce qu'ils sont affectés par le chaud et par le froid. Ils sont appelés agrégats matériels parce qu'ils sont des agrégats d'objets matériels. Les agrégats affectifs sont : les douleurs et les jouissances, etc., qui sont senties ou capables d'être senties. Les agrégats perceptifs sont ceux qui reçoivent la connaissance des objets par les sens. Les agrégats impressionnels sont toutes les impressions du général, du bien et ainsi de suite. Les agrégats mentaux sont tous ces phénomènes du mental qui nous poussent à des actes que nous aimons ou à rejeter les actes que nous n'aimons pas ».

La Doctrine de la réincarnation ou des renaissances ne nous paraît pas aujourd'hui discutable; quand un grand fait philosophique se transmet d'âge en âge, qu'il est du reste absolument logique, on peut bien admettre qu'il est vrai. Nous avons cité quelques philosophes de l'Antiquité, mais nous ne saurions mentionner ici tous les modernes, tant leur nombre est considérable et s'accroît de jour en jour; du reste nous aurons occasion de parler plus loin de la réincarnation à propos de l'ésotérisme chrétien.

Aussi nous bornerons-nous à dire ici, que peuvent être considérés comme partisans de la Réincarnation dans ces temps modernes : Paracelse, Lavater, Fontenelle, Dupont de Nemours, Giordano Bruno, Fichte, Van Helmont, Cardan, G. Postel, J. Bœhme, Claude de Saint-Martin, Schelegel, Kant, Schopenhauer, Châteaubriand, H. de Balzac, Ballanche, Cavour, Mazzini, Sir Humphrey Davy, Massimo d'Azeglio, Bonnet, Ch. Fourrier, Jean Renaud, George Sand, Charles Young, Shelley, Tennyson, Longefelow, Emerson, Allan Kardec, Pezzani, Eug. Pelletan, Louis Figuier, Louis Jourdan, Eugène Nus, Bonnemère, Ch. Naudin, Victor Hugo, V. Sardou, etc., etc., car nous ne saurions mentionner ici tous les hommes illustres qui se sont montrés réincarnationistes par leurs travaux ; la nomenclature en serait extrêmement longue et ne pourrait confirmer davantage l'opinion du lecteur à ce sujet.

Ce que nous ne comprenons pas, c'est qu'encore un grand nombre de spiritualistes, tant en Angleterre qu'en Allemagne, qu'en Amérique comme en France ne soient pas réincarnationistes ; c'est là un fait très surprenant.

### Dévakan.

La Doctrine ésotérique enseigne qu'après la mort, l'âme passe dans le Dévakan, mais ce terme ne désigne pas seulement un lieu, mais aussi un état particulier qui dure un espace de temps compris entre deux incarnations successives, espace qui a une durée plus ou moins longue. Dans l'état dévakanique, d'après certains occultistes, le désincarné retrouve une infinie variété de manières d'êtres, correspondant réciproquement à l'infinie variété de mérites ou de démérites de l'espèce humaine ; le repos que le désincarné trouve dans cet état, peut durer fort longtemps, d'aucuns disent plusieurs siècles pour la généralité des hommes, mais pour un être même de développement intellectuel moyen, il s'écoule environ quinze cents ans depuis le moment de la mort jusqu'au commencement d'une nouvelle incarnation. Ce long espace de temps (de plusieurs siècles) peut nous paraître à nous *terriens*, dont la vie est si courte, fort long, mais il ne faut pas oublier que quelques siècles ou quelques secondes, c'est tout un pour l'âme immortelle, de sorte qu'il ne faut pas être surpris de ce long état dévakanique, par lequel passent certaines âmes pour s'épurer, s'amender, s'améliorer, pour oublier, enfin, la dernière existence écoulée; oubli qui est absolument nécessaire pour accomplir une nouvelle incarnation dans de bonnes conditions; cet oubli est, du reste, facilité par le changement de cerveau à chaque nouvelle incarnation. Il y a lieu d'ajouter ici que certainement bien des personnalités ne restent point en Dévakan une période de temps aussi longue ; et bien des occultistes nous apprennent qu'il y a des âmes qui ne subissent pour ainsi dire pas de période dévakanique, tant est courte sa durée; par exemple, pour les *Nirmanakayas* ou hauts initiés dont nous parlons dans le chapitre suivant, ces initiés qui sont délivrés de la vie mortelle et de ces décevants mirages sont au-dessus des illusions du Dévakan. Egalement, les occultistes en bonne voie de devenir initiés séjournent peu en Dévakan, afin de ne point perdre de temps en cet état, car ils peuvent l'employer plus utilement. Ils réduisent donc de plus en plus leur repos entre deux incarnations successives, afin d'arriver plus promptement à une renaissance dernière, c'est-à-dire non suivie de mort. Enfin restent peu dans l'état dévakanique, les âmes des personnes dont la vie terrestre s'est brusquement terminée par une mort violente, quelle que soit du reste la nature de cette mort, et dont l'état, en attendant une nouvelle incarnation, dépend de leurs préoccupations d'esprit au moment de leur mort, ainsi que du degré de leur avancement intellectuel. Ces individualités qui ont péri de mort violente (accidents, suicides ou autres causes) reviennent rapidement sur notre terre poursuivre et terminer une existence brusquement interrompue, après avoir passé plus ou moins longtemps dans le *kama-Loka*.

Ajoutons enfin, qu'il y a encore beaucoup d'autres motifs que nous connaissons ou que nous ne connaissons pas qui permettent à une individualité de se réincarner quelque temps, fort peu de temps après sa mort.

En résumé, le Dévakan n'est pas seulement un lieu, mais un état. Ce qui entre dans cet état dévakanique après la mort, ce n'est pas notre personnalité, mais notre individualité, car il ne faut pas confondre ces deux expressions : la *Personnalité* est notre habit de chair, ce pardessus que l'Ego revêt à chaque nouvelle incarnation.

L'*Individualité*, au contraire, est cette longue série d'existences successives, c'est celle-ci qui entre en Dévakan, c'est elle qui constitue nos plus hautes aspirations, nos affections les plus tendres et les plus suaves, enfin nos goûts les plus élevés.

Donc la personne meurt; c'est le pardessus que l'Ego rejette, l'individualité, au contraire, ne meurt jamais et forme cette chaîne vitale qui part du Nirvâna pour y retourner, après avoir accompli une série d'épreuves et de transformations successives pendant la durée d'un *Manvantara*, c'est-à-dire d'une période d'Univers manifesté, c'est-à-dire encore Un jour de Brahmâ.

Il est bien entendu que les actions morales et spirituelles sont les seules qui trouvent leur champ d'action dans le Dévakan.

Le contraire du Dévakan est l'*Avitchi*, celui-ci est aussi un état de l'être et non seulement un lieu; il est très important d'établir cette distinction, car bien des gens croient que le terme *Avitchi* correspond littéralement au mot *Enfers*, comme Dévakan à celui de Ciel, ce qui est complètement faux.

L'Avitchi est l'état dans lequel se trouvent les esprits mauvais et pervers et le Dévakan les esprits plus élevés; du reste, entre ces deux états, il existe trois sphères ascendantes spirituelles, qui se subdivisent, elles aussi, en un très grand nombre de divisions.

La Doctrine ésotérique hindoue, celle que nous étudions en ce moment, nomme les trois principales sphères ascendantes (*Lokas*) ainsi dénommés : 1° *Kama-Loka;* 2° *Rupa-Loka;* 3° *Arupa-Loka.*

La première sphère, le Kama-Loka est le monde du désir et des passions terrestres non satisfaites ; c'est, paraît-il, l'état dans lequel se trouvent les fantômes, les esprits élémentaires, les suicidés et les suppliciés.

D'après la Théosophie, le *Kama-Loka* est la demeure des Ombres, ce qui correspond au Purgatoire des catholiques.

Pendant qu'il réside dans ce séjour, l'Ego revêtu de l'âme animale ou *Kama-Rupa* peut être mis en rapport avec les humains, si ceux-ci lui en facilitent les moyens. Quand les grossières énergies du Kama-Rupa dominent les forces d'un Ego désincorporé et peu développé, le Kama-Rupa peut s'emparer d'une personnalité qui se trouve dans certaines conditions déterminées. Dans ce cas, le défunt peut se communiquer, peut manifester sa présence sur la terre, en utilisant pour cela le corps de la personne possédée (médium) ; quand tous les éléments sont très favorables, le Kama-Rupa peut à tel point se matérialiser qu'il devient visible pour l'œil physique même.

Voici comment s'accomplit ce phénomène bien plus fréquent qu'on peut le croire. Le corps invisible de l'âme animale attire à lui un nombre considérable de particules qu'il emprunte à l'aura ou fluide vital du médium ou des personnes présentes dans une réunion ; la présence d'un médium est toujours nécessaire pour faciliter l'attraction entre le visible et l'invisible.

Ce genre de rapport présente de graves dangers ; ainsi, par exemple, si un médium se livre bénévolement et longtemps à une entité de l'astral qui peut être mauvaise, celle-ci finit, avec le temps, par prendre un tel ascendant sur le médium qu'il s'en fait un véritable instrument à sa dévotion pour accomplir exclusivement sa volonté et elle enlève au médium son *self government*, parce qu'il a retiré de celui-ci toute son énergie physique et mentale.

Cette communication des Kama-Rupas des défunts avec les vivants fournit l'explication des évocations spiritiques ainsi que de beaucoup d'autres phénomènes occultes que nient encore aujourd'hui la science officielle occidentale ; malgré les travaux des Crookes, des Zoellner, des de Rochas et de tous les travaux documentaires publiés par tous les savants d'avant-garde nos contemporains (1).

Ces communications avec l'homme vitalisent artificiellement les Kama-Rupas de l'Astral qui, sans cela, finiraient par se désagréger lentement et successivement, couche par couche, sous l'action désorganisatrice du monde astral, d'autant que les trois principes supérieurs (Atma, Buddhi et Manas) se séparent assez rapidement de l'âme animale, après la mort, pour passer sur un plan supérieur de matière très affinée, plan qu'on nomme, nous l'avons vu, Dévakan.

Dans la seconde sphère, le *Rupa-Loka*, monde des formes, sont des ombres plus avancées en spiritualité, ombres qui possèdent une forme et l'objectivité, mais pas de substance.

Enfin la troisième sphère, l'*Arupa-Loka*, renferme le monde sans formes corporelles, les esprits y vivent dans un état fluidique très avancé. Il est clair qu'il y a des degrés dans l'ascendance des progrès

---

(1) Personnellement par nos travaux et nos publications, nous avons contribué pour une large part à la diffusion de la science psychique, principalement par notre volume *La Psychologie devant la science et les savants*, par notre *Dictionnaire de la Science occulte*, par *Isis dévoilée*, par *Addha-Nari ou l'Occultisme dans l'Inde antique*, par *Hélisama*, etc., etc.

spirituels depuis le Kama-Loka, le degré inférieur, jusqu'à l'Arupa-Loka, le degré le plus élevé.

Après ces données générales et connaissant les définitions et principes de l'Esotérisme ce qu'il est, nous devons aborder l'étude pratique de l'Esotérisme et nous demander quel est son but et quels sont les moyens pratiques pour progresser dans la science Esotérique ou *Doctrine secrète*.

# CHAPITRE IV

## DE L'HOMME AU POINT DE VUE THÉOSOPHIQUE

D'après la Doctrine Esotérique l'homme comporte dans sa composition sept principes ; il possède aussi plusieurs corps ou enveloppes, qui correspondent aux divers plans de l'espace.

L'homme complet actuel (1) possède en permanence cinq corps, savoir : le corps physique, le corps astral, le corps mental, le corps causal et le corps spirituel. Ces corps agissent chacun sur le plan correspondant de leur substance propre et se

---

(1) D'après la Doctrine Esotérique, les deux agrégats de principes ou d'éléments qui concourent à représenter l'homme parfait ou du moins l'homme actuel complet, sont : le ternaire Atma, Buddhi, Manas et le quaternaire Kama-Manas, Jiva ou Prana, Linga-Sharira et Sthula-Sharira.

Le ternaire de l'homme spirituel, qu'on dénomme aussi *Individualité*. Le quaternaire est l'homme personnel ou *Personnalité*, et les deux groupes réunis forment l'homme normal, ou, comme nous venons de le dire, l'homme complet actuel.

rapportent chacun à l'un des sept principes constitutifs de l'homme (1).

Suivant le groupement de ces principes ou éléments, il se crée des différences entre les données relatives à l'homme et ce sont ces différences que nous montrent les diverses philosophies religieuses.

Voici l'énumération des dits éléments et les groupements que constituent plus particulièrement les formules ésotériques de l'homme. — Ces éléments sont au nombre de sept : *Sthula-Sharira* (Elément physique) ; *Linga-Sharira* (Elément aithérique-forme) ; *Prana* ou *Jiva* (Elément vital) ; *Kama* (Elément intelligent) ; *Buddhi* (Elément spirituel) ; et *Atma* (Elément divin).

En définitive, les divers corps de l'homme sont les divers véhicules du Principe Supérieur : ATMA, le *Soi Supérieur,* sur les divers plans sur lesquels peut s'exercer la conscience atmique. Ces corps constituent ce qu'on nomme en langage courant des *Fourreaux* ou *coques*, représentant chacun un principe particulier de l'homme.

(1) Les éléments constitutifs de l'homme sont partout présents à la fois, mais, suivant le cas, plus ou moins prédominants, parce qu'ils sont conditions et substances de divers ordres.

On désigne cette omniprésence par cette expression, les éléments constitutifs de l'homme sont *en coadunité*.

On peut considérer les fourreaux comme s'emboîtant les uns dans les autres, ou mieux s'interpénétrant les uns les autres, pour ne faire qu'un seul et même corps, de même que les diverses couches d'un oignon superposées constituent un seul fruit ; mais ici les couches concentriques sont bien nettement séparées entre elles et ne s'interpénètrent pour ainsi dire pas.

Voici, par ordre de matérialité décroissante, les dénominations de ces diverses enveloppes de l'homme, toutes véhicules d'*Atma*, le premier principe constitutif de l'homme.

Corps physique. — C'est celui qui est saisissable, visible à l'œil physique ; ce corps donne naissance au principe dénommé en Sanskrit *Sthula-Sharira*. Les parties les moins matérielles de celui-ci sont dites *Aithériques*, et interpénètrent le corps astral ; elles donnent lieu à l'aspect de la vie universelle dénommée *Prana*.

Après le corps physique vient le corps astral ; c'est ce corps qui donne naissance au principe dénommé *Kama* : certaines parties du corps astral interpénètrent le corps mental, lequel engendre le *Manas inférieur*. Puis vient le corps causal, qui engendre le *Manas supérieur* ; enfin nous avons le CORPS SPIRITUEL, qui donne naissance au principe dénommé *Buddhi*.

Au cours de l'Evolution humaine ou dans ses changements divers : mort et Renaissance, tous ces corps ou fourreaux (enveloppes, coques) disparaissent successivement dans l'ordre suivant : les plus grossiers d'abord, puis les plus subtils et chaque fois la conscience passe dans le moins élevé des corps qui restent. — Ainsi après la mort physique, l'*Ego* fonctionne dans le corps astral (*Kama-Rupa*) ; après la seconde mort, c'est-à-dire à l'entrée en *Dévakan*, la conscience se porte, se fixe sur le corps mental, dont elle se sert pendant le Dévakan inférieur, puis ce corps mental disparaît de lui-même, avant l'arrivée au Dévakan supérieur, dans lequel ne réside que le *Corps Causal*. C'est dans ce dernier que se condensent les *Skandas* ou *Tattwas*, germes de potentialité évolués dans la dernière incarnation de l'homme, et c'est ce même corps causal, qui reviendra ultérieurement dans une réincarnation subséquente.

En ce qui concerne le *Corps Buddhique* ou corps spirituel, nos connaissances à l'heure actuelle ne sont pas assez avancées pour pouvoir fournir à ce sujet des données précises ; aussi préférons-nous de beaucoup n'en point parler, crainte d'infiltrer dans l'esprit du lecteur de fausses idées comme n'ont pas hésité à le faire certains de nos devanciers dans cette étude délicate et complexe,

Les cinq corps que nous venons d'énumérer existent en permanence chez l'homme qui vit actuellement sur notre planète, et chacun d'eux a un rayonnement qui lui est propre : l'*Aura*, dont nous avons déjà parlé. C'est grâce à cet *Aura*, que les corps de l'homme peuvent prêter de leur substance pour créer des corps temporaires dénommés à tort : *Fantômes*. Or, il est aujourd'hui formellement reconnu qu'il n'existe pas seulement des fantômes des morts, mais qu'il y a aussi des fantômes ou formes aithérées, qui proviennent de personnes vivantes. Les personnes quelque peu versées dans l'Occultisme peuvent dégager leur double et voir leur corps physique à côté de leur forme aithérée. — C'est de cette façon que le *Corps mental* fournit les matériaux du Mayavi-Rupa des hauts Initiés ou Adeptes, lequel corps est susceptible de se transporter même au loin, et cela, en pleine connaissance, en pleine conscience.

Ce même corps Mental peut également fournir les matériaux du Mayavi-Rupa accidentel, espèce de *Pensée-forme*, qui mélangée avec de la matière

Astrale peut se manifester, inconsciemment même, dans la plupart des cas, dit de *Télépathie*.

De même, le corps astral peut également produire une forme susceptible de pouvoir fonctionner au loin du corps physique et cela d'une manière consciente ; ainsi nous *pouvons affirmer* PAR EXPÉRIENCE, que des *initiés*, des *médiums* ont pu, en astral, aller empêcher des personnes *de se suicider* ou *accomplir des crimes*.

Enfin la partie aithérique du corps physique peut fournir des matériaux susceptibles de produire les phénomènes de *matérialisation*.

C'est à ce même genre de phénomènes (dédoublement) qu'on peut attribuer la différence qui se produit instantanément dans le poids des corps des médiums à incarnation (De Dunglas Home, par exemple) ou autres. — Cette différence de poids peut provenir de plusieurs causes, mais surtout de ce que la partie aithérique entraine parfois de notables quantités de particules (solides ou liquides) de l'économie du vivant. C'est à la même partie aithérique qui se dégage du corps de l'homme vivant, à laquelle l'on doit les phénomènes dits : *Extériorisation de la sensibilité; Extériorisation de la Motricité*.

### De l'homme post mortem ; de son immortalité.

Nous allons étudier maintenant ce qu'il advient de l'homme après la mort de son corps physique, après sa première mort. On peut définir celle-ci : l'arrêt définitif du fonctionnement physique de la corporéité, ce qui implique fatalement, nécessairement, la sortie de la vitalité (*Prana ou Jiva*) du corps physique et du corps aithérique qui lui sert de véhicule.

L'homme mort reste toujours composé de sa Triade Supérieure, réunie à son élément *Kama-Manasique*.

Arrivons à la question de l'immortalité de l'homme, de sa survivance par suite de celle de son âme. L'une des conditions de l'immortalité de l'homme réside dans l'homogénéité de sa composition ; donc, l'homme élémentaire, c'est-à-dire celui dans la composition duquel n'entrent que Prana, Linga-Sharira, et Sthula-Sharira, n'est pas immortel, car n'ayant que ces trois principes en voie d'évolution, les autres, les principes supérieurs, lui font défaut ; aussi quand la réserve de force donnée à ses parties inférieures est épuisée, ces parties se dissocient et se dissolvent.

En ce qui concerne l'homme personnel, il n'est immortel que si le rayon manasique qui l'éclaire demeure en union, en communion avec le foyer émanateur et même alors dans ce cas, la plupart des éléments qui entrent dans la composition de cet homme, ces éléments ne restent pas indéfiniment associés. — Pour l'homme individuel, qui n'est rien autre que la Monade divine(1), l'ensemble de sa composition étant homogène, cet homme est immortel ; mais l'homme personnel détient l'immortalité en dominant les mauvaises passions, les impulsions malsaines des corps physique et astral, dans lesquels il fonctionne.

Or, l'homme arrive facilement à ce résultat en écoutant et en répondant aux suggestions de l'*Ego Supérieur*, c'est-à-dire comme nous allons le voir, à la voix de sa conscience.

Mais si l'homme personnel ne répond jamais

---

(1) L'homme spirituel et la monade individualisée, après l'émission planétaire effectuée en vertu de la loi du sacrifice qui est venue éveiller son aspect manasique : C'est l'Ego supérieur. Antérieurement, cette monade se trouvait dans l'homme élémentaire composé seulement dans sa constitution de Kama, de Prana, de Lingua-Sharira et de Sthula-Sharira; quant aux autres principes, ils n'étaient pas encore éveillés.

aux suggestions de l'Ego Supérieur, tout rapport cesse avec lui, alors le Rayon ne peut plus percer le milieu opaque dans lequel il plonge.

Dès lors, il n'est plus éclairé cet homme personnel, il ne ressent plus les vibrations de l'ordre spirituel, aussi le Rayon finit-il par se retirer, abandonnant à eux-mêmes les principes inférieurs qui, dès lors, prédominent dans l'homme. Cependant, ces principes inférieurs restent encore un certain temps agrégés entre eux, agglomérés, parce que la partie manasique inférieure n'a pu s'en détacher ; mais, avec le temps, ce détachement s'opère, alors les principes inférieurs tendent à se dissocier et l'homme personnel devient comme l'homme élémentaire, puisque chacun de ses éléments retourne à son plan respectif et, dans ce cas, l'immortalité est perdue pour l'homme personnel qui a cessé d'être personnel, comme nous venons de le voir.

### L'Ego Supérieur (Manas).

Cet Ego est le principe intelligent et pensant, le *Je*, le *Moi* dans son *parfait état de pureté* ; il est la partie immortelle de l'homme.

Ce que nous connaissons généralement de ce *Moi Divin*, n'est guère que son image défigurée par nos passions et notre égoïsme.

L'*Ego Supérieur* ne peut en outre exprimer que les facultés qui sont en rapport avec le cerveau physique ; donc l'Ego Supérieur se trouve extrêmement limité par cet instrument imparfait et grossier.

Le but de *Karma* est d'instruire et de purifier notre Ego Supérieur. C'est par la douleur physique ou mentale que s'obtient cette purification ; c'est elle qui redresse nos erreurs volontaires ou involontaires et cette intervention de Karma dure tant que l'Ego n'a pas atteint le niveau de la pleine connaissance et une parfaite pureté, en un mot tant que l'Ego Supérieur n'est pas devenu capable de pouvoir agir et fonctionner d'une manière si parfaite qu'il ne se produit plus d'*effets karmiques*; mais il est bien évident qu'il faut à l'homme plusieurs existences terrestres pour obtenir une connaissance et une pureté parfaites. Donc le Karma ne pourrait à lui seul expliquer la vie, il lui faut encore être étroitement uni à la loi de *Réincarnation* qui nous apprend, comme nous l'avons déjà dit, que l'Ego doit renaître sans cesse, pendant des siècles et des siècles, et qu'alors à chacune de ses nouvelles incarnations, l'Ego entre dans un corps de plus en plus parfait, jusqu'à ce qu'il arrive enfin à la perfection finale, la perfection intégrale.

Ici, nous devons placer une observation qui a été souvent présentée. Bien des personnes disent : puisque nous avons déjà vécu, comment se fait-il que nous ne nous rappelions aucune de nos existences et plus particulièrement notre précédente existence ?

Le cerveau, c'est aujourd'hui un fait reconnu, est l'enregistreur des souvenirs personnels ; or, le cerveau physique changeant à chacune de nos existences, il n'y a rien d'étonnant que nous oublions, à chaque renaissance, notre dernière existence passée.

Ne voyons-nous pas du reste dans les diverses phases de l'Hypnotisme, le sujet perdre la mémoire de ce qu'il était ou faisait dans un précédent état d'hypnose.

Ensuite, il y a lieu d'ajouter que le but constant de l'homme étant l'évolution de son âme, c'est-à-dire de se *former* le caractère, c'est celui-ci surtout qu'il y a lieu de conserver, et il se conserve par la loi de Karma.

Aussi dans la série de nos existences, c'est le caractère qui survit et non les faits qui ont servi à sa formation. Ajoutons cependant que dans la suite des temps, quand l'Ego est assez développé pour pouvoir transporter sa conscience sur des plans très supérieurs, il retrouve alors les traces de son passé, non pas comme on l'a dit trop souvent dans l'*aura* du corps astral qui change avec chaque nouvelle incorporation, mais dans celui du corps causal, car celui-ci dure tout le Manvantara et c'est ainsi qu'on peut se rappeler la série de ses existences précédentes.

Abordons ici un autre problème et étudions comment est constitué l'Ego Supérieur.

L'Ego Supérieur ou Manas est constitué par le corps causal ou agrégat de substances utiles. On le nomme *corps causal* parce qu'il emmagasine les germes de tous les autres principes humains ainsi que les *causes* créées par les actes de la vie de l'individu qu'il représente.

L'élément manasique appartient au cinquième plan de l'homme ; il dérive directement de *Mahat*, l'intelligence cosmique. Dans l'homme moderne, le *Manas* proprement dit est le *vrai Penseur* ; il se trouve encore peu réalisé, il nous faut bien le reconnaître. C'est seulement le rayonnement de *Manas* dans les éléments inférieurs plus évolués dans leur genre, qui produit chez l'homme moderne, chez l'homme actuel, sa raison et son intelligence.

Le Manas inférieur, le *Rayon* est de même nature que le *Manas* proprement dit ; c'est, en quelque sorte, la main d'une personne qui, pour manipuler un liquide corrosif ou impur, serait revêtue d'un gant. Dans ce cas, le gant est la lumière astrale et le liquide la conscience kamique ; la main revêtue de son gant, représente le mental ordinaire.

Les éléments inférieurs contiennent le principe kamique. L'immixtion du *Rayon manasique* intensifie l'élément sensationnel et crée la passion en associant l'intelligence à ses manifestations ; le rayon manasique joue ainsi un très grand rôle dans la vie de l'homme sous le nom de *Kamamanas*, préférable à celui de Manas inférieur, qu'on lui donne trop souvent.

La distinction entre l'action du Manas proprement dit et celle de son rayon, donne la solution de nombreuses questions dans l'ordre intellectuel et c'est pourquoi nous appelons l'attention du lecteur sur ce sujet important.

L'Ego Supérieur plus rapproché de la *vie Une* que l'Ego inférieur a pour mission, pour rôle, d'accélérer l'évolution de celui-ci en l'influençant et en conservant le résultat du bien qu'il a fait.

L'Ego Inférieur sert aux expériences de l'Ego Supérieur, ainsi qu'à l'évolution de ses propres éléments. — Ce dernier aide aussi à l'évolution des éléments de ses véhicules divers (substance astrale, aithérique, physique); il prépare également l'individualisation de l'Essence élémentale.

L'Ego Supérieur opère donc le salut de l'homme par son incarnation dans la personnalité; et l'homme fait son salut en poursuivant, de toutes ses forces, l'évolution de son âme.

Les Egos très évolués n'habitent pas un ciel subjectif (*Dévakan*) uniquement constitué par les productions de leur action mentale; ils sont conscients de ce qui les entoure, aussi pour ces Egos, le Dévakan n'est plus un *état* mais un *lieu*; une sorte de Paradis.

Les *Nirmanakayas* sont des Egos pleinement évolués; ils n'ont plus à renaître sur la terre et pourraient entrer en Nirvanâ; mais leur amour pour l'humanité fait qu'ils préfèrent rester sur le plan dévakanique pour se consacrer aux progrès de l'humanité.

L'Ego libéré qui, au lieu d'entrer en Nirvanâ, passe à l'état de Nirmanakaya, accomplit ce qu'on a dénommé la *Grande Renonciation*; il prend alors un engagement terrible : celui de rester en Dévakan et d'y travailler sans trêve, ni repos, à la régénération humaine et cela jusqu'à ce qu'il ne se trouve plus sur la terre une seule âme qui ne soit en état d'entrer en Nirvanâ. — C'est parmi les Nirmanakayas que prennent naissance les Guides, les Maîtres, les Bouddha, les Christ.

### Ego Inférieur.

L'*Ego* ou *Moi inferieur*, c'est le corps mental, esclave de l'illusion terrestre (*Maya*), et uni à l'âme animale (*Kama*). C'est cet Ego qui, chez les hommes très mauvais, très méchants, peut faire le mal uniquement pour faire le mal, c'est-à-dire sans y être poussés par aucun motif, par aucune passion. C'est dans l'Avitchi que vont après leur mort de pareils êtres, et là, ils y endurent une souffrance mentale tellement aiguë, que leur moi inférieur peut y être progressivement et complètement annihilé et détruit.

Mais il faut à l'homme un grand nombre d'existences pour assurer la complète évolution de celle-ci, car l'existence est si courte ; il faut donc que l'homme renaisse aussi longtemps, d'une part, que la présence de l'Ego Supérieur le préserve de la dissociation des principes et, d'autre part, que l'état de l'Ego Inférieur nécessite son épuration et cela jusqu'au terme de la série des existences les mieux remplies, jusqu'à ce que l'âme puisse atteindre au Nirvanâ dont nous avons parlé.

Buddhi. — Le premier des principes entièrement spirituels est l'élément buddhique ; c'est pourquoi on l'appelle aussi l'âme divine ou âme spirituelle. Ce principe est encore moins développé que le *Manas* chez l'homme actuel.

Ce que nous en dirons, c'est qu'il est le véhicule de l'Esprit proprement dit, et cela, parce qu'il est rapproché de lui.

Atma. — Atma est la parcelle de la vie Une qui se trouve autour de nous et en nous ; on le désigne sous le nom de *Soi Supérieur* non individualisé, mais dans l'état actuel de l'humanité, nous ne pouvons guère qu'admettre une telle présence et diriger vers elle toutes nos aspirations.

La voix de la conscience. — Qu'est-ce que la voix de la conscience ?

C'est le sentiment intime, profond, que l'homme possède, que quelque chose est bon ou mauvais, vrai ou faux, est à faire ou à ne pas faire. Ce sentiment vient de l'Ego supérieur ou Manas et se transmet plus ou moins bien à la personnalité, selon l'état de pureté plus ou moins parfait de cette personnalité.

Quand l'âme animale (Kama) occupe entièrement le champ de la conscience, ses vibrations intenses ébranlent le cerveau et, dans ces conditions, les délicates impulsions de l'individualité ne peuvent être perçues ; c'est pour cela que la paix du cœur, le grand calme et la méditation sont si nécessaires à ceux qui veulent commencer à entendre la voix de leur *Ego* supérieur, à vivre en rapport, en communion avec lui. L'homme qui, de propos délibéré, étouffe cette voix de la conscience pour n'obéir qu'à sa nature inférieure, à Kama, empêche tout développement de l'Ego et se prépare pour l'avenir un milieu détestable, dans lequel il lui sera très difficile de progresser et de se perfectionner.

# CHAPITRE V

### LES POUVOIRS PSYCHIQUES

Le but de l'Esotérisme est de développer le spiritualisme chez l'homme ; en poursuivant ce but, non seulement la personnalité humaine améliore son *Karma*, mais elle favorise en même temps le développement intellectuel de son prochain. Voilà ce qu'il est nécessaire d'inculquer dans l'esprit des masses et leur faire comprendre que tous les humains sont solidaires, que chacun doit travailler pour tous et tous pour chacun.

Pour atteindre au maximum de la perfection, c'est-à-dire pour atteindre au but désiré, l'*Occultiste* (Spirite, Théosophe, Rose-Croix, etc.) doit essayer de devenir *Médium*, c'est-à-dire doit s'efforcer d'acquérir, puis de développer son sixième sens : le Sens intime. Ce n'est, en effet, que par celui-ci seulement que l'homme pourra arriver à la complète intelligence des vérités éternelles ou vérités spirituelles.

Pour percevoir et comprendre intégralement ces vérités, l'élève occultiste doit se détacher de plus en plus chaque jour des liens de la matière et de tout ce qui pourrait le rattacher à celle-ci. Il y parviendra facilement en améliorant son esprit et son cœur, en s'instruisant, en s'efforçant de mener une vie pure et surtout en rendant service à ses semblables, en pratiquant enfin l'*altruisme*, c'est-à-dire en chassant l'égoïsme, l'*Egotisme* même, de son cœur.

Toutes les conditions que nous venons d'énumérer sont essentielles, indispensables ; la pureté, en effet, a toujours été considérée comme la base de tout développement spirituel et l'Etudiant doit être pur en pensée, en paroles et en actions.

Quand il a atteint à un haut degré de pureté, il possède en lui une grande force, une sorte de pouvoir régénérateur, qu'il peut même communiquer à ses amis, aux personnes de son entourage qui lui sont sympathiques et même, à un grand nombre de personnes qui ne se doutent pas du pouvoir qu'on leur confère, car cette force régénératrice est rayonnante et son rayonnement est d'autant plus fort, plus éclatant, que cette force est intense.

Mais pour obtenir cette force à un degré intense, il existe des moyens à employer d'une manière pratique. Il est utile, par exemple, de suivre en tous points les dix devoirs prescrits par Manu et qui sont :

1º L'absolue fermeté devant toute tentation ;

2º Etre inoffensif à l'égard de ses semblables ;

3º Résister aux appétits sensuels ;

4º S'abstenir de vols (c'est élémentaire), mais encore de tout gain illicite ;

5º Etre pur en pensée, en parole et en action ;

6º Etre maître de soi ; dominateur de ses passions ;

7º Acquérir la haute Sagesse en développant l'intuition ;

8º Acquérir la science par le développement de l'intellect ;

9º Etre essentiellement honnête en tout et pour tout ;

10º Etre arrivé à un degré d'avancement assez élevé pour s'affranchir de la colère, de la haine, de l'envie, de toutes les passions quelconques.

L'occultiste qui aura atteint le degré de perfection mentionné par les dix articles prescrits par Manu, pourra alors, mais seulement alors, acquérir les pouvoirs psychiques si difficiles à acquérir, mais qui, une fois acquis, font pour ainsi dire partie intégrante de leur possesseur et rien ne saurait l'en déposséder.

Arrivé à ce point de notre travail, nous devons ouvrir une parenthèse.

Bien des personnes nous ont dit et nous disent quotidiennement : « Ne pourriez-vous pas formuler un *Manuel pratique de l'Occultisme ?* c'est-à-dire ne pourriez-vous pas, par de courts aperçus, par des instructions substantielles, indiquer les moyens à employer pour être rapidement instruit en occultisme ? Ce qui veut dire en bon français dans l'esprit de nos demandeurs :

« Ne pourriez-vous pas donner en quelques pages les moyens de devenir un *Initié*; un MAGE? »

A ceci nous répondrons :

« Non, il n'est pas possible de faire en trois temps et trois mouvements un *Mage* et cela pour bien des raisons » ; nous nous bornerons à énumérer les principales.

D'abord, l'Occultiste doit travailler par lui-même, car le travail personnel est le seul profitable ; puis au fur et à mesure que l'étudiant avance dans la connaissance de la *Doctrine Esotérique*, il en comprend toute l'importance et il recevra bientôt, par intuition ou autrement, des instructions qui lui permettront d'aborder toutes les questions ésotériques, en connaissance de cause.

Il n'aura alors à redouter aucun des dangers que courent les élèves occultistes, qui veulent courir avant de savoir marcher et qui se frottent à la haute science, sans des études préalables, longues et difficiles, en un mot, sans une instruction suffisante.

L'étudiant doit donc s'instruire et *découvrir*, de lui-même, ce qui est caché, il doit étudier les ouvrages qui traitent de la matière et les approfondir. Quand il est arrêté par un point qu'il croit obscur, parce qu'il ne le comprend pas, il doit méditer sur ce point, le commenter et la lumière se fera alors dans son Intelligence. Personne au monde ne peut lui apprendre et, en un mot, personne ne saurait travailler pour lui.

Avec des manuels, on fabrique des bacheliers, des licenciés, des docteurs ; mais avec des manuels, on ne fait pas des occultistes, encore moins des *Mages* ; ceci est, pour ainsi dire, formulé par l'axiome d'occultisme suivant : « Les étudiants en occultisme doivent tous surmonter les mêmes difficultés pour développer leur soi spirituel. »

Il est également admis comme axiome complémentaire de celui-ci, que : « Essayer de développer un étudiant occultiste, en dehors de ses efforts personnels, c'est détruire la condition la plus importante de son développement, c'est-à-dire l'apparition de perceptions spirituelles. »

On ne saurait donc devenir *Occultiste* et *Mage* par procuration, à l'aide de la science qu'une autre personne pourrait vous infiltrer ; il faut étudier, travailler et se perfectionner *da se* ; on ne connaît bien, on ne sait bien que ce qu'on apprend par soi-même.

Et du reste, si l'Esotérisme est une science, c'est aussi un art ; les anciens l'ont nommé l'*Art sacré* ; nous en avons très longuement parlé dans notre Isis Dévoilée (1).

Or, à l'aide et avec le concours d'un *Manuel*, peut-on apprendre un art, sa technique, même en partie ? Nullement ! Il faut pratiquer, il faut s'exercer soi-même, travailler beaucoup, travailler encore, travailler toujours.

On ne peut guère que recevoir quelques conseils

---

(1) Un vol. in-18, 2ᵉ édition, Paris, 1897.

de direction et c'est tout ; du reste, les conseils de direction arrivent toujours à l'*Adepte*, quand il les a mérités ; quand il est en état d'exercer son art sans danger pour lui, ni pour les autres et surtout sans être tenté de se servir de son art dans un mauvais but.

Voilà l'écueil contre lequel vont buter trop souvent les imprudents qui commencent à posséder les pouvoirs psychiques. Ceci démontre quel danger considérable il y aurait à apprendre à des étudiants peu avancés les vérités ésotériques.

Voilà surtout pourquoi on ne saurait écrire un TRAITÉ D'ÉSOTÉRISME PRATIQUE, *à l'usage des gens du monde*, comme le désirent bien des personnes, car c'est ici le cas ou jamais de dire :

CHERCHEZ ET VOUS TROUVEREZ.

Et encore faut-il ajouter :

« Si toutefois vous êtes dignes de trouver ».

Dans un opuscule que nous avons publié récemment (1) l'élève occultiste trouvera bien des données et des renseignements utiles pour son perfectionnement physique et psychique ; c'est un

---

(1) Le LIVRE DES RESPIRATIONS, *Traité de l'art de Respirer* ou panacée universelle, pour prévenir et guérir les maladies de l'homme, avec un glossaire des termes sanskrits, in-8º avec figures, Paris, 1898.

véritable Traité d'ésotérisme en ce qui concerne la science des souffles, l'*Art de respirer*, qui a une si grande influence sur notre activité intellectuelle et morale. C'est pour cela que nous engageons les disciples de l'occultisme à lire, à étudier et à méditer ce livre.

Chez tous les peuples civilisés, le *Secret* a toujours été considéré comme l'apanage du Sage. Salomon nous apprend qu'on ne doit point révéler la Sagesse à ceux qui en pourraient faire un mauvais usage ou qui ne sont pas aptes à la garder.

*Sapientes abscondant scientiam.*
*Homo versatus celat scientiam*
*Secretum extraneo ne reveles*
*Qui revelat mysteria ambulat fraudulenter.*
*Gloria Dei est Celare verbum et gloria regnum investigare sermonem* (1).

Dans l'Antiquité, on attachait une telle importance à tenir secrètes les choses occultes, qu'on ne parlait que par énigmes, paraboles et symboles et qu'on n'écrivait qu'au moyen de la cryptographie ou d'hiéroglyphes.

Or, qu'est-ce que la Sagesse de Salomon, si ce n'est l'Esotérisme, l'Occultisme.

(1) PROVERBES. 10, v. 14. — C. 12, v. 23. — C. 25, v. 2. — 20, v. 19. — 25, v. 2.

Donc, il n'est pas possible de divulguer l'Occulte ; à ceux qui ont hâte de savoir, on est bien obligé de répondre comme le Mage au néophyte subissant les épreuves de l'Initiation, quand celui-ci lui disait : « O Maître, me sera-t-il permis de respirer la Rose d'Isis et de voir la Lumière d'Osiris ? — Cela ne dépend pas des Initiateurs, répliquait le Mage. La Vérité intégrale ne se donne pas ; on la trouve soi-même ou on ne la trouve pas. De toi, simple Adepte, je ne puis faire un *Initié*, il faut le devenir par soi-même. Sache que le Lotus pousse ses racines et ses feuilles sous les eaux du fleuve, longtemps avant d'épanouir sa corolle, sa fleur au-dessus d'elles. N'essaie pas de hâter sa venue ou son éclosion ; la fleur divine, si elle doit venir, viendra à son jour, le jour où tu l'auras méritée, jusque-là travaille, médite et prie ! »

Nous rappellerons en outre aux Adeptes qui ont hâte de connaître les deux clefs principales de la science, clefs que nous a fournies Hermès : « les hommes sont des Dieux mortels et les Dieux sont des hommes immortels ! »

L'Initié qui comprend ces paroles possède la clef de toutes choses. Il ne faut pas oublier que la loi du Mystère recouvre la GRANDE VÉRITÉ.

Un autre motif qui fait que la totale connaissance des choses occultes ne saurait être révélée, c'est qu'il faudrait pouvoir et savoir mesurer la *Vérité* suivant les degrés des intelligences et il est absolument indispensable de la voiler aux esprits faibles, qu'elle pourrait rendre fous !

Il faut aussi la cacher aux méchants qui en feraient mauvais usage, car n'en saisissant que des fragments, ils s'en feraient des armes de destruction.

C'est pour cela que le Mage dit à l'Initié : « Renferme dans ton cœur la *Grande Vérité*, qu'elle ne parle que par ton œuvre. La science sera ta force, la foi ton épée et le silence doit être ton armure infrangible. »

Ce qui, sous une autre forme, ne fait que confirmer le quaternaire occulte :

SAVOIR, VOULOIR, OSER, SE TAIRE.

Pour l'Initié rien n'est caché, mais il doit couvrir d'un voile l'essence de ce qu'il a vu, de ce qu'il sait.

Tout ce qui précède est parfaitement résumé dans l'extrait d'une lettre que nous donnons ci-dessous ; le même extrait énonce la véritable méthode que l'Adepte doit employer pour devenir *Initié*. Nous regrettons que l'auteur de la lettre ne l'ait point signée et qu'il ait voulu ainsi garder l'anonyme (1) : « La loi de N.-S. Bouddha n'est ni une science, ni une religion, mais une doctrine d'illumination ; son objet est de donner le repos à ceux qui sont inquiets, de faire connaître le Maître, l'homme intérieur, à ceux qui sont aveugles et qui ne perçoivent pas leur Nature Originelle.

« Sans la méditation profonde et la pleine compréhension de la doctrine de l'illumination, personne ne peut atteindre l'union avec le maître du dedans. Celui qui veut connaître l'esprit de la Bonne Loi ne doit pas gaspiller son temps sur des livres ou des écritures, ni chercher à s'engraisser avec les pensées des autres, mais il doit méditer sur son genre de vie, sur sa propre conduite, soigneusement garder son intelligence et ses soins et apprendre *qui c'est* qui, en lui, pense et sent; c'est ici la clef qui ouvre la porte conduisant au sentier de Bouddha; car celui qui ne permet pas à son intelligence de vagabonder, mais se surveille étroitement et incessamment peut, pour ainsi dire, trouver

---

(1) Rien n'est voilé pour lui, et il couvrait d'un voile l'essence de tout ce qu'il avait vu. (Epigraphe inscrite sur le piédestal de la statue de Pthamer, grand-prêtre de Memphis. (*Musée du Louvre*).

le sentier dans sa main droite. Il peut plonger dans les profondeurs de la véritable paix de l'esprit et dans l'essence intime de l'Enseignement de Bouddha.

« Connaître l'esprit et comprendre les secrets de la Nature ; l'ignorance de ce qui est l'esprit en lui-même produit la confusion.

« La prédication orale n'est pas la vraie prédication ; le sermon d'un jour entier équivaut au silence, mais un sermon de bonnes actions peut être effectif.

« La loi de l'esprit est inexprimable ; on ne peut la décrire par des mots, quelques efforts que l'on fasse pour y parvenir. Elle élude nos efforts les plus énergiques ; elle n'a pas de nom dans les langues du monde.

« N. S. le Bouddha a dit : Je ne l'ai pas prêché. Et « Elle est au-delà de la sphère de la parole humaine, de la pensée et de l'imagination.

« Parler de la Loi de l'Esprit, c'est tout comme essayer de peindre l'air. L'Esprit est libre de toute barrière ; on ne peut le saisir » (1).

Les lignes qui précèdent renferment des vérités incontestables ; quant aux dangers d'apprendre

---

(1) Le Lotus bleu, n° 5, p. 248, année 1894.

l'occulte à des gens indignes, ils ne sont que trop réels. La magie des campagnes, très répandue parmi une certaine classe de citoyens, a donné naissance aux sorciers et à leurs sortilèges, et nous savons qu'à diverses époques de notre histoire, la Sorcellerie, au XVII⁰ siècle notamment, a été une véritable calamité ; on ne comptait pas moins de 18.000 sorciers en France seulement (1).

Un passage d'Eliphas Lévi semblerait conférer à celui qui saurait interpréter ce passage de grands pouvoirs psychiques.

Voici le texte de cet auteur :

« Les traditions populaires de la Magie disaient que le possesseur des *Clavicules de Salomon* peut converser avec les esprits de tous les ordres et se faire obéir par toutes les puissances naturelles. — Or, ces clavicules, plusieurs fois perdues, puis retrouvées, ne sont autre chose que les talismans des soixante et douze noms et les mystères des trente-deux voix hiéroglyphiquement reproduites par le Tarot. — A l'aide de ces signes et au moyen de leurs combinaisons infinies, comme celle des

---

(1) Ceux de nos lecteurs qui désireraient des renseignements utiles sur la sorcellerie pourraient consulter la préface du beau roman occultique de M. A. B. L'ENVOUTEMENT, 1 vol. in-8º, Paris, 1898.

Nombres et des lettres, on peut en effet arriver à la révélation naturelle et mathématique de tous les secrets de la nature et entrer par conséquent en communication avec la hiérarchie entière des intelligences et des génies » (1).

Nous terminerons ce chapitre en donnant un aperçu de la Doctrine du *Moi Supérieur*.

D'après certains théosophes, le plan spirituel serait constamment habité par l'âme de l'homme vivant et cette âme ne quitterait jamais complètement ce plan spirituel. La partie de l'âme humaine qui habiterait ainsi le plan spirituel n'aurait pas la faculté de se matérialiser; c'est cette partie de l'âme que les Théosophes nomment le Moi ou l'*Ego Supérieur*. D'après les mêmes occultistes, les personnes douées de facultés psychiques peuvent, au moyen de leurs sens plus affinés que ceux du commun des mortels, percevoir de temps en temps ce *Moi Supérieur*, sans pouvoir expliquer cependant ce qui précède, mais ils sentent en eux des impulsions qui proviennent de ce *Moi Supérieur*, impulsions qui sont comme *la voix de la conscience* poussant l'individualité à accomplir telle ou telle autre action dans les actes de la vie; il y aurait en

---

(1) ELIPHAS LÉVI. — *Histoire de la Magie*, pp. 109 et 110. — 1 vol. in-8°, Paris, 1860.

un mot une sorte d'échange d'idées et de conversation entre le Moi Supérieur du plan spirituel et le Moi Inférieur du plan Sthulique ou physique.

D'après les Théosophes, la Doctrine du *Moi Supérieur* se recommanderait à cause de sa correspondance avec l'inspiration et l'expiration de Brahma qui symbolise les opérations naturelles sur l'échelle macrocosmique.

L'incarnation est l'expiration de l'âme, la mort physique est son inspiration. Ils ajoutent que, dans une certaine mesure, il n'est pas déraisonnable de supposer que des analogies peuvent également exister pendant le sommeil et le réveil entre cette expiration et cette inspiration, car il est plus que probable que pendant « l'état de *trance* nocturne du corps, le Moi Supérieur, dit Sinnett, retrouve une condition de veille qui est particulièrement suspendue pendant la pleine activité du corps. »

Suivant le caractère de la personnalité, le *Moi Supérieur* domine plus ou moins celle-ci.

# DEUXIÈME PARTIE

## LA DOCTRINE ESOTÉRIQUE A TRAVERS LES AGES

## CHAPITRE VI

### LA DOCTRINE ESOTÉRIQUE CHEZ LES HINDOUS

En abordant la seconde partie de notre œuvre, il y a lieu de se demander quel a été le pays d'origine de la DOCTRINE ESOTÉRIQUE.

Où est-elle née cette doctrine ?

La tradition la plus accréditée, c'est qu'elle serait née dans l'Inde, dans l'Orient ; d'autres savants affirment qu'elle n'aurait fait que revenir des pays orientaux, après avoir subi une éclipse fort longue dans notre Occident.

Quoi qu'il en soit, ce n'est pas le lieu de discuter ici ce grand fait historique : par suite d'un mirage un grand nombre d'écrivains, le plus grand nombre, pourrions-nous dire, admet que la Doctrine Esotérique nous vient de l'Inde, de l'Asie centrale, qu'on a longtemps considérée comme le berceau de l'humanité, de ce merveilleux pays qui a fourni au monde entier ses dogmes religieux, toute sa philosophie, toutes ses découvertes scientifiques, de cette terre qui a donné naissance aux Védas et au Védantisme, ces monuments sublimes de l'esprit humain, ainsi qu'aux religions de Zoroastre, de Bouddha, d'Ammon-Ra, de Moïse, du Christ et de Mahomet.

C'est de cette terre, d'où nous sont parvenus tous les mystères, toutes les Initiations, tous les Mages, tous les vrais kabbalistes et autres philosophes.

Admettons que ce sont les habitants de l'Inde qui sont les créateurs de notre Doctrine.

Quelle est l'origine de ces Hindous ?

Le législateur sacré de l'Inde, Manou, va nous l'apprendre :

« Nos pères, nous dit-il, ont reçu des Sages le nom de *Vasyas* ; nos ancêtres étaient les *Adityas* et les ancêtres de nos ancêtres se nommaient

*Rutas.* » (*Liv*. III.) C'est-à-dire HOMMES ROUGES.

Ce passage de Manou confirme une tradition des Brahmes de l'Inde, laquelle nous apprend que la Race Hindoue aborigène descend d'une race primitive et antédiluvienne dénommée *Race des Rutas*, qui aurait occupé, avant le dernier Déluge, toute l'Asie et le Continent de la Polynésie tout entier : or, ce déluge remonte à 30.000 ans au moins avant l'époque actuelle.

Nous est-il possible de reconstituer la géographie préhistorique de cette époque reculée et connaître ainsi la partie de l'Inde habitée par la *Race des Rutas* (ou des hommes rouges) ?

Grâce à la science moderne, contrôlant les légendes de l'Antiquité, on peut parfaitement essayer de cette reconstitution et lui donner une vraisemblance sinon incontestable, au moins très acceptable ? Occupons-nous, tout d'abord, de l'Atlantide et en premier lieu de l'origine de son nom. Ce terme provient, et cela d'une manière indiscutable, de cet énorme amas d'eau, qui baigne une très grande partie de notre Globe, amas dénommé *Océan Atlantique*.

La science moderne a parfaitement admis aussi, sinon établi, d'une façon certaine, la périodicité des convulsions du globe, dénommées *Déluges*, convulsions qui surviennent à des époques fixes, qu'on a pu déterminer à l'aide des calculs astronomiques. — Ces grands cataclysmes ont eu pour résultats de changer l'assiette des mers en faisant disparaître les Continents et émerger ceux précédemment engloutis.

Voici ce que nous apprend, au sujet de ces révolutions cosmiques, le *Hari-Purana* ; nous donnerons une brève analyse du commencement de ce poème.

A peine deux cents âges divins s'étaient-ils écoulés, c'est-à-dire qu'un jour de Brahmâ ne s'était pas encore accompli que *Purusha* (*Lit.* Le mâle céleste) entra dans une très grande colère ; sa voix fit retentir tout l'Univers ; et les astres et les mers écoutèrent la voix qui disait : Pourquoi, transformant ma substance, ai-je tout créé ! L'aither, la lumière, l'air, l'eau, la matière et pourquoi, dans celle-ci, ai-je jeté le *Germe Universel*, duquel sont sortis tous les Etres ?

Et voilà que les animaux se dévorent entre eux, que l'homme se bat avec son frère et qu'il méconnaît ma puissance, puisqu'il n'a qu'une occupation : Détruire mon Œuvre et faire triompher partout le *mal* contre le *bien*. — Aussi, sans attendre l'accomplissement des mille âges divins, je vais étendre la nuit sur l'Univers. Et les créatures vont rentrer dans la matière ; la matière dans l'eau ; l'eau dans la lumière ; la lumière dans l'air ; l'air dans l'aither qui est ma propre SUBSTANCE !

Et l'eau dont sont sortis les êtres vivants détruira les êtres vivants.

Or, Vishnou, entendant ces terribles paroles, s'adressa en ces termes à Brahmâ :

« O ! Toi, Illustre Maître de l'Univers, des Dieux et des hommes, Toi, l'Omniscient et l'Omnipotent à qui tout l'Univers obéit, toi qui m'as fait sortir de ta pure Essence pour conserver la création, apaise ton courroux et fais grâce à l'UNIVERS ! »

Mais Brahmâ ne pouvant rien changer à ce qu'il voulait exécuter dit à Vishnou : « Trouve-moi un saint homme et je le sauverai lui et sa famille et il repeuplera la terre, etc... »

La suite de cette légende est absolument identique à celle que nous expose la Bible ; c'est-à-dire Noé construisant son arche, etc., etc.

Mais dans la légende hindoue, le récit est enveloppé de cette poésie orientale, qui orne et qui embellit si magnifiquement les faits les plus simples.

Et c'est à partir de ce récit que commence le développement de la Doctrine Esotérique.

Mais où a-t-elle a été conservée cette Doctrine ?

Dans des cryptes et dans les Sanctuaires des Temples existant sur les sommets élevés de l'Himalaya. C'est sur ces mêmes hauts plateaux qu'habitent, paraît-il, depuis des temps extrêmement reculés, une association, un *Collège de Sages* dénommé *Mahatmas* (Grandes âmes) et qui sont les fidèles gardiens de la Doctrine Esotérique.

Cette réunion de Mages, issue de très vieille civilisation, a conservé, cultivé et augmenté le précieux héritage que lui ont légué les générations passées.

Ces grand initiés, par suite d'un long atavisme, sont devenus des êtres supérieurs à notre humanité au triple point de vue physique, moral et intellectuel.

Bien des personnes mettent en doute l'existence de ces Mahatmas, parce qu'il est, paraît-il, très difficile, sinon impossible, de pénétrer dans leurs villes. Cependant quelques voyageurs prétendent avoir conversé avec eux et avoir séjourné dans leur société.

Si nous en croyons le regretté Louis Dramard, qui a eu avec M$^{me}$ H.-P. Blavatsky à leur sujet une correspondance intéressante, puisque cette célèbre Théosophe aurait été chez les Mahatmas, voici ce que seraient ces sages, d'après Dramard (*Revue moderne*) : « Les Mahatmas sont complètement maîtres de sciences dont nous ignorons même l'existence, ou que nous connaissons à peine, comme le Magnétisme, la Phrénologie, la Physiognonomie, etc., etc. ; et l'on comprend qu'une pareille puissance, exercée par des natures physiquement et intellectuellement supérieures à l'homme ordinaire, soit capable de produire des résultats qui dépassent tout ce que nous pouvons imaginer. Dans les sciences physiques, les Adeptes sont au savant Européen ce que ce dernier est au sauvage, qui ne connaît des corps que les propriétés apparentes. Le chimiste solidifie, liquéfie, vaporise les corps ; les décompose même et va jusqu'à reconstituer certaines combinaisons minérales ; l'Adepte qui connaît des états de matières imperceptibles pour nous et qui a découvert les véritables éléments des corps peut soumettre tout composé, même organique, vivant, à son analyse, à sa synthèse et opérer ainsi des miracles apparents, comme le passage d'un corps solide à travers un mur. Mais la plus extraordinaire faculté des Mahatmas serait de pouvoir projeter au dehors la partie fluidique de leur être (leur corps astral), et d'agir matériellement à distance au moyen de ce double aithéré qui se meut avec la rapidité du fluide électrique. Leurs immenses connaissances et leur intelligence supérieure ont permis aux Adeptes de pousser le calcul des probabilités jusqu'à une quasi certitude ; d'autre part, le seul aspect d'un homme leur dévoile sa constitution, son tempérament, ses instincts, ses actes ; et au simple jeu de la physionomie, ils connaîtraient les plus secrètes pensées de l'interlocuteur si leur développement physique ne leur permettait déjà de saisir directement la pensée sans l'intermédiaire des organes physiques.

« Nous n'ignorons pas combien les déclarations qui précèdent doivent sembler ridicules, folles, impertinentes même à des lecteurs accoutumés à considérer les choses sous un aspect prétendu positif. Toutefois, si nous avons cru devoir présenter la science occulte, en dépit de son étrangeté, à un public moins épris des nouveautés qu'on le prétend et dont le scepticisme est d'ailleurs fort légitime en pareille circonstance, c'est parce que les Initiés, nos maîtres, loin de vouloir être crus sur parole, s'engagent à prouver toutes leurs affirmations à ceux qui seront assez persévérants pour étudier, assez impartiaux pour juger sans parti pris... »

N'ayant jamais vu de Mahatmas et un grand nombre de personnes ayant nié leur existence, nous étions bien aise de donner ici l'opinion d'un homme d'une intelligence d'élite qui avait connu une personne ayant vu, connu et habité chez des Mahatmas. Ceux-ci sont donc des Adeptes de la science occulte, et s'ils habitent les plus hauts plateaux de l'Himalaya, c'est parce que sur ces hautes régions, ils peuvent poursuivre plus facilement la tâche qu'ils se sont imposée, c'est-à-dire « préserver la Sagesse Antique et la faire progresser autant que possible. Ils conservent cette sagesse, dont ils gardent le dépôt jusqu'au jour où l'humanité sera mûre pour la recevoir. »

Les Initiés à la même science sont répandus sur toute la surface du globe.

Quand l'Initié à la Science occulte a atteint un certain degré d'avancement, c'est-à-dire est arrivé à un certain degré de développement psychique, non seulement les progrès qu'il a accomplis l'ont doué de facultés nouvelles, mais encore il est susceptible d'éprouver les influences qui lui donnent la conscience de son état d'avancement psychique ; il devient peu à peu Adepte ; il acquiert dès lors des pouvoirs qui le font passer aux yeux des non initiés ou profanes pour un être surnaturel.

Ces pouvoirs psychiques, dont nous avons parlé, les Mahatmas, nous venons de le dire, les possèdent, mais ils sont si extraordinaires, qu'on ne saurait les conférer au premier venu, c'est pourquoi les Mahatmas ne les font connaître, aujourd'hui, qu'à de très rares Initiés, ayant subi de longues épreuves et qui présentent dès lors des garanties suffisantes. Si l'on conférait, en effet, de pareils pouvoirs à des hommes placés sous l'empire de l'égoïsme, les Mahatmas feraient plus de mal que de bien à l'humanité, car de pareils hommes n'emploieraient uniquement leur puissance que pour satisfaire leurs passions et leurs rancunes, en un mot pour faire le mal.

Voici, d'après M. Sinnet (1), quelques-unes des facultés que possède un Adepte :

« Un Adepte a la possibilité de lire dans la pensée d'autrui, sans qu'aucune espèce de dissimulation puisse le tromper.

« Il a la faculté de pénétrer des mystères non accessibles aux investigations de nos sens physiques et qui atteignent presque à l'infini.

« L'Adepte possède des moyens de contrôle sur les phénomènes matériels par l'emploi de forces que la science moderne n'a pu encore découvrir, enfin l'Adepte jouit en général de très grandes fa-

---

(1) In Addha-Nari, page 313, 1 vol. in-12°, Paris, 1897.

cultés obtenues successivement dans le cours de son évolution scientifique, facultés qui ne sont pas pour lui un sujet de tentation, car il a dépassé la région des désirs dans laquelle ces pouvoirs auraient pu le conduire à mal faire. »

Les *Adeptes de la Doctrine secrète* sont connus dans l'Inde sous le nom de *Frères* et reconstituent ce qu'on nomme *la Fraternité du Tibet* qui est certainement une des plus considérables parmi les sociétés occultes ; elle est regardée avec raison comme *Illuminée* et, par ce terme, il faut entendre dans le sens occulte (qui reçoit la lumière). D'où le terme *Illuminement* qui signifie *Savoir spirituel*.

Pour atteindre le haut degré de savoir que possède un *Frère* ou *Mahatma*, il faut passer par un apprentissage long et difficile et avoir subi des épreuves autrement difficultueuses que celles par lesquelles passent les Francs-Maçons de divers rites.

Après l'apprentissage, le futur frère arrive au *Chélaat*, qui comporte lui-même plusieurs degrés. Le *Chéla* ou disciple du maître (*Guru*) doit toujours avoir présent à l'esprit le but final, qui est de parvenir à l'Adeptat. Il doit savoir que la tâche qu'il entreprend, tâche longue et périlleuse, a pour objet de développer en lui un grand nombre de facultés et d'attributs qui sont tous latents dans l'espèce humaine, et toutes ces facultés doivent être développées par le Chéla lui-même, en utilisant le moins de conseils et d'aide possible de son Guru, car il doit toujours avoir à l'esprit cet aphorisme occulte : *l'Adepte devient, il ne se fait pas* ! Ce qui veut dire aussi qu'on ne sait bien que ce qu'on apprend par soi-même.

La Doctrine Esotérique ou science sacrée devait être divisée dans l'Inde en quatre parties ; ce qui le prouverait c'est que nous lisons les lignes suivantes dans l'*Oupek-Hat* : « Connaître la nature réelle du feu, de la lumière solaire, du magnétisme lunaire, de l'électricité atmosphérique et terrestre, tout cet ensemble constitue le troisième quart de la Science sacrée », qui était la Science intégrale.

Nous allons étudier maintenant l'Esotérisme hindou, à l'aide de ses contes et de ses légendes qui tiennent une si grande place dans la littérature de l'Orient, notamment dans le *Mahâbharata*, car si dans cette vaste épopée qui comporte deux cent mille vers, on retranchait les épisodes accessoires à l'action elle-même que narre le poème, il n'en subsisterait pas plus du quart.

Les Hindous ont donné à l'un de leurs plus importants recueils de contes le nom de *Kathasarit-*

sâgara, c'est-à-dire traduit littéralement *Mer des rivières d'histoires*, nous pourrions même dire Océan d'histoires qui a débordé jusque sur nos côtes occidentales, car la plupart de nos récits, fables et légendes du moyen âge de notre Europe, sont dérivés de l'Inde, en grande partie du moins (1).

L'une de ces légendes, la plus connue des Orientalistes, est celle de la courtisane et du pieux Bouddhiste, qu'Eugène Burnouf a donnée dans l'introduction de son *Histoire du Bouddhisme*.

C'est une sorte de tentation de saint Antoine.

La scène se passe à Mathoura, la cité laborieuse, au moment où « l'astre aux rayons froids venait de se lever. » Une femme accoudée sur la balustrade d'une terrasse qui dominait les flots de la Yamouna, cette femme écoutait avec anxiété, pour essayer de percevoir les pas de quelqu'un qu'elle attendait. Elle avait dépêché, en effet, une de ses femmes auprès d'un beau garçon qu'elle désirait ardemment avoir auprès d'elle et qui se nommait Oupagupta ; c'était un jeune marchand d'essences et de parfums.

---

(1) Nous engageons nos lecteurs à lire à ce sujet la belle étude de M. GASTON PARIS : *Les contes orientaux dans la littérature française du moyen âge*.

Enfin, elle entend le pas de sa messagère ; mais, à son air déconfit, elle voit qu'elle a échoué dans sa mission ; en effet, le jeune Oupagupta n'aime que Sakya-Muni, « cet homme étrange qui a le don de persuader tous ceux qui l'approchent et qui l'entendent ».

Aussi, ajoute la messagère : toutes les courtisanes de l'Inde, toutes les *Apsaras* (danseuses) du Mont Méru perdraient leur peine (leur latin) à vouloir séduire le jeune néophyte de Sakya-Muni.

— Tant mieux, riposte la courtisane Vasavadatta, c'est le nom de notre énamourée, tant mieux, ce que tu m'apprends me ravit, m'enflamme encore davantage, car je craignais que, par cette nuit embaumée où tout invite à l'amour, Oupagupta fût avec une autre. Quant aux obstacles qui se dressent devant moi, je saurai bien les renverser avec l'aide de *Mara* (du Diable) ; ainsi donc, Soudjata, retourne dès demain chez Oupagupta et dis-lui que je meurs d'amour pour lui, que je veux l'aller voir et quand il me verra à ses pieds, toute frémissante d'amour, ce sage de vingt ans oubliera et son Maître et la Loi.

Dès le matin Soudjata entre dans la chambre de sa maîtresse et lui dit qu'elle a bien plaidé sa cause avec chaleur, mais que le jeune homme n'a laissé échappé que ces mots : « Ma sœur, dis à Vasavadatta qu'il n'est pas temps encore pour elle que je la voye. »

A ces mots, la courtisane tressaille d'allégresse, car ces paroles lui donnent de l'espoir, elle y voit une vague promesse ; aussi Vasavadatta redouble-t-elle de soins et d'efforts ; elle s'entoure d'un plus grand luxe encore, elle a des amants très riches et, sur ces entrefaites, l'un d'eux tue son rival, dont on cache le cadavre dans le jardin de la courtisane. L'amant assassin s'enfuit, mais on prend la courtisane qui est condamnée à avoir les pieds, les mains, le nez et les oreilles coupées, pour être ensuite abandonnée dans le cimetière et y attendre la mort.

Au matin la terrible sentence est exécutée ; Oupagupta l'apprend chez son barbier ; il s'échappe des mains de celui-ci, car son cœur est rempli de compassion pour celle qui l'avait poursuivi de son ardent amour ; il pouvait aujourd'hui la contempler sans danger, celle dont il avait fui naguère les séductions.

« Quand le corps de la courtisane, dit Burnouf, était couvert de belles parures, qu'elle brillait sous les ornements de toutes espèces, le mieux pour ceux qui aspiraient à l'affranchissement et qui voulaient échapper à la loi de la Renaissance, était de ne pas aller voir cette femme ; mais aujourd'hui qu'elle a perdu son orgueil, son amour et sa joie, qu'elle a été mutilée par le tranchant du glaive, que son corps est réduit à sa nature propre, c'est le moment d'aller vers elle. »

Aussi, sans perdre un seul instant, Oupagupta marche à grands pas et arrive dans le cimetière auprès de Vasavadatta, dont les Dieux n'ont pas encore eu pitié, car la vie ne l'a pas abandonnée.

La fidèle Soudjata chasse les corbeaux qui voltigent dans les airs en attendant leur proie, qui s'obstine à vivre encore !

La suivante pousse un cri de surprise en voyant le jeune marchand de parfums et signale son arrivée à sa maîtresse, qui fait cacher sous une toile les fragments coupés de ses membres et qui dit d'une voix brisée par la souffrance et la douleur : « Ah ! quand mon corps était fait pour le plaisir, qu'il était « doux comme le parfum du Lotus » tu m'as dédaignée et aujourd'hui, pourquoi viens-tu contempler ce corps, d'où a fui la beauté et la joie et qui ne peut inspirer que de l'épouvante !...

— Ma sœur, dit Oupagupta, je ne suis pas allé vers toi attiré par l'amour du plaisir ; mais au moment où tout le monde t'abandonne, je viens t'apprendre la nature des véritables jouissances de l'homme. Tu croyais m'aimer, pauvre insensée ; te connais-tu toi-même ! Que sont les richesses et les voluptés et tous les biens périssables que désire ardemment notre chair ? En dehors de la délivrance finale, tout est vanité et mensonge. Quand belle et triomphante, admirée de tous, tu passais devant moi, je détournais la tête avec douleur et tristesse, car sous ta beauté, je voyais la corruption ; sous ta peau de satin, je voyais les vers et la pourriture détruire ce que des fous adoraient en toi. Aujourd'hui, jetée à terre, dans la boue et le sang figée, souillée, mutilée, tu m'apparais toute transfigurée, car tes souffrances t'ayant purifiée, tu mérites la haute faveur de Bouddha. Aussi ne crains rien maintenant, seul le péché est la nuit ; la mort, c'est la délivrance !

En entendant ce langage, la face de la mourante, contractée par la douleur, s'illumina d'une joie et d'une clarté indicibles ; les liens qui l'attachaient à la terre se brisèrent et une lumière céleste passa devant ses yeux, car la main du sage Oupagupta s'était placée sur le front de la pécheresse repentante et régénérée !

Ce pieux discours du disciple de Sakya-Muni ne serait déplacé dans aucune bouche charitable ; il montre que tous les biens de ce monde sont périssables, que seules les actions bonnes et généreuses donnent à l'homme un bon karma et en même temps la félicité éternelle ; telle est la morale de ce conte.

Aucune religion n'a prêché une morale plus élevée, une charité plus parfaite, un altruisme plus généreux.

Et là où se montre la Doctrine Esotérique, c'est quand le jeune disciple de Bouddha fuit les plaisirs de la chair pour poursuivre l'élévation de son esprit et méditer sur la morale et les faux plaisirs du monde.

Un autre conte, fort connu aussi et qui est comme l'antithèse du précédent, c'est celui du religieux chassé de la communauté. Ce conte, primitivement écrit en sanskrit, a été traduit du tibétain en français par M. Foucaux, l'éminent professeur du Collège de France. On y voit qu'un religieux, après avoir prononcé des vœux, manque à celui de la chasteté, en se laissant séduire par une courtisane impure.

Aussi, quand il retourne à sa communauté et que Bouddha, le voyant triste, lui ordonne de faire sa confession publique, une fois celle-ci terminée, le Bouddha se lève au milieu de la réunion et lui dit d'un ton sévère :

« Malheur à celui à qui l'enseignement de la Loi n'a pas produit plus d'effets qu'une bulle d'eau. Pour celui-là, il n'y a à espérer aucun pardon, car c'est un homme des ténèbres. Le religieux qui après avoir trouvé l'appui de la religion se laisse, après cela, entraîner au mal, celui-là est déchu pour toujours et chassé de la communauté. »

Une autre légende célèbre de la littérature hindoue est celle de Nala et Damayanti. C'est un épisode tiré du *Mahâbharata*, dans lequel le poète célèbre l'amour conjugal, le personnage de l'épouse y est absolument sublime.

Du reste, dans cette grande épopée, les exemples de morale abondent, le lecteur n'a que l'embarras du choix.

# CHAPITRE VII

## LA MORT DE YADINADATTA

INTRODUCTION. — Dans une antiquité reculée un roi Hindou, du nom de Daçaratha, possédait un vaste empire dont Ayodhya était la capitale. Le roi avait trois femmes : Kei-Keyi, Sumîtra et Kauvalya. De la première, il eut un fils qui fut nommé Bharata ; de la seconde, il fut père de deux jumeaux : Laskshmana et Satrughna ; enfin la dernière, pour laquelle il avait une grande prédilection, lui donna pour fils Ramâ, prince célèbre, dont la naissance fut si miraculeuse que les Hindous le regardent comme une incarnation de Vishnu même.

Daçaratha était un père heureux, car ses enfants avaient une intelligence peu commune ; il leur donna comme instituteur le Grand Prêtre Vathistha qui enseigna aux Princes les Védas et les lois morales. Les fils du roi étaient à peine des adolescents, qu'un célèbre Brahmane Wiswâmitra, connu par ses grandes austérités, se présenta à la Cour de Daçaratha, et lui demanda son fils Râma pour l'aider à se débarasser de deux *Asuras* ou mauvais génies qui l'obsédaient.

Le roi était très attristé par cette demande ; il voudrait bien l'éluder, mais il craint de froisser le Saint Personnage et de s'attirer son ressentiment ; aussi se décide-t-il à grand'peine, mais enfin, il remet entre les mains du Brahmane son fils chéri.

Wiswâmitra achève l'éducation du prince ; il lui fait présent d'armes enchantées et lui apprend à en faire usage. — Ensuite il emmène son jeune élève en voyage, il décrit à Ramâ les contrées qu'ils traversent, il lui fait l'histoire des ermitages dans lesquels ils logent, enfin ils parviennent dans l'endroit où le pieux anachorète n'a pu, malgré ses austérités, accomplir son sacrifice, toujours interrompu par des menées des deux asuras Iuvâhu et Mâritcha. Râma se met en devoir de les attaquer et bientôt les deux génies succombent sous les coups de ses flèches divines.

Wiswâmitra remercie son illustre élève, peut

accomplir enfin son sacrifice; il se rend alors à la Cour de Djanaka, l'ami et l'allié de Daçaratha; ce roi avait une fille du nom de Sita qui était d'une merveilleuse beauté, aussi était-elle recherchée en mariage par un grand nombre de princes, au moment même de l'arrivée de Brâhma chez le monarque. Le fils de Daçaratha, bientôt ébloui par les charmes de la ravissante princesse, se pose en prétendant. Le Roi qui ne sait à qui accorder la main de sa fille, déclare qu'elle n'appartiendra qu'à celui des princes dont le bras vigoureux pourra bander un arc immense qui lui avait été donné par les Dieux.

Le fameux arc placé dans son étui odoriférant sur un chariot est roulé avec beaucoup de difficulté par des esclaves et mis à la disposition des prétendants.

Ceux-ci s'avancent l'un après l'autre pour essayer l'arme, mais aucun ne peut non seulement le bander, mais même le sortir de sa gaine. Le dernier de tous, Râma s'avance; d'une main légère, il soulève l'arc et essaye de tendre le nerf; il agit avec tant de vigueur, que l'arc se brise dans son milieu en rendant un son si terrible que l'air en est ébranlé (1).

(1) On voit que le défi du roi ressemble assez à celui d'Ulysse envers les prétendants de Pénelope.

Râma proclamé vainqueur, épouse la belle Sitâ et revient avec elle au Palais de son père. — Quelque temps après le retour de son fils, le vieux Daçaratha se sent trop âgé pour continuer à régner, aussi veut-il conférer à Râma le titre de *Yuva-Râdjah* (prince royal). De grandes fêtes sont ordonnées pour la consécration officielle. Toute la ville est pavoisée en signe de réjouissance, les maisons sont enguirlandées de fleurs aux suaves parfums ; le peuple, paré de ses habits de fête, se livre au plaisir et à la joie ; et au milieu de l'allégresse générale, le cortège de la Cour, ayant à sa tête le brillant Râma et sa charmante compagne, s'avance avec solennité vers le temple. La belle Sitâ ressemble à la déesse Lakshmi, tant sa démarche est élégante et beaux ses ajustements.

Mais tous ces brillants ornements vont bientôt faire place à des vêtements de deuil.

En effet, une des femmes de la reine Kei-Keyi qui nourrissait une grande haine contre Râma, le gentil Râma, trouva le moment propice pour assouvir cette haine, et dans ce but, elle se rend auprès de sa maîtresse et lui dit que les honneurs qu'on va rendre à Râma sont une usurpation sur les droits de son fils Bharata. Cette suivante de la Reine lui rappelle que naguère, celle-ci ayant sauvé la vie de son époux, le roi lui a promis par un serment solennel, pour témoigner sa reconnaissance, de lui accorder deux grâces ; et la mauvaise femme engage la reine à exiger de Daçaratha : premièrement, l'exil de Râma pendant quatorze années; secondement, le titre de Yuva-Radjah pour sacrer Bharata.

Kei-Keyi agit d'après les instructions qu'elle vient de recevoir, et Daçaratha a beau protester par une vive douleur contre les prétentions de son épouse, il a beau se livrer au désespoir et conjurer la reine de ne pas exiger de son cœur de père un tel sacrifice. Kei-Keyi reste sourde à toutes ses objurations ; le Roi attéré, fou de douleur, lié du reste par ses serments, est obligé d'accorder à la reine l'exil de Râma.

Se soumettant aux ordres cruels de son père, Râma quitte ses vêtements et ses ornements cérémoniels et revêt l'humble costume de l'anachorète ; accompagné de Sitâ et de Lakshmana qui ne veulent point l'abandonner, il prend la route de la forêt de Dandaka pour y accomplir son pénible exil.

Pendant ce temps, que va devenir le malheureux père Daçaratha ; le vieux Barde hindou Valmiki va nous l'apprendre.

Voici ses chants si poétiques et si peu connus en France :

Le Grand Roi Daçaratha était en proie à la plus vive douleur, parce que Râma, l'illustre descendant de Manu, s'était retiré avec son épouse Sitâ et son frère Lackshmana dans la forêt. Le front du Roi était dépouillé de sa splendeur, parce que ce monarque était sans cesse poursuivi par l'idée de l'exil de son bien aimé fils. Tel le Soleil quand il est en butte aux attaques de l'implacable Râhu (1).

Néanmoins le Roi dévora sa douleur pendant six jours entiers, mais il lui fut bientôt impossible de la contenir dans son sein. Aussi au milieu de la nuit, à la Reine Kansalyâ qui reposait à ses côtés, adressa-t-il la parole en ces termes : « Il n'est que trop vrai, Grande Reine, que quelques actions justes ou criminelles commises par

---

(1) Râhu est un *Asura* ou mauvais génie qui au moment ou les *Suras* ou bons génies se transmettaient de l'un à l'autre la coupe pleine d'*Amrita* qu'ils venaient de produire, voulut lui aussi y puiser à son tour pour se procurer l'immortalité ; mais le Soleil s'apercevant de ce dessein en informa Vishnu qui d'un coup de son disque trancha la tête à Râhu ; mais comme l'amrita avait touché déjà ses lèvres, la tête devenue par ce fait immortelle s'éleva à la voûte céleste et y demeura attachée. Mais comme elle nourrit envers le soleil une haine implacable elle cherche souvent à assouvir sa rage en se jetant sur lui par intervalles pour essayer de le dévorer. — De là l'origine des éclipses de cet astre.

l'homme, sont toutes irrévocablement récompensées ou punies, dans un temps donné. — Tel l'ignorant qui a déraciné un superbe *Amra* (1) pour le remplacer par un *Palâsa* stérile (2) se réjouit grandement au temps de sa floraison, se promettant déjà une abondante récolte, mais quand l'époque des fruits arrive, il reconnaît alors son erreur. J'ai agi de même. Hélas ! quand par un serment imprudent, j'ai dû condamner à l'exil mon bien aimé fils, Râma. Apprends donc, ô Fille de Kausala, que dans ma prime jeunesse, je me rendis involontairement, trompé par un bruit, coupable d'un grand crime. — De même sans le savoir un homme porte à ses lèvres une coupe empoisonnée, moi aussi sans le savoir je commis un crime, et je ne sens que trop que le moment de l'expier est enfin arrivé : je dois mourir.

Voici mon triste récit : « Longtemps épuisée par les feux ardents du soleil, la terre paraissait prête à s'embraser, quand cet astre arrivé à la fin de sa course septentrionale, commença à gagner le midi en répandant une douce chaleur. Des nuages cou-

---

(1) L'*Amra*, serait d'après les botanistes, le *Mangifera Indica* ou manguier.

(2) Le Pâlasa serait le *Butea Frondosa*, végétal de la famille des Papillionacées, dont le fruit n'est qu'ornemental.

vrirent l'étendue céleste et le paon joyeux célébra par ses cris le retour si désiré de la saison des pluies. Les fleuves, grossis par les torrents et ceux-ci par les eaux du ciel, débordèrent et couvrirent la campagne d'une eau bienfaisante et la nature, ainsi ranimée, brilla tout à coup du renouveau. Ce fut à cette époque de l'année que je me rendis un soir sur les bords du Sarayu armé de mon meilleur arc et d'un carquois pourvu de flèches. En cet endroit, enveloppé du silence du soir et prêt à décocher une flèche acérée sur le point où j'entendrais le moindre bruit, j'épiais avec une fiévreuse impatience l'arrivée de quelques fauves qui, altérés, viendraient pour se désaltérer sur les bords du fleuve aux eaux limpides.

Tout à coup, je crus entendre un bruit pareil à celui que ferait un gros éléphant engloutissant de l'eau avec sa trompe; je lance mon trait et de l'endroit où je croyais avoir frappé une proie, j'entends partir ce cri plaintif : « Ah je suis mort !... Quelle est la main impie qui a lancé le trait cruel qui vient de blesser au cœur un pieux ermite ? Quel être assez inhumain, assez barbare a pu percer d'une flèche cruelle un paisible habitant de la jungle, au moment où il venait tranquillement puiser au fleuve sacré de l'eau pure, destinée au saint sacrifice ? Je ne pleure point sur la perte de mes propres jours, mais sur ceux de mon père et de ma mère, qui tous deux courbés sous le poids des ans sont tous deux aussi privés de la vue. Qui désormais sera assez compatissant pour s'intéresser à leur existence fragile et me remplacer, moi qui les nourris depuis tant d'années.

« Ame sans pitié, d'un seul coup, tu as fait trois victimes ! »

Mon cœur fut serré par ces accents douloureux, aussi jetant loin de moi mon arme meurtrière, je m'élance d'un bond à l'endroit d'où partait cette plainte amère ; et là, je vois un jeune yogui couché sur le bord du fleuve et frappé en pleine poitrine d'un coup mortel. M'ayant aperçu, il rassembla le peu qui lui restait de force et me dit d'une voix mourante : « Que t'ai-je donc fait, Tchatriya, moi qui puisai paisiblement dans le fleuve de l'eau pure pour mor Seigneur ! Mais que t'ai-je donc fait pour me donner la mort ?... Et les auteurs de mes jours, ces deux vieillards délaissés dans une triste solitude et attendant anxieusement mon retour, que t'ont-ils fait, homme cruel, pour leur faire partager mon triste sort ?

« Vois ce sentier, ô fils de Raghu, il conduit à l'ermitage de mes parents ; va voir mon père et instruis-le du malheur qui vient de le frapper. Implore très humblement sa clémence, si tu ne veux pas que par une terrible imprécation, il te réduise en cendres, comme le ferait la flamme d'un arbre mort et depuis longtemps desséché. Mais avant de partir, retire de ma poitrine cette flèche qui me brûle et qui, semblable à la foudre, a détruit subitement les forces vives de mon existence. Calme cependant ta grande frayeur, tu n'es pas un brahmicide, car si mon père est un Brâhmane illustre, ma mère n'est qu'une Soudrâ. »

Telles furent les dernières paroles de cette pauvre et innocente victime.

Je m'empressai de retirer aussitôt du sein de ma victime le fer meurtrier et je conjurais le ciel de prolonger ses jours; mais hélas! au même instant, les yeux du yogui se fermèrent et un dernier soupir s'échappa du fond de sa poitrine... il était mort!

L'angoisse que j'éprouvais en ce moment néfaste était plus terrible que la mort même.

Après avoir rempli le vase avec de l'eau puisée dans le fleuve, je m'acheminai vers l'ermitage du Brâhmane infortuné. Je n'en étais plus qu'à quelques pas, quand bouleversé par l'idée du malheur que je venais de commettre, je m'arrêtai en me représentant à l'esprit, et cela avec un douloureux attendrissement, les deux pauvres vieillards ; je les voyais comme une paire d'oiseaux à qui on aurait brisé les ailes.

Quand je les eus aperçus, ils paraissaient désolés de la longue absence de leur fils, de ce bon fils dont je venais de les priver à tout jamais.

Trompés par le bruit de mes pas, le père crut à l'arrivée de son fils et dit : comme tu as tardé à rentrer au logis... Donne-moi sur le champ de l'eau pure que tu as été puiser au fleuve sacré. Pourquoi t'es-tu attardé sur le rivage, ô Yadinadatta ? Quel chagrin ton absence a causé à ta mère ! Si elle ou moi t'avons jamais donné un sujet quelconque de mécontentement, pardonne-nous-le, cher fils, et ne nous cause jamais plus pareille inquiétude. Toi seul es ma force, tu le sais bien, je suis incapable d'agir ; privé de la lumière, je ne puis voir que par tes yeux, aussi c'est sur toi que repose ma vie tout entière. Mais pourquoi, ô mon fils, ne réponds-tu pas ?

Et balbutiant d'une voix étouffée par mes sanglots, je dis au vieillard : « Je ne suis point ton fils, ô Brahmane vénéré ! Je suis Daçaratha de la Caste des Tchattrias, et je viens devant toi pour te demander pardon d'un malheur épouvantable, presque d'un crime, bien involontaire ; voici comment : — J'étais placé en embuscade sur les bords du Sarayû, mon bras était armé d'un arc terrible, avec les traits duquel je voulais surprendre quelques fauves et les tuer. Croyant tuer un éléphant qui se désaltérait au fleuve, je perçais de mes traits ton fils, trompé par le bruit qu'il faisait en remplissant son vaisseau. Hélas ! Quelle funeste erreur ! Aux cris plaintifs du mourant, je reconnus ma victime. Je vole à elle, je cherche à retenir sa vie et tout d'abord j'arrache de sa profonde blessure le fer meurtrier, mais au même instant sa belle âme s'exhala, bien innocente sans doute, vers les cieux.

« Et maintenant, ô sage Brahmane, tu sais tout, ce meurtre, tu le vois, est bien involontaire ; aussi je te prie, je te supplie de ne point faire éclater une juste, trop juste colère contre un malheureux que tu vois là, anéanti et courbé à tes pieds. »

Mon récit avait tellement attéré les vieillards, que longtemps ils demeurèrent sans connaissance ; lorsqu'ils eurent repris l'usage de leurs sens, le vertueux solitaire m'adressa la parole en ces termes :

« Si tu as accompli sciemment ton crime et si, perfide, tu cherches à le pallier par un vil mensonge, je te maudis, et je veux que l'imprécation que contre toi je lance, anéantisse à l'instant ta puissance et que sept fois elle pèse sur ta tête coupable ! Mais hélas, si c'est tout à fait involontairement, comme tu l'as dit, que tu as fait périr mon fils, vis et que la famille illustre de Raghou soit à jamais à l'abri contre toutes mes imprécations.

« Conduis-moi promptement à l'endroit fatal où, percé de ta flèche mortelle, mon fils est étendu sans vie. Encore une fois, je désire toucher de mes tremblantes mains le corps glacé de mon enfant, si toutefois j'ai assez de force pour ne pas succomber auparavant sous l'excès de ma douleur. Que ma compagne et moi, arrosions encore une fois de nos larmes le front de cet enfant, qui, si jeune encore, a payé son tribut à la cruelle mort. »

Alors prenant par la main les deux vieillards éplorés et inconsolables (je n'essayais point du reste de les consoler), je les conduisis au lieu où gisait, inanimé, le corps de leur fils.

Ils caressèrent longtemps cette chère dépouille, puis poussant un profond soupir, ils tombèrent, en sanglotant, sur le sol à ses côtés et dirent :

La Mère. — O Yadinadatta, ô mon fils ! toi qui

m'aimas plus que ta propre vie, pourquoi sur le point de me quitter pour un si long voyage, ne m'adresses-tu pas une seule parole de consolation ? Un baiser encore, ô mon enfant, encore un seul baiser, avant que je puisse me résigner à cette horrible séparation.

Le Père. — C'est moi, ô mon cher fils ! C'est ton père, et cette femme qui est là, c'est ta mère ; ne nous reconnais-tu donc pas ? Allons, lève-toi, lève-toi donc, et viens te réjouir de nos embrassements. Le soir quand je serai plongé dans ma pieuse méditation, quelle douce voix, ô mon fils chéri, fera raisonner à mon oreille le mélodieux chant des saintes et sacrées écritures ? Au lever de l'aurore, quand j'aurai accompli les ablutions prescrites et répandu sur le feu sacré l'huile bénite, quelle main massera mes pieds, afin de maintenir leur souplesse ? Qui, désormais, ira dans la forêt arracher les racines et cueillir les fruits pour apaiser la faim de deux pauvres vieillards ? Et comment pourrai-je secourir ta mère, la chaste et noble compagne de ma vie, elle qui, comme moi, est privée de la vue, ce don céleste ?

« Mais à quoi bon m'inquiéter de l'avenir, ô mon cher fils ? Je sens bien que nous allons te rejoindre ! Nous succomberons tous deux, très certainement, à la douleur qui nous accable, demain, nous serons avec toi ! En attendant notre arrivée, partage, innocente victime, le sort des héros qui, glorieusement tombés dans les combats, n'ont jamais revu leurs foyers. Habite à jamais cette région aithérée, qui est donnée en partage aux Arahats et aux Munis, versés dans la connaissance des Védas. Va auprès de ces hommes généreux, qui, durant leur sainte vie, n'ont cessé de distribuer aux brahmanes, des terres fertiles, des vaches fécondes, de l'or et du riz. — Tel est, ô Yadinadatta, l'état fortuné qui t'est sûrement réservé, et dont sera exclu à jamais l'être qui t'a donné la mort, s'il l'a fait à dessein » !

Après avoir ainsi soulagé leur douleur et dégonflé leur cœur, ces deux bons et excellents parents s'apprêtaient à faire à leur enfant les ablutions prescrites, lorsqu'ils virent son astral (double aithéré) tout resplendissant de lumière, planer au-dessus de leur tête dans un char orné de superbes fleurs.

Avec une voix céleste, cet esprit adressa à ses parents ces paroles consolatrices : « Cessez, chers auteurs de mes jours, de vous affliger à mon sujet, une demeure sainte et parfaite est déjà à ma disposition, quand vous viendrez ici, nous y jouirons ensemble d'un bonheur inaltérable. Le grand Daçaratha est innocent de ma mort, seul le destin avait compté mes jours ».

Ces paroles prononcées, l'Esprit s'élança dans l'espace aithéré en marquant son passage d'une longue traînée lumineuse.

Les deux nobles vieillards, réconfortés par cette apparition, rendirent à leur fils des devoirs funèbres ; puis après se tournant vers moi, le Brahmane me dit : « Je sais maintenant que le meurtre de mon fils a été involontaire, et je demande, comme la perte de mon fils va certainement occasionner ma mort, que tu périsses un jour de même, par suite du violent chagrin que tu éprouveras au sujet de ton fils (1) ».

Mon Karma chargé ainsi de l'invocation du Brahmane, je m'en retournai tristement à Ayodhyà ; j'y appris bientôt la mort des deux malheureux solitaires, qui n'avaient pu survivre à leur malheur. Cette mort m'affligea grandement.

Je sens maintenant, ô Kawalyâ, que le terme auquel doit s'accomplir l'invocation du vieillard est arrivé. La sombre mélancolie à laquelle je suis

---

(1) Il ne faut pas voir dans ces lignes une imprécation, mais plutôt une sorte de souhait de la part du vieillard, afin de décharger le Karma de Daçaratha du meurtre de Yadinadatta.

en proie depuis l'exil si funeste de Râma, a détruit le principe de mon existence, comme un grand fleuve débordé, renverse sur ses rives les grands arbres qui s'y trouvent. Encore un peu, et le dernier souffle qui m'anime va s'échapper de ma poitrine. Déjà ma vue s'obscurcit, ma mémoire s'en va, et les envoyés du terrible Vaivaswata m'environnent de toute part; je les sens; je les vois; ils me saisissent !

Oh ! si Râma pouvait me toucher de sa douce main, si je pouvais entendre sa voix, je renaîtrais certainement à la vie, comme si j'avais goûté à l'Amrita (1).

Que je voie mon fils, que je jouisse d'un seul de ses regards, alors je mourrai satisfait. — Mais si, privé de sa présence, il faut que je renonce à la lumière, ô Kansalyâ, je ne crois pas qu'il existe une douleur pareille à la mienne... Les Etrangers au contraire (ceux qui ne sont pas ses parents) pourront tous à l'envie se repaître de ses charmes,

---

(1) L'Amrita, c'est l'Ambroisie des Dieux hindous, obtenue par le barattement de la mer de lait, comme on peut le voir au mot Vishnu (a). — Ce breuvage était ainsi nommé parce qu'il préservait de la mort, c'est-à-dire qu'il donnait l'immortalité, etc...

(a) DICTIONNAIRE DE LA SCIENCE OCCULTE, *verbo*, AMRITA, page 105.

quand semblable à Indra il rentrera, après son exil, dans la ville d'Ayodhyâ. Il seront si heureux qu'ils participeront de la nature des Dieux les êtres favorisés sur lesquels se fixeront les beaux yeux de mon fils, ces beaux yeux plus doux et plus gracieux que la fleur du Lotus Bleu ? Des milliers de fois plus heureux que moi, ils jouiront paisiblement du bien dont la privation me fait mourir ».

Tout rempli de l'idée de Râma, le Grand Roi Daçaratha parvint ainsi au terme de son existence.

Telle la lune au lever de l'aurore perd peu à peu de sa lumière argentée.

« O Râma ! O mon fils adoré ! »

Telles furent les dernières paroles du Roi et son âme s'exhala dans les cieux.

# CHAPITRE VIII

## LA DOCTRINE ÉSOTÉRIQUE CHEZ LES ÉGYPTIENS

Il est à peu près certain que les Egyptiens tenaient leur doctrine Esotérique de l'Inde : ils l'y avaient puisée par la tradition et peut-être à l'aide de certains manuscrits qu'ils avaient pu avoir en communication des Hindous (1).

Nous possédons quelques manuscrits égyptiens, qui nous révèlent une grande partie de leur doctrine Esotérique ; mais combien de précieux documents ont été détruits par le temps et aussi par le fanatisme.

Ainsi un Jésuite, le P. Sicard, fit, dans un petit port de l'Egypte, à Ouardan, un autodafé avec des anciens papyrus égyptiens, prétendant, puis-

(1) Les Egyptiens avaient appris la Science Esotérique chez les Hindous avant leur exode de l'Inde pour l'Egypte sous la conduite de Menès.

qu'il ne comprenait rien à ces signes, que c'étaient des *livres de Magie*, par conséquent œuvre du démon. — Savary, dans ses *Lettres sur l'Egypte*, rapporte le fait, et nous ne le connaîtrions pas par cet auteur, que le P. Sicard nous le dévoilerait lui-même ; voici en effet ce qu'il écrit page 53, dans ses *Lettres Édifiantes*, fort édifiantes même : « On m'avisa un jour qu'il y avait dans le colombier d'un village, un tas de papyrus couverts de caractères magiques, achetés à quelques religieux coptes et schismatiques ; j'en fis l'usage que j'en devais faire, et je plantai, à leur place, une croix de Jérusalem que les Coptes révèrent avec grande dévotion ».

Voilà donc un acte de vandalisme inconcevable, qui nous a privés peut-être de précieux trésors ésotériques.

Comme tous les peuples d'une civilisation avancée, les Egyptiens utilisaient très largement le symbolisme, comme nous allons voir. L'antiquité de leur civilisation nous est confirmée par Diodore de Sicile, qui apprend que la civilisation égyptienne remontait à 189 siècles avant Menès, qui régna sur l'Egypte 5.000 ans avant notre ère. On considère comme œuvres architecturales antérieures à Menès, le grand Sphinx et le Temple d'Hermachis, qui seraient contemporains des grottes d'Ellora et de Maha-Bali-Puram en Asie, lesquels monuments remontent à 8.000 ans avant le siècle actuel.

Etant donné ce qui précède, nous estimons que M. Maspéro se trompe étrangement, quand il nous dit que les Egyptiens considéraient les étoiles comme des lampes (*Kabesou*) suspendues à la voûte céleste et qu'il ajoute (2) : « Au premier rang de ces astres-lampes, on mettait les Décans, simples étoiles ou groupe d'étoiles, en rapport avec les 36 ou 37 Décades, dont se composait l'année égyptienne. Sopt ou Sothis (notre Sirius) ; Sahou (Orion consacré à Osiris) est considéré par quelques-uns comme le séjour des âmes bienheureuses ; les pléiades, les Hyades et beaucoup d'autres dont les noms anciens n'ont pu être encore identifiés d'une manière certaine avec les noms modernes ».

Ces astres-lampes n'étaient qu'un symbole qui n'a pas été plus compris que celui de la Croix-testiculée faussement dénommée *Croix Ansée*.

Cette croix n'était primitivement que les faces déployées du cube dont les six faces fournissent le Septenaire : trois faces en ligne horizontale et

---

(1) Histoire ancienne des peuples de l'Orient.

quatre en ligne perpendiculaire, total sept ; la face du milieu de la croix étant commune aux deux lignes.

Trois et quatre sont les nombres les plus ésotériques et forment le nombre de la nature même, le nombre sept ou nombre de la vie ; trois étant l'esprit, et quatre la matière. Dans l'homme trois représente : *atma-Budhi* et *Manas* et quatre : *Kamarupa, jiva* ou *Prana, Lingha-Sharira et Rupa*.

Un autre grand symbole de la Doctrine Esotérique égyptienne est le *Champ d'Aanrou*, qui correspond au *Déva-Kan* Hindou ; quant au froment qui a été semé et récolté dans ce champ, par l'*Osiris* (le défunt) ; ce froment qui a sept coudées de hauteur, il représente la somme de bien ou de mal (le *Karma*) de l'*Osiris N* (*le défunt N*); ce froment a donc été semé et récolté par les sept principes qui constituent son corps vivant. Il est bien évident que l'épi qui a trois coudées représente le Ternaire Supérieur (Atma, Buddhi et Manas); les quatre coudées, de la tige, ou paille, indiquent au contraire le quaternaire inférieur, *Kama-Rupa* (le corps du désir); *Jiva* ou *Prana* (la vitalité), *Lingha-Sharira* (le double astral) et *Rupa* (le corps physique).

En langage symbolique, le carré représente ce

quaternaire ; aussi géométriquement, on représente l'homme ou ses sept principes par un carré surmonté d'un triangle équilatéral. — Plus particulièrement en Egypte, la vitalité était représentée par la croix en tau, surmontée d'un testicule, emblème de la génération. C'est l'homme crucifié dans l'espace, de Platon, ou bien le Wittoba des Hindous.

Dans une représentation figurée d'un temple égyptien, on voit un coupable qui se présente devant *Phré* (le Soleil) et une inscription hiéroglyphique placée à côté de ce coupable dit : « Les réprouvés ne voient pas ce Dieu grand qui domine en géant sur leur orbite ».

A côté des âmes pures, on lit l'inscription suivante : « Ce Dieu grand leur parle ; elles aussi lui parlent, à lui, dont la gloire les rend illustres dans leur orbite ».

Cette représentation qui distingue les bons des méchants, témoigne que les uns sont privés de la vue de Dieu, tandis que les autres le voient et conversent avec lui ; le catholicisme n'a donc pas le premier créé cet article de foi. Disons quelques mots des *Mystères*. Chez les Egyptiens, on nommait *Petits Mystères* un ensemble de connaissances, embrassant le savoir de l'adulte qui possède chez nous l'Instruction secondaire. Cet enseignement était donné dans le sanctuaire des temples. Ceux qui avaient atteint ce degré de savoir portaient le titre de *Fils de l'homme, Fils de la femme, Fils de Héros*, ils possédaient certains droits et privilèges ; ils pouvaient exercer, par exemple, la thérapeutique dans ses diverses branches, la Magistrature arbitrale et d'autres charges.

Les *Grands Mystères* complétaient l'enseignement des petits Mystères. L'Initié pénétrait ici dans la science transcendante, dans une toute autre hiérarchie de sciences et d'arts, dont l'étude demandait de longues années d'application. Cette haute instruction, cette instruction INTÉGRALE accordait à ceux qui la possédaient le titre de *Fils de Dieu* ou *des Dieux* et certains pouvoirs sacerdotaux et royaux.

Il était interdit, sous peine de mort, de révéler quoi que ce soit de ces mystères, et il n'y a pas d'exemple de trahison de ceux-ci par aucun Initié de haut grade.

Du reste, celui-ci avait toujours devant les yeux les mystères de Tantale et de Prométhée, symboles des peines et des châtiments qui attendaient le parjure à ses serments. — C'est à la seconde partie des mystères, que se rapportait la cryptographie ou écriture secrète, plus secrète même que les hiéroglyphes semi-idéographiques, qui correspondaient à la première partie, enfin à la troisième partie appartenaient des caractères idéographiques, image d'une langue très ancienne. — Cette langue la plus secrète (le *secretum secretissimum*) était consacrée aux sciences hermétiques et absolument inintelligible pour celui qui n'en possédait pas la clef.

Le monument le plus considérable de l'Esotérisme Egyptien, c'est *le Livre des Morts*, qui contient en effet la philosophie, la morale et la religion égyptiennes dans tout son ésotérisme ; c'est là la vraie Religion, la seule qu'ait pratiquée les Egyptiens, leurs grands-prêtres, leurs rois et leurs philosophes, car il n'y a pas plusieurs religions égyptiennes, suivant les diverses époques, ou correspondant à des dynasties diverses, comme le prétendent certains archéologues, notamment M. Maspéro, quand il dit que les Egyptiens ont eu de nombreuses religions ; nous pouvons affirmer que l'Egypte n'a eu qu'une religion ésotérique qu'il ne faut pas confondre avec des religions exotériques, qui varient de peuple à peuple, de tribu à tribu, de ville à ville, de famille à famille, et cela à chaque époque ; car, si l'ésotéricisme est fixe et invariable, l'exotéricisme est essentiellement variable. Aussi, ce qui précède étant bien compris, nous ne pouvons accepter les lignes suivantes écrites par l'éminent égyptologue, M. Maspéro (1) :

« Toutes les fois que j'entends parler de la religion de l'Egypte, je suis tenté de me demander *de laquelle* des religions de l'Egypte on veut parler ? Est-ce de la religion égyptienne de la quatrième dynastie ou de celle de la période Ptolémaïque ? Est-ce de la religion de la foule ou de celles des Erudits ? De la religion que l'on enseignait dans les écoles d'Héliopolis, ou de celle qui venait dans le mental et les conceptions de la classe de Thèbes ? Car entre le premier tombeau de Memphis, qui porte le *cartouche* d'un roi de la troisième dynastie, et les dernières pierres gravées à Esneh, sous Philippe-César l'Arabe, il y a un intervalle de cinq mille ans au moins. »

Une autre œuvre encore considérable, qui renferme beaucoup d'Esotérisme, c'est le traité attribué à Plutarque, qui a pour titre *d'Isis et d'Osiris*.

Nous ne parlerons pas ici de ces deux œuvres, puisque nous les donnons ci-après en grande partie, et nous dirons à ceux de nos lecteurs qui

---

(1) *Guide du Musée de Boulacq*, pages 148 et 149.

voudraient étudier plus à fond l'Esotérisme Egyptien, qu'il n'ont qu'à consulter notre Isis Dévoilée, qui est une petite encyclopédie de tout ce qui concerne l'Egypte et surtout de son ésotérisme (1) ; et nous terminerons notre chapitre en donnant un morceau extrêmement curieux, au point de vue ésotérique.

C'est une Incantation magique tirée d'un papyrus égyptien ; la voici :

« Viens à moi, ô Seigneur des Dieux — Repousse loin de moi les lions venant de terre, — les crocodiles sortant du fleuve — la bouche de tous les reptiles mordants sortis de leurs trous ! arrête, crocodile Mako, fils de Set ! — Ne vogue pas avec ta queue ; n'agis pas de tes deux bras ; — N'ouvre pas ta gueule. — Que l'eau devienne un feu ardent devant toi ! — La pique des soixante-dix-sept Dieux est sur ton œil, — toi qui fus lié par des liens de métal (chaînes) devant la Bari de Ra.

« Arrête, crocodile, Mako, fils de Set ! — car je suis Ammon, fécondateur de sa mère. »

On retrouve encore beaucoup d'Esotérisme dans un grand nombre d'ouvrages hermétiques.

(1) Isis Dévoilée ou *l'Égyptologie sacrée*, 1 vol. in-12, 1re éd. Paris Chamuel, éditeur 2e ed. revue, corrigée et augmentée, librairie académique Perrin et Cie, Paris.

Parmi ces livres, l'un des plus curieux, celui où l'élément égyptien est incontestable, c'est le *livre sacré* intitulé également : *La Vierge du monde* ou la *Prunelle du monde*, le terme grec signifiant à la fois, Vierge et Prunelle. — Malheureusement nous ne possédons que quelques fragments peu importants de ce beau livre.

Un trait du caractère essentiellement égyptien de ce livre se montra dans un passage où les rois sont présentés comme Dieux véritables et où leurs âmes sont, dit l'auteur, d'une toute autre espèce que celle des autres hommes.

Passons à l'étude du *Livre des morts* ; puis nous donnerons les vingt premiers paragraphes du *Traité d'Isis et d'Osiris* attribué à Plutarque. Ces deux études révèleront au lecteur à peu près tout ce que nous savons de positif sur la *Doctrine Esotérique* des anciens Égyptiens.

Le Livre des Morts *commenté et expliqué* ; *son Esotérisme dévoilé.*

### Avant-Propos

Le monument le plus considérable de la civilisation Égyptienne, c'est sans contredit le livre en question ; il contient en effet la Philosophie, la Morale et la Religion égyptienne, dans leur sens Esotérique. — Ce livre est pour ainsi dire une sorte d'Encyclopédie, dans laquelle on peut et on doit puiser tout ce qui touche aux us, coutumes, croyance et Esotérisme du peuple égyptien.

Depuis très longtemps, le monde érudit et le monde philosophique désirent une édition complète du *Livre des Morts*.

Dès l'année 1875 au Congrès des Orientalistes de Londres, nous avons vu se formuler des *desiderata* à ce sujet. On nomma même, si nos souvenirs sont fidèles, un Comité chargé de poursuivre cette publication ; dans ce Comité figuraient : S. Birch pour l'Angleterre, notre regretté maître et ami Chabas pour la France et Lepsius pour l'Allemagne.

La grande préoccupation de l'Egyptien, c'était la *mort de son corps !*

Qu'arriverait-il après cette mort ?

Il savait bien qu'une fois dépouillé de son corps physique, il avait à accomplir en corps astral d'autres existences, aussi travaillait-il de tout son pouvoir pendant sa vie, afin de mériter à sa mort, comme récompense, le droit de goûter une série d'existences heureuses qui l'indemniserait, pour ainsi dire, de sa triste existence terrienne.

On comprend dès lors combien est intéressant pour nous un livre qui renferme tout le code de morale philosophique et religieuse de l'Antique Egypte. C'est même pour cela que les Egyptologues modernes ont essayé de reconstituer en entier un *Livre des Morts*, dénommé à tort *Rituel funéraire* par quelques archéologues.

Les Birch, les Lepsius, les Chabas ont tous travaillé à cette reconstitution et dans une certaine mesure MM. Naville et Pierret également et par tous les documents publiés, documents que nous connaissons tous ou presque tous, il nous est permis de nous faire une idée de ce qu'était ce monument ; mais aucun de ces auteurs n'a pu, d'après nous, donner une Explication Esotérique de cet antique et vénérable monument.

Au dernier Congrès International des Orientalistes (Paris, 1897), nous avons parlé à divers de nos collègues de l'Esotérisme Egyptien, de leurs idées sur la Réincarnation, sur l'âme, enfin de leur psychologie et sauf l'un d'eux, la plupart de nos collègues nous ont dit avec une sorte de dédain à peine dissimulé : mais ce sont là des idées spirites, que certainement n'avaient pas les Egyptiens. Or c'est là une grave erreur qui montre bien que les Egyptologues modernes ne connaissent pas un mot de l'Esotérisme de cet ancien peuple ; aussi que les Orientalistes le veuillent ou non, les Egyptiens, s'ils n'étaient pas Spirites, professaient absolument toutes les croyances contenues dans le Néo-Spiritualisme. Ils admettaient toutes les données occultiques, cela ne peut faire, pour nous, l'objet d'un doute, nous aurons du reste l'occasion de le voir ultérieurement, dans le cours de cette étude qui résume pour ainsi dire tout ce que nous avons appris sur l'Egypte dans l'espace de plus de trente années.

Aucun Egyptologue moderne n'ayant voulu ou pu interpréter le *Livre des Morts* d'après les données ésotériques qui précèdent, il s'ensuit qu'aucun n'a pu fournir une bonne traduction de ce monument, encore moins en expliquer une partie de l'Esotérisme.

Quant à nous, qui, depuis plus de trente ans, avons étudié l'Occultisme ainsi que les diverses Théosophies de l'Orient et de l'Occident, nous espérons donner des Commentaires sur le *Livre des Morts*, tout à fait neufs, originaux et inédits et qui feront comprendre ce beau livre, dont aucun des traducteurs n'a jamais compris la haute philosophie; aussi ce monument est pour les archéologues, et *à fortiori* pour tout le monde, un Sphinx véritable que nous allons déchiflrer et nous espérons dès lors que notre étude fera comprendre ce Livre, mis à la portée de tout le monde, du savant comme de l'ignorant, qui dans le cas qui nous occupe sont tous deux sur la même ligne, sur le même plan.

Ceci dit, nous entrons en matière.

Il y a aujourd'hui 30 ans, que le Docteur Allemand Lepsius édita les plus anciens textes du Livre des Morts, d'après trois sarcophages de l'ancien empire.

Ces textes, sauf quelques chapitres, n'ont été l'objet d'aucun commentaire.

Dans son Introduction, Lepsius a discuté le Chapitre XVII, mais en partie seulement.

Un jeune Egyptologue Russe, M. Waldemar Golénischeff, a donné aussi un commentaire du chapitre en question, ainsi qu'un court chapitre qui ne se trouve pas dans la publication de Lepsius; nous aurons occasion d'en parler ultérieurement; enfin M. Pierret, un savant modeste, Conservateur du Musée Egyptien au Louvre, en publiant son *Livre des Morts*, d'après l'ouvrage de Lepsius, ne donne que des Commentaires timides, et, disons-le, fort peu ésotériques.

On voit donc par là, que le travail que nous présentons était à faire, mais encore qu'il est entièrement neuf, original et inédit, comme nous l'avons affirmé déjà, puisque personne n'a osé le tenter, car pour produire une telle étude, il fallait être non seulement égyptologue, mais encore et surtout connaître beaucoup d'*Occultisme* et d'*Esotérisme Oriental*, car c'est là et non ailleurs, qu'on peut puiser des données Esotériques fortes, sérieuses et concluantes pour expliquer l'Esotérisme contenu dans le LIVRE DES MORTS.

L'Esotérisme oriental, surtout celui de l'Inde (1), n'était-il pas la meilleure source, puisque aujourd'hui les études sanscrites démontrent hautement que les Egyptiens avaient puisé leur *Art sacré*, leur Science dans l'Inde même.

GÉNÉRALITÉS EGYPTOLOGIQUES. — Les exemplaires ou variantes du *Livre des Morts* sont nombreux, mais nous suivrons ici le manuscrit hiéroglyphique d'époque Saïte du Musée de Turin qui a été lithographié sous la surveillance de Lepsius même, et qu'il a publié vers 1842. Cet ouvrage est devenu pour ainsi dire l'Exemplaire-Etalon,

---

(1) Dans notre volume ADDHA-NARI nous avons étudié l'occultisme Hindou, 1 vol. in-12. Paris Librairie des Sciences Psychiques ; 2e édition, Chamuel, éditeur, 1893.

l'Exemplaire-Type, auquel se réfèrent les Egyptologues pour tous leurs travaux.

La traduction de Lepsius est-elle irréprochable ? Nous ne le pensons pas, mais c'est en définitive la plus complète ; c'est celle qui a été utilisée par M. Pierret pour sa traduction.

Un grand nombre de *Livres des Morts* ont l'entête de leurs chapitres illustrés et nous montrent ainsi des scènes relatives à l'état de l'âme, après la mort. Ces illustrations initient le lecteur à la Psychologie Egyptienne. Souvent, on voit l'âme du personnage défunt, vêtue de blanc, transportée dans l'Amenti ou Occident. Elle adresse des prières aux Génies de l'Orient, aux Oiseaux sacrés et à diverses Divinités.

L'âme arrive devant Osiris, Juge Suprême qui est assis sur son trône entouré de quarante-deux Assesseurs ou Juges. Devant lui se trouve une balance surmontée d'un Cynocéphale. Dans l'un des plateaux de la balance sont placées les bonnes actions du défunt et dans l'autre ses mauvaises actions. Le Dieu Horus examine avec beaucoup d'attention si le fléau des balances est d'une parfaite horizontalité ou si l'un des plateaux penche plus que l'autre, puis Thoth inscrit sur une tablette le résultat de la pesée. — Les âmes justes vont dans les champs de la Vérité (Ma) (1) tandis que les coupables sont rejetés dans les Régions ou Zones Infernales. Nous n'insisterons pas plus longuement sur ces illustrations, car nous aurons l'occasion de les décrire quand elles passeront sous nos yeux dans le courant de notre étude et nous dirons quelques mots de la Religion Egyptienne que le lecteur doit connaître dans ses grandes lignes, avant d'étudier le *Livre des Morts*.

RELIGION ; DIEU UNIQUE. — « Comme les Egyptiens sont excessivement religieux, nous dit Hérodote (2), et plus que le reste des hommes, ils ont des rites que je vais rapporter. Ils ne boivent que dans des vases de cuivre qu'ils frottent et nettoient tous les jours avec le plus grand soin, et cet usage n'est pas observé par les uns et négligé par les autres, mais il est commun indistinctement à tous. Ils portent des vêtements de toile de lin, toujours fraîchement lavés, ils ont grand soin de ne les point tacher. Ils ont adopté la circoncision par re-

---

(1) MA, Déesse fille du Soleil personnifie le vrai et le juste (la vérité), aussi le mot s'écrit en égyptien ▭ ; il signifie coudée (mesure). C'est *Ma* qui introduit le mort dans la Salle où Osiris rend son jugement. — On représente cette déesse accroupie, le corps enveloppé d'une robe très étroite (collante) et la tête surmontée du disque solaire ou de l'hiéroglyphe formé par la fronde du Palmier qui est homophone de (Coudée).

(2) LIVRE II, 37.

cherche de propreté et paraissent faire plus de cas d'une pureté de corps parfaite que de tout autre ornement ».

En ce qui concerne la Divinité, nous dirons que les Egyptiens croyaient à un seul Dieu, ceci serait trop long à démontrer(1), mais nous donnerons un résumé succinct de la doctrine de Plotin qui était dérivée de la religion Egyptienne. D'après cette doctrine, l'*Un* ou l'*Absolu*, l'*Inconnaissable* en raison de sa perfection même, déborde (ὑπερερρύη) et engendre ainsi un autre principe, qui participant de sa perfection constitue l'intelligence (Νοῦς), le monde idéal (κοσμος νοητος) (2). De cette première radiation (περίναμψις) de la lumière primordiale, sort ensuite une seconde sphère lumineuse, l'*âme du monde*, qui est absolument conçue comme toutes les âmes isolées.

Dans la Doctrine de Philon, la conception de l'Essence des choses est analogue à celle de Plotin : nous y voyons que la lumière n'est pas renfermée en elle-même, elle rayonne et donne naissance à un globe lumineux, qui l'environne de toute part.

(1) Il nous a fallu presque tout un chapitre dans notre Isis Dévoilée pour cette démonstration.
(2) *Ennead*, II, 4, 4 ; V, 2, 1, 2, 3, 5, 98 ; VI, 2, 2, 8, 4.

Et que sont ces émanations lumineuses ? Ce sont des forces intellectuelles (les forces subtiles de nos jours), forces qui constituent pour Philon, tantôt les démons (Δαίμωνα) du Judaïsme; tantôt des esprits.

Et Philon, de même que Platon dans son *Timée*, place entre le Dieu Unique et le Monde, l'Univers, un intermédiaire, un puissant médiateur, parce qu'il considère comme au-dessous de la Majesté divine de faire créer immédiatement par Dieu même, par l'Inconnaissable, le monde des choses matérielles, par suite sensibles et périssables et de représenter ce Dieu comme ayant jamais pu apparaître ici-bas.

Disons que toutes les expressions qui servent à qualifier le Dieu Un qui n'a pas de second (Hymne à Ammon-Ra) ne sont pas pour Philon de pures personnifications, des symboles ; son réalisme va jusqu'à faire de ces abstractions, de réelles personnes, des personnages véritables, bien que toutefois elles se présentent dans certains passages de l'auteur, comme les Forces (Αρεταί) ou les qualifications (Προσρησείς) ou attributs Divins. — Connaissant parfaitement la théodicée Egyptienne, nous pouvons affirmer au lecteur que la Théodicée Philonienne n'en est qu'une pure émanation et c'est pourquoi nous l'avons donnée ici comme représentant également la Théodicée égyptienne, dont elle émane elle-même.

Ajoutons que les Egyptiens voyaient dans le jour l'image de la vie, et celle de la mort dans la nuit : en d'autres termes, chaque existence était composée de vie et de mort comme la durée d'un jour est composée du jour et de la nuit. Aussi dans le coucher du soleil : ils trouvaient le prototype du terme de l'existence terrestre et dans son lever l'emblème d'une Renaissance. Comme le jour et la nuit sont divisés chacun en douze heures, les Egyptiens avaient également divisé la mort en douze périodes correspondantes à douze champs ou circonscriptions horaires de l'hémisphère inférieur, et c'est en passant successivement par ceux-ci (par ces cycles) que le Désincarné arrivait par des modifications successives à la réincarnation, à la Renaissance. Ces modifications de l'Ego humain étaient dirigées par douze Divinités directrices de ces circonscriptions mythiques, qui changeaient constamment la condition des êtres en faisant réincarner les âmes dans de nouveaux corps.

LE LIVRE DES MORTS, PROLÉGOMÈNES. — Hérodote, en parlant de l'Egypte, nous dit (1) : « Comme il

___

(1) II, 35.

n'est aucun pays qui offre autant de merveilles de la nature, ni autant d'ouvrages d'art, au-dessus de tout ce que l'on peut dire, il n'en est aucun qui mérite qu'on n'en parle plus longuement.

Nous pourrions appliquer ces lignes au *Livre des Morts* et dire qu'aucun n'offre autant de matériaux pour le penseur, ne contient un aussi grand nombre de choses, aussi *il n'en est aucun qui mérite qu'on en parle plus longuement* !

Ces lignes excuseront d'avance notre longue étude, si toutefois elle avait besoin d'être excusée. — Ces livres étaient placés à côté de la momie du défunt et lui servaient pour ainsi dire de lettre d'introduction chez les Morts ; c'étaient des lettres de créances qui lui donnnaient accès aux nombreuses portes des nombreuses régions et demeures célestes.

La majeure partie des papyrus de ces livres conservés jusqu'à ce jour étaient placés sous les bandelettes des momies, soit entre leurs jambes, soit sur la poitrine, soit sous les bras, enfin à la portée de de la main du défunt, afin qu'il put le présenter, ce semble, à toute réquisition. — Ces livres étaient écrits par les prêtres ou les scribes du temple qui les fabriquaient d'avance et, ce qui le prouve, c'est que chez la plupart de ces livres, le nom du défunt était ajouté après coup ; ce nom était souvent joint à celui de la mère du défunt. Ils sont écrits en écriture hiéroglyphique ou hiératique, nous n'en avons jamais vu en écriture démotique.

Champollion et, après lui, E. de Rougé avait dénommé ces sortes de livres : *Rituels funéraires* ; à ce titre Lepsius a substitué celui de *Todtenbuch*, *Livre des Morts*, qui a été adopté avec raison par tous les archéologues.

L'Egyptologue Allemand nous apprend qu'il ne faut pas voir un tout complet et achevé dans ces livres ; ce n'est pas, du reste, l'œuvre d'un seul écrivain ayant donné à son œuvre un commencement, un développement et une fin, mais plutôt une collection, une réunion de paragraphes indépendants les uns des autres ; ce qui le démontre, c'est que parfois certains chapitres comportent une ou plusieurs variantes ou reviennent plus loin dans le même exemplaire.

Abordons maintenant la question de la traduction dont nous avons déjà dit un mot ; existe-t-il une bonne traduction littérale ?

Nous ne le pensons pas.

M. Pierret va plus loin, puisqu'il nous dit (1) :

---

(1) *Livre des Morts*, Préface, page VI.

« Une traduction irréprochable et définitive du *Livre des Morts* est-elle possible aujourd'hui ? Le sera-t-elle même jamais ?

Deux graves difficultés se dressent devant le traducteur :

1° L'incorrection des manuscrits anciens et modernes ; beaux ou laids d'écriture, luxueux ou grossiers, tous sont également incorrects. Les scribes ne comprenaient souvent pas ce qu'ils copiaient et ces volumes destinés à l'ombre éternelle des hypogées, sans crainte d'un contrôle ultérieur, ne pouvaient pas être traités avec un grand soin de détails ; ceux qui se vendaient les plus chers étaient ceux qui frappaient l'œil par une plus grande richesse de vignettes, mais leur texte n'en était pas plus pur. Je sais par expérience le peu de lumière qu'il y a à tirer de la collection des papyrus ; on n'y recueille guère que des erreurs ou variante d'autres erreurs ;

2° La difficulté du texte, alors même qu'il semble correct. Si l'on en peut traduire la lettre, il reste à en expliquer le sens caché (*l'ésotérisme*). On se heurte à chaque instant à un mysticisme d'expressions dont la clé est à trouver, à des allusions, à des faits mythologiques supposés, connus du lecteur, et que sans doute nous ignorerons toujours.

« Donc une traduction irréprochable et définitive est un rêve irréalisable. — Une traduction provisoire est-elle possible ? Je n'hésite pas à affirmer qu'elle est possible et même utile. Téméraire, si l'on veut, au point de vue purement égyptologique, c'est une entreprise utile au point de vue du grand public des lettrés qui, étranger au déchiffrement des hiéroglyphes, entend depuis si longtemps parler du *Livre des Morts*, sans avoir été mis à même de le feuilleter. »

En ce qui concerne la première difficulté signalée par M. Pierret, nous sommes bien obligés d'être de son avis, l'incorrection du manuscrit est manifeste, il y a des mots omis, mal écrits, supprimés, etc., on voit bien dans ces copies une œuvre mercantile des Prêtres, qui tâchaient de faire produire le plus aux scribes en un temps donné ; on dirait de la copie, des pensums d'écoliers, mais en ce qui concerne la seconde difficulté, c'est-à-dire à pouvoir interpréter leur ésotérisme, c'est une autre question. Nous pensons que M. Pierret a été un peu trop loin en disant : *On se heurte à chaque instant à un mysticisme d'expressions dont la clé est à trouver.*

Nous possédons cette clé, qui nous a permis, en partie du moins, d'interpréter le mysticisme

d'expressions contenu dans ce beau livre. Nous n'avons été arrêtés réellement que par des expressions incompréhensibles et par des fautes de copistes ou même par des facéties d'un goût plus que douteux des copistes, car il faut bien le dire, ces gens-là n'exerçaient qu'un métier et n'apportaient pas dans leur travail le sentiment religieux qu'il réclamait ; de là des facéties, disons-nous, et même des membres de phrases pornographiques et des obscénités ; voilà encore ce que n'ont pas vu les Egyptologues. Ces scribes professionnels faisaient absolument comme les clercs de nos avoués, qui, dans leurs *grosses*, insèrent des inepties, parce qu'ils savent bien qu'elles ne seront jamais lues ; il en était certainement de même pour les *Livres des Morts*. Les lignes qui précèdent démontrent la justesse de ce que nous écrivons dans Isis Dévoilée, page 175, 2ᵉ édition :
« De nombreux Egyptologues ne comprenant nullement l'ésotérisme contenu dans le *Livre des Morts*, en ont faussement interprété un grand nombre de passages, notamment celui qui concerne l'arrivée de l'âme dans les champs d'Aanrou.

Dans le CHAPITRE LXXX, on peut lire ce qui suit : « Dans le cours de ces pérégrinations l'âme ne revêtait que l'image de son corps », c'est-à-dire le périsprit ou corps astral, « mais quand l'âme s'approche des champs d'Aanrou, elle devait se réunir à son corps. »

S'étayant sur ce passage, certains Égyptologues ont affirmé que l'embaumement n'avait pour but que de conserver le corps pour cette sorte de résurrection. Or rien n'est plus faux. Ce passage signifie tout simplement que le mort devait matérialiser son corps astral pour se présenter corps et âme à l'état d'*Agénère* dans les champs d'Aanrou. On ne saurait donner une autre explication, ou plutôt une autre interprétation à ce passage sans le fausser. C'est de la dernière évidence, puisque beaucoup de corps d'hommes justes, n'ayant pas été embaumés ou ayant été détruits pour un motif quelconque, n'auraient jamais pu arriver à la béatitude finale, ce qui serait d'autant plus injuste qu'ils ne pouvaient être rendus responsables de la destruction de leur dépouille mortelle, de leur cadavre. Nous n'insisterons pas davantage en ce moment sur ce fait, car nous en reparlerons ultérieurement et nous allons commencer l'analyse du *Livre des Morts*, nous disons analyse, car nous ne saurions en effet donner *in-extenso* les nombreux chapitres de ce livre ; d'autant qu'il nous faudra supprimer bien des chapitres qui ont été mal traduits, aussi devons-nous faire forcément un choix au milieu de ce très long document, mais ce que nous donnerons de ce livre le fera connaître au lecteur, de même que nos commentaires ou notes feront connaître toute l'Egyptologie.

# CHAPITRE IX

### LE LIVRE DES MORTS

Le Chapitre Premier du Livre donne un important dialogue de l'âme au moment où elle vient de quitter le corps du défunt; celui-ci s'adresse à la Divinité infernale. Il énumère tous les titres qu'il croit devoir produire, afin d'être admis dans l'*Amenti*.

Le chœur des âmes glorifiées qui assiste au débat, intervient en faveur du défunt et appuie sa prière. En ce moment, le prêtre qui est sur la terre joint sa voix au chœur des âmes et implore la clémence céleste.

Osiris se laisse fléchir et dit au mort :

« Ne crains rien en m'adressant ta prière pour la pérennité de ton âme, afin que j'ordonne que tu franchisses le seuil. »

Ainsi rassurée par la divine parole, l'âme du défunt, autorisée pour ainsi dire, pénètre alors dans l'Amenti ; mais elle poursuit ses Invocations.

Dans ce premier chapitre, il y a lieu de remarquer un passage dans lequel le défunt suit le cercle entier de l'existence de l'au-delà réservée à l'homme juste. On y voit le défunt arriver à l'Ouest, y subir le jugement qui le déclare pur devant Osiris son juge ; il se lève lui-même en Dieu vivant, c'est-à-dire ressuscitant en Horus, fils d'Osiris, et parcourant le ciel, puis traversant le *Noun* ou l'abîme céleste et revenant à Tiaou ; enfin il est associé aux Dieux au milieu desquels il siège.

Voici le passage en question :

« Il marche, il parle l'Osiris N, il marche vers l'Ouest. Dans la balance on ne trouve pas de péchés à lui, son jugement n'est pas communiqué à de nombreuses personnes. Son âme se tient juste et fière (debout) devant Osiris. Il a été trouvé de bouche pure sur terre. »

L'Osiris N dit : Je me place devant le maître des Dieux ; j'atteins la localité de *ma-ti* ; je me lève en dieu vivant, je suis brillant parmi les Dieux qui sont au ciel. Je suis comme l'un d'entre eux. Mes jambes me transportent dans Khérou. Je vois la marche de la constellation de Sahou. Je traverse le Noun. Je ne suis pas éloigné de la vue des Seigneurs de Tiaou (c'est-à-dire de la société des Dieux). Je me nourris de leur nourriture ; je siège avec eux.

Commentaires. — Ce passage prouverait donc que l'homme arrivé au but de ses pérégrinations, de ses incarnations ou incorporations successives, deviendrait Dieu.

Or, quand on étudie l'occultisme Hindou dans ses profondeurs, on est également tenté de se demander si l'homme n'est pas destiné à devenir Dieu !

Nous voyons en effet dans une traduction des *Upanishads* par Anquetil-Duperron figurer ceci en épigraphe :

*Quisque Deum intelligit Deus fit.*

Celui qui comprend Dieu, devient Dieu.

Or, cette épigraphe est empruntée au texte même de l'ouvrage Hindou mentionné. D'un autre côté les *Puranas* nous disent : « Le Dieu Unique, songeant à devenir multiple se leva du lit de la méditation et créa au moyen de Maya (qui désigne ici *la Nature Primordiale* et non l'illusion), une semence d'or divisée en trois portions :

La Divinité, la Spiritualité et la Matérialité : voilà l'Être suprême ! »

Donc l'homme possédant en lui par ses trois âmes, la Divinité, la Spiritualité et la Matérialité, est aussi un Etre Suprême de seconde classe, si l'on veut, mais enfin c'est un Dieu.

Ceci demande quelques explications que nous allons donner le plus brièvement possible.

Aujourd'hui, il est admis par tous les occultistes que l'homme possède trois âmes ; l'âme spirituelle, l'âme astrale et l'âme physique, parfaitement distinctes les unes des autres. C'est cette triple propriété qui peut même donner lieu à ces cas de double conscience, si difficiles parfois à expliquer en un seul et même individu. C'est grâce à ces trois âmes que certaines individualités peuvent perdre une ou même deux âmes, sans être pour cela anéanties, c'est-à-dire *tomber dans le néant*.

L'âme avancée ayant terminé ses existences terrestres entre en Nirvâna, nous dit l'Occultisme Hindou.

Mais qu'est-ce que le Nirvâna ?

Suivant les Ecoles et les Sectes, celui-ci reçoit des interprétations diverses, que nous nous garderons bien de reproduire, même en partie, car il faudrait y consacrer beaucoup trop de temps ; aussi nous contenterons-nous de choisir, parmi toutes les explications, celle qui nous paraît la plus généralement adoptée par les personnes compétentes et qui peut servir à prouver notre thèse ; nous dirons donc :

« Le Nirvâna est un état de béatitude spirituelle, par suite de l'absorption de l'âme humaine dans l'âme universelle, mais ce n'est pas pour cela un état d'annihilation, comme on le croit trop généralement, car l'âme humaine après être entrée en Nirvâna conserve sa personnalité propre et peut dès lors reparaître sur la terre, ce qui confirme les paroles traditionnelles de Jésus disant à ses derniers moments à ses disciples : *Le corps Spirituel est immortel* !

Donc, si l'homme entre en Nirvâna, c'est-à-dire dans l'âme universelle ou, ce qui est la même chose, dans le sein de Dieu, il est Dieu.

Du reste cette idée est partagée par les chrétiens, les théosophes et par beaucoup d'autres sectes religieuses encore.

Nous allons en donner une preuve en ce qui concerne les véritables chrétiens, c'est-à-dire, les sectateurs du Christ et non les catholiques, ce qui est bien différent.

Voici, en effet, ce que nous lisons dans l'Évangile de Jean, chapitre X, v. 32, 33 et 34 se rapportant au passage du psaume 82, V. 6.

32. — Jésus leur répondit (aux juifs qui voulaient le lapider) : J'ai fait devant vous plusieurs bonnes œuvres de la part de mon Père : pour laquelle de ces œuvres me lapidez-vous ?

33. — Les juifs répondirent : ce n'est pas pour une bonne œuvre que nous te lapidons, mais à cause de ton blasphème, et parce qu'étant homme, tu te dis Dieu !

34. — Jésus leur répondit : N'est-il pas écrit dans votre loi : J'ai dit : Vous êtes des Dieux ? Vous êtes tous des fils du Très-Haut.

Donc Jésus vient confirmer ce qui précède, donc l'homme est Dieu, mais il lui faut beaucoup de temps et pas mal d'existences, avant d'arriver à ce but final admis, comme nous venons de le voir, par les théosophies Hindoues et Egyptiennes.

Les Chapitres de II à XIV nous fournissent brièvement des détails relatifs à la mort et aux premières funérailles. Après avoir franchi les portes de l'Amenti, l'âme à son entrée dans la Région Infernale se trouve éblouie, par l'éclatante lumière du Soleil, qu'elle aperçoit pour la première fois dans l'hémisphère inférieur; aussi entonne-t-elle une hymne de louanges à Ra, au Soleil, sous forme d'invocation, à laquelle se mêle parfois des litanies, comme celles dont M. Naville nous a donné une traduction.

Du chapitre premier au Chapitre XVI, le texte Egyptien est surmonté d'une vignette qui montre une *Procession funéraire* ; des parents et des amis du défunt se lamentent, on transporte des coffrets funéraires avec la momie dans une *Bari* (barque), des prêtres revêtus de leurs insignes sacerdotaux offrent aux Dieux des offrandes et des libations. Nous disons aux Dieux ; en effet celles-ci sont faites aux Dieux secondaires, sortes de Démiurges, et non au Dieu Unique, à l'Inconnaissable, à l'Absolu.

Le Chapitre XVI du *Livre des Morts*, ne comporte pas de texte, ce n'est qu'une vignette en quatre registres (colonnes) qui montre successivement un prêtre faisant une libation et présentant de l'encens au défunt assis à côté de sa femme ; on y voit ensuite *Shou*, qui symbolise la force du Soleil, soulevant au milieu de Cynocéphales le disque Solaire, ce qui indique le lever du jour, *la course de l'astre* au commencement de sa course diurne ; puis le Soleil planant dans l'espace à une égale distance de l'Orient et de l'Occident ; enfin le défunt est dans la Bari sacrée du Dieu, ce qui témoigne qu'il a reçu la suprême récompense, puisqu'il est un des passagers, puisqu'il fait partie de l'équipage du Dieu du Soleil, auquel il témoigne sa reconnaissance par un acte d'adoration profonde. Cette vignette indique la fin de la première partie du Livre ; dans la seconde, nous allons assister aux diverses pérégrinations de l'âme dans l'*Hémisphère Inférieur*.

Ici nous allons voguer en plein Esotérisme, comme va voir le lecteur.

Dans notre monde, sur la terre, pour voyager, il faut de l'argent, beaucoup d'argent même, pourrions-nous dire. Pour parcourir les vastes régions de l'Amenti, il faut quelque chose de beaucoup plus rare que l'argent, mais il en faut beaucoup aussi, de ce quelque chose, c'est de la nourriture, ce que les marins appellent du *Biscuit*, mais la nourriture astrale c'est la *Science* ; or chez les Egyptiens, nourriture et science sont deux termes synonymes, comme nous allons voir ; ils sont fréquemment employés, identifiés même dans le *Livre des Morts*, ce qui justifie bien ce que dit Horapollon dans ses *Hiéroglyphes* :

« Les Egyptiens appellent la science *Sho*, qui signifie plénitude de nourriture. Or, la *Science sacrée* des choses religieuses est bien la seule nourriture mystique que l'âme puisse emporter pour la soutenir dans les longues pérégrinations qu'elle accomplit après sa mort. L'âme qui ne posséderait pas une quantité de cette science sacrée ne pourrait arriver, ne saurait parvenir au but final de son voyage et par conséquent obtenir grâce auprès du Tribunal d'Osiris ; il lui faut donc avant d'entreprendre son voyage, faire ample provision de nourriture (de *science sacrée*). C'est à cela qu'est consacré, en grande partie, le CHAPITRE XVII, qui inaugure la seconde partie du Livre. Mais combien peu de lecteurs qui parcourent ce chapitre en comprennent la signification !

Ainsi l'exégèse de ce chapitre nous apprend que le terme *Aanrou, Aarou*, désigne le champ des moissons divines, « celui qui produit l'alimentation des Dieux qui sont derrière les Sarcophages, » c'est-à-dire des huit Dieux secondaires ; ce champ est cultivé par les Mânes qui y séjournent et s'y promènent. Aussi les chemins qui conduisent à ce grand champ, entouré de murs en fer, c'est-à-dire infranchissables pour les entités subalternes, ces chemins, disons-nous, étaient mystérieux et aboutissaient à des portes percées dans ce mur, mais elles étaient placées sous la vigilance du *Gardien du seuil*.

Les CHAPITRES XVIII jusqu'à XX inclusivement

nous fournissent une série de prières qu'on récitait pendant l'embaumement du défunt, tandis qu'on enroulait le corps de ses bandelettes ; les prières sont adressées au Dieu Thot, qui remplit le rôle de *Psycho-pompe*, c'est-à-dire de Conducteur des âmes. Ces invocations présentent un grand intérêt, car elles font allusion à la grande Epopée d'Osiris et de sa lutte contre Set. Le défunt s'adressant au Dieu, le supplie de lui rendre le même service qu'il a rendu autrefois à Osiris et à son fils Horus, *Vengeur de son père*.

C'est dans ce Chapitre XVIII, qu'on trouve le nom de Dieu Astès (1), qui préside au *Chemin des Morts* ; il se termine par ces mots : « Celui qui récitera ce chapitre (chapitre dit *Purificateur*) sera sain et sauf sur la terre et passera à travers dans le feu sans qu'il lui arrive aucun mal en vérité. Le feu signifie ici un cercle du monde astral, le cercle de feu dans lequel résident des entités très pures, très avancées.

Le Chapitre XX avait pour but de donner au défunt le *Ma-Khérou*, c'est-à-dire *de faire la vérité par la bouche*, comme Osiris l'a fait par sa seule parole, qui prévaut toujours contre les éléments.

---

(1) Ce dieu Astès est plusieurs fois mentionné, notamment au chapitre CXLV.

Quelques archéologues, ont cru que sa lecture s'imposait au vivant, c'est là une erreur ; c'est bien au défunt, à l'Osiris N, puisqu'il y est dit littéralement. « L'homme qui dira ce chapitre, après s'être purifié dans l'eau de Natron, sortira avec le jour, après l'ensevelissement ; il pourra accomplir alors toutes les transformations que lui inspirera son âme et, en vérité, il pourra passer à travers le feu. »

Ce texte qui est fort clair s'applique parfaitement au défunt, car on plongeait les corps pour leur momification dans un grand bassin contenant du Natron ou dans un bassin contenant du sel de nitre (azotate de potasse) dissous dans l'eau.

Avec le CHAPITRE XXI, nous pénétrons en plein Esotérisme, nous devons ajouter qu'à partir de ce chapitre, nous donnerons certains d'entre eux en traduction littérale, puis immédiatement après, une transcription *en clair*, c'est-à-dire une traduction libre, intelligible, expliquée, par nous, non dans la lettre, mais dans son esprit, nous n'effectuerons ce travail que pour les chapitres importants et assez intelligibles pour être interprétés ; quant aux autres, nous n'en donnerons, comme nous l'avons fait pour les vingt premiers chapitres, qu'une courte analyse avec commentaires plus ou moins importants.

Au-dessus des CHAPITRES XX et XXI un dessin nous montre, un prêtre probablement, qui présente un vase et un bâton magique à tête de bélier à une personne assise, ayant à côté d'elle un personnage debout.

Le titre du CHAPITRE XX est :

*Rendre sa bouche à l'homme dans la divine région inférieure.*

Dit l'Osiris N (1) : Salut à toi, Osiris, Seigneur de la Lumière, résidant dans l'immensité, je viens à toi, mes mains sont derrière ma tête et comme toi je la possède ; comme toi, je suis purifié, rends-moi la bouche.

COMMENTAIRES. — Ce qui veut dire en clair : Osiris Grand Dieu, qui réside partout, je m'incline devant toi, très bas ayant les mains élevées (ce qui fait qu'elles sont de chaque côté de la tête, mais en arrière de celle-ci) et comme je suis un pur Esprit accorde-moi la parole (c'est-à-dire la permission de parler) ce que le texte rend par : *Rends-*

---

(1) Disons une fois pour toutes que l'Osiris N. désigne le défunt.

*moi la bouche !* Comme toi je possède ma tête, veut dire, je suis éveillé maintenant à la vie spirituelle et je suis en pleine possession de mon intelligence et de ma pensée.

Le Chapitre XXII n'est que la suite du précédent ; il débute ainsi, nous le traduisons en clair : « Enfin je puis resplendir dans l'astral, j'ai recouvert l'usage de la parole, je fais tout ce que je désire, je suis auprès d'Osiris devant lequel je m'incline ; le texte rend le dernier membre de phrase par : *j'éteins ma flamme à son apparition.*

Nos lecteurs savent en effet que les purs esprits brillent comme des flammes ; voilà ce que ne peuvent admettre les Egyptologues, j'entends ceux qui ne connaissent pas un mot d'Esotérisme.

Or, le désincarné pour se faire humble devant Osiris éteint la lueur brillante de son aura, de ses effluves (sa flamme), dès qu'il se trouve en présence du Dieu.

Le Chapitre XXIII est la suite des deux précédents chapitres ; dans certains manuscrits, celui-ci est illustré. On y voit un prêtre tenant l'ustensile de fer dénommé *Nou*, instrument qui sert à ouvrir la bouche du cadavre et à vider aussi son cerveau. Le prêtre l'approche du défunt qui est debout et tient un bâton de commandement *Pedum*.

TRANSCRIPTION EN CLAIR. — Dit l'Osiris N : ouvre ma bouche Ptah (1), Ammon (2) Dieu de ma cité délivre-moi de l'entrave de ma bouche, dès que je sors du sein de ma mère (3), Thot accourt et me transmet des charmes magiques. Set (4) délie l'entrave de Toum (5) ; ma bouche fonctionne (le texte dit marche); Ptah a ouvert ma bouche avec cette lame de fer (*Nou*) dont on se sert pour ouvrir la bouche du Grand Dieu Osiris. Je suis, grâce à mes charmes magiques, à l'abri de tout mal ; ma bouche est celle d'Osiris, le résident de l'Ouest.

CHAPITRE XXIV. — De l'apport des charmes magiques par l'homme dans la divine région infé-

---

(1) Ptah est le Dieu Suprême de Memphis ; ses représentations figurées sont fort diverses.

(2) Ammon est fils de Ptah, c'est-à-dire dans la généalogie divine, le rôle d'Ammon a succédé à celui de Ptah. — Cf. ISIS DÉVOILÉE, pages 90 et 91, 2ᵉ édition, Paris, librairie académique, Perrin et Cie, et librairie des Sciences psychiques.

(3) C'est-à-dire de la Terre.

(4) Le Dieu du Mal, le Typhon des Grecs dont le rôle est fort obscur.

(5) Toum est la forme du Soleil qui disparaît à l'horizon, c'est Toum qui pour cela symbolise la mort chez l'homme et qui par suite l'empêche de parler ; il entrave donc la parole (la bouche); mais dès que celle-ci est touchée par l'ustensile *Nou* ou par celui dénommé *Khopesch* (fer en forme de cuisse de bœuf) l'usage de la parole est donnée au mort pour le jour de sa résurrection.

rieure. Dit l'Osiris N : Je suis Khepra (1) qui se donne la forme dès la sortie du sein de sa mère (2) étant un chien-loup pour ceux qui sont dans l'Abîme céleste et un Phénix pour ceux qui sont parmi les divins chefs. En tous lieux je puis réunir mes charmes magiques ; l'homme qui circule dans l'Abîme céleste y circule plus vite que ne le feraient des lévriers, il y court plus rapidement que la lumière même. — Amenant vigoureusement la barque, tu la diriges pleine eau, et tu navigues dans le bassin (cercle) de feu dans la divine Région Inférieure. Je puis réunir mes charmes magiques, moi l'Osiris N, et rayonner en tous lieux; et l'homme qui est dans cet état, circule plus vite que les lévriers et que la lumière même. Imitateur du créateur des Dieux, l'Osiris N donne ses charmes magiques à l'homme qui est là, courant plus vite que les lévriers et que la lumière même.

COMMENTAIRES. — Ce chapitre qui, de prime abord, paraît bien incompréhensible, est, au contraire, fort clair. Il signifie que l'homme, en naissant, crée sa situation, qu'il est le gardien-né et l'ami des honnêtes gens et qu'il se réincarne pour

---

(1) Khepra, symbolise l'existence, le *devenir*, c'est-à-dire l'apparition à la vie et partant la réincarnation.

(2) Le texte dit en haut de la cuisse de sa mère.

tâcher d'atteindre aux Entités les plus élevées, celles qui sont parmi les Divins Chefs, c'est-à-dire les Dieux secondaires (*Dii minores*) et que grâce aux charmes magiques, c'est-à-dire à la science sacrée, il arrivera parmi ces Entités avec la vitesse qu'ont les lévriers, et même la lumière, tandis que sans la science, il ne saurait jamais atteindre au but désiré et sa barque n'arriverait jamais au port du salut.

CHAPITRE XXV. — *Faire que l'homme se souvienne dans la divine Région Inférieure.* — Dit l'Osiris N : Je fais en sorte que l'homme se souvienne dans la Demeure, qu'il se rappelle de son nom dans la demeure du feu, au milieu des Dieux. La nuit du compte des années et des mois passés dans la demeure dont je suis le constructeur. J'habite la Grande Demeure. Tous les Dieux au grand complet, j'arrive derrière l'Osiris N, et il prononce ensuite son nom.

COMMENTAIRES. — Le défunt pourvu de science en arrivant dans l'au-delà (la Grande Demeure), se rappelle son nom et par suite les actes qu'il a accomplis dans son incarnation, par le jugement qu'il a subi en arrivant dans le monde astral, où il est protégé par son génie qui arrive derrière lui. Or, nous savons que se placer derrière quelqu'un, c'est se constituer son gardien, son défenseur, son protecteur.

Chapitre XXVI. — *Rendre à l'homme son cœur dans la divine région Inférieure.* — Dans ce chapitre, le défunt ne récupère pas seulement son cœur mais ses autres membres, ses bras, ses jambes, enfin, il déclare que son âme n'est plus emprisonnée dans son corps.

Dans le Chapitre XXVII, le défunt recommande de ne pas se laisser enlever le cœur dans la divine Région Inférieure. L'illustration de ce chapitre montre le défunt mettant l'hiéroglyphe du cœur sur sa poitrine et il est agenouillé devant les Génies Canopes, gardiens des viscères de la momie, c'est-à-dire devant Amset, Hapi, Tiamantew et Kebhsennou.

Les Chapitres XXVIII et XXIX sont la suite du précédent chapitre, l'illustration nous montre un Dieu assis auprès d'un autel et qu'adore le défunt.

Chapitre XXX. — Ce chapitre a pour titre : *Ne pas laisser le cœur de l'homme lui faire opposition dans la divine Région Inférieure.* — L'illustration de ce chapitre nous montre le défunt en adoration devant un scarabée posé sur un support. Ce chapitre était gravé sur les scarabées qu'on plaçait dans la poitrine des morts, c'est pourquoi nous le donnerons ici en entier, mais en *transcription claire*.

L'Osiris N dit : « Mon cœur qui me vient de ma mère et qui est nécessaire à mon existence terrestre, ne te dresse pas contre moi (le jour du jugement), ne témoigne pas en adversaire contre moi, parmi les Divins Chefs (*Dii minores*) de ce que j'ai fait devant les Dieux. Sois avec moi, quant je paraîtrai devant le Dieu Grand, Seigneur de l'Amenti. Salut à toi, O cœur d'Osiris résident de l'Ouest ; salut à vous, Dieux à la barbe tressée, augustes par votre sceptre, dites du bien de l'Osiris N, faites qu'il prospère par Nehbka (1). Je me suis réuni à la terre par le côté occidental du ciel. Après avoir été gisant dans la terre, je ne suis pas mort dans l'Amenti, car j'y suis Esprit pour l'Eternité. A dire sur un Scarabée de pierre dure recouvert d'or, qui sera placé dans la poitrine, le cœur de l'homme après qu'on lui aura fait l'ouverture de la bouche (avec le *Nou*) et qu'on l'aura oint avec de l'huile de tête. A titre de charme, on prononcera sur lui ces paroles : « Mon cœur qui me vient de ma mère, mon cœur qui m'est nécessaire pour pouvoir accomplir toutes mes transformations. »

(1) Personnage qui nous est absolument inconnu.

CHAPITRE XXXI. — *Repousser les reptiles qui viennent enlever les charmes magiques de l'homme dans la divine Région Infernale.* — Ces charmes servent grandement surtout pour repousser les animaux et les larves immondes, car dès son entrée dans la Vie d'outre-tombe, dans l'au-delà, de grands obstacles se dressent devant le désincarné ; il trouve sur son chemin des monstres terribles, nous dit ce chapitre, serviteurs de Set, le meurtrier d'Osiris. Ces monstres sont d'autant plus dangereux que, généralement, ils sont amphibies : ce sont des crocodiles, d'énormes tortues à dure carapace, des serpents et autres reptiles, qui tous se jettent sur le désincarné pour le dévorer (Ch. XXXI à XLI). Si le défunt n'a pas de nourriture mystique en quantité suffisante, c'est-à-dire, comme nous l'avons vu précédemment, de la *science*, il éprouve de véritables effrois ; il peut même croire qu'il est dévoré, et dans ce cas, il ne peut parvenir à la fin de ses épreuves. Au contraire, s'il possède une provision suffisante de science, il fixe ses regards sur les yeux de ces animaux, il les hypnotise et dès lors, il n'a plus rien à craindre d'eux (ils disparaissent, ils fuient, ils fondent) ; tel le dompteur moderne que nous voyons entrer dans la cage des fauves ; s'il s'y montrait poltron, timide et pusillanime, il serait bien vite dévoré. Il faut donc qu'il leur parle en maître, il faut agir de même dans les régions de l'au-delà.

Mais la fixité du regard n'empêche pas toujours les combats, dans lesquels, ajoute le *Livre des Morts*, le désincarné et les monstres s'injurient. Enfin, le défunt, qui après sa victoire va se nommer l'Osiris, parvient à renverser tous ses ennemis et à forcer le passage. Il entonne alors des chants de victoires, dans lesquels il s'assimile à tous les Dieux, dont les membres sont devenus siens (Ch. XLII), c'est dans ce chapitre qu'il dit : « mes cheveux sont ceux de l'Abîme céleste, ma face celle du Soleil, mes yeux ceux d'Hathor ; mes oreilles sont celles du Guide des chemins, mon nez celui du Résident de Sekem, mes lèvres celles d'Anubis, mes dents celles de Selk, mon cou celui d'Isis, mes bras ceux du Seigneur Tat, mon épaule celle de Neith, Dame de Saïs, etc., etc.

Il n'est aucun des membres de l'Osiris N... qui ne soit déifié. Thot protège ses chairs, complètement chaque jour ; aussi ne pourrait-on le saisir par les bras ou les mains. Les hommes, les Mânes, les Dieux, les Esprits ou Entités astrales, ne sauraient lui faire aucun mal, il est *Celui qui sort intact*. Les hommes ignorent jusqu'à son nom : il est *Hier* ; celui qui voit des millions d'années est son nom ; il passe par les chemins supercélestes.

L'Osiris N... est un Seigneur de l'Eternité, il est considéré comme Khepra ; il est Seigneur du diadème, etc., etc. (Il possède toutes les puissances et qualités).

Après les luttes et les travaux de toute sorte, que nous lui avons vu accomplir, l'Osiris N... à besoin de repos, aussi s'arrête-t-il quelque temps pour reprendre des forces et repaître sa faim mystique.

Après ces combats, il lui a fallu éviter de grands dangers : il a échappé au billot, sur lequel on décapite les damnés ; il ne s'est pas égaré dans le désert sans limites, dans lequel on meurt de faim et de soif. Du haut de l'arbre de vie, la déesse Nout lui verse une eau Salutaire et Réconfortante, qui le rafraîchit et lui permet ainsi de reprendre sa route, afin d'arriver à la première Porte du ciel. Là, un dialogue s'engage entre le défunt et la Lumière Divine, qui l'instruit ; ce dialogue présente des analogies frappantes avec celui de Pymander, avec la Lumière Divine (1). Enfin l'Osiris N a

---

(1) Ceux de nos lecteurs qui désireraient lire ce beau dialogue d'un esprit si élevé le trouveront pages 47 et suivantes de notre Isis dévoilée, 2ᵉ édition.

franchi la porte, il continue ses pérégrinations, il avance, mais cette fois, illuminé par cette nouvelle Lumière, à laquelle il a adressé ses invocations. Il passe alors par une série de transformations diverses et revêt la forme de symboles divins de plus en plus élevés et s'identifie avec eux. L'Osiris arrive bientôt à la demeure de Thot ; il la traverse et celui-ci lui remet un Livre, qui contient des instructions qui lui permettent de poursuivre sa route ; il lui donne en même temps de nouvelles leçons de science qui lui seront indispensables (Chap. XC).

L'Osiris arrive en effet sur les bords du fleuve infernal, qui le sépare des Champs-Elysées ; ici un nouveau piège l'attend. Un nautonnier envoyé par Set est embusqué sur son passage, et il essaie, par des paroles insidieuses, de l'attirer dans sa barque, afin de l'égarer et de l'emporter à l'Orient, c'est-à-dire à l'opposé de sa course, où il doit rejoindre le Soleil infernal (Chap. XCIII). Le défunt sort vainqueur de cette épreuve, il démasque la perfidie du nautonnier et il le repousse en l'agonisant d'injures. Il arrive alors devant une autre barque, celle-ci est la bonne, c'est celle qui le conduira sûrement au port (Chap. XCVIII). Mais avant de prendre place dans cette barque, il faut qu'on sache si réellement il est en état d'y monter et capable d'y naviguer, s'il possède, en un mot, à un degré suffisant, la science indispensable pour assurer son salut. Le nautonnier divin lui fait donc subir un examen véritable ; cet interrogatoire est une sorte d'Initiation. Le défunt passe l'examen de capitaine (Chap. XCIX), et, fait curieux, chaque partie de la barque paraît successivement s'animer pour demander le nom qu'elle porte et quel est le sens mystique de son nom.

« Dis-moi le nom du piquet pour amarrer la barque ? — Le Seigneur des mondes, dans ton enveloppe est ton nom. — Dis-moi le nom de la corde ? du nœud attaché au piquet ? — Anubis, dans les circonvolutions du lien, est ton nom. — Dis-moi le nom du maillet ? — L'adversaire d'Apis est ton nom, etc., etc.

Le défunt ayant soutenu victorieusement cet examen, peut alors s'embarquer; il traverse le fleuve infernal et prend pied sur l'autre rive, de l'autre côté de l'eau, et il arrive dans les Champs-Elysées, au sein de la vallée d'Aanrou ou de Balat, dont voici la description : « Est cette vallée de Balat à l'Orient du ciel de 370 perches en longueur et de 140 coudées en largeur. Est un crocodile, Seigneur de Balat, à l'Orient de cette vallée, dans sa demeure divine au-dessus de l'enceinte est un serpent, en tête de cette vallée, long de 30 coudées, le corps gros de 8 coudées de tour (Chap. CVIII). Au midi est le lac des principes sacrés et le Nord est formé par les eaux de la matière primordiale (Chap. CIX).

Un grand dessin montrant cette vallée ouvre le Chapitre CX ; on y voit l'Osiris se livrer aux travaux des champs ; labourer, semer, moissonner et récolter dans les champs divins une ample provision de ce blé de la science qui va lui devenir d'une nécessité absolue, car plus l'Osiris (le défunt) avance, plus il a besoin de la science. Il ne lui reste plus qu'une épreuve à subir, mais c'est aussi la plus difficile, la plus terrible. Conduit par Anubis, il traverse le labyrinthe et à l'aide d'un fil conducteur qui le guide dans les vastes dédales du labyrinthe, il arrive enfin au Prétoire, où l'attend Osiris, assis sur son trône et entouré comme nous l'avons déjà vu de ces quarante-deux Assesseurs ou Juges. C'est le moment solennel où va être prononcée la sentence définitive qui admettra l'Osiris dans la Béatitude ou l'en excluera pour toujours (Chap. CXXV).

Alors commence le dernier et le plus solennel interrogatoire. L'Osiris devra montrer une dose de science assez considérable pour lui donner le droit de partager le sort des *Ames glorieuses*. Chacun des quarante-deux juges portant un nom mystique va interroger le défunt, et à chacun il doit dire son nom et sa signification. Il doit rendre compte ensuite des actes de toute sa vie et cette confession commence par être négative. Le mort, en s'adressant tour à tour à chacun de ses juges, doit lui dire et lui déclarer bien haut, qu'il n'a pas commis tel ou tel autre méfait, cette confession contient tout le code de la morale et de la conscience Egyptiennes.

« Je n'ai pas commis de fautes, s'écrie le défunt, je n'ai pas blasphémé ; je n'ai pas trompé ; je n'ai pas volé ; je n'ai pas divisé les hommes entre eux par mes ruses. Je n'ai traité personne avec cruauté. Je n'ai excité aucun trouble. Je n'ai pas été paresseux. Je ne me suis pas enivré. Je n'ai pas fait de commandements injustes. Je n'ai pas eu une curiosité indiscrète. Je n'ai jamais bavardé. Je n'ai frappé personne. Je n'ai causé de crainte à personne. Je n'ai jamais médit d'autrui. Je n'ai pas rongé mon cœur (c'est-à-dire, je n'ai pas eu à me repentir de quelque mauvaise action). Je n'ai mal parlé ni du roi, ni de mon père (c'est-à-dire de Dieu). Je n'ai pas intenté de fausses accusations. Je n'ai pas pratiqué d'avortement. Je n'ai pas retiré le lait de la bouche du nourrisson, etc., etc. Le défunt poursuit : Je n'ai pas fait de mal à mon esclave en abusant de ma supériorité sur lui (1).

Enfin l'Osiris N.... arrive à énumérer le bien qu'il a fait pendant sa vie : « J'ai fait aux Dieux les offrandes qui leur étaient dues. J'ai donné à manger à celui qui avait faim ; j'ai donné à boire à celui qui avait soif ; j'ai fourni des vêtements à celui qui était nu... etc. (2).

L'Osiris s'étant pleinement justifié, son cœur étant placé sur une balance avec la justice comme contre poids, il n'a pas été trouvé plus lourd ; alors les quarante-deux juges ont reconnu au défunt la science nécessaire. Osiris rend la sentence sur l'Osiris N ; Thot, comme greffier du Tribunal, l'inscrit sur le registre et le mort entre dans la Béatitude.

Ici finit la seconde partie du *Livre des Morts* ; nous avons voulu en donner une analyse succincte pour en faire saisir l'ensemble au lecteur.

(1) Une inscription du tombeau de Béni-Hassan, porte ceci : « Aucun orphelin n'a été maltraité par moi ; aucune veuve n'a été violentée par moi ; aucun mendiant n'a été bâtonné par mes ordres ; aucun pâtre n'a été frappé par moi ; aucun chef de famille n'a été opprimé par moi ; je n'ai pas enlevé ses gens à ses travaux. »

(2) Ne dirait-on pas que la morale chrétienne a été calquée sur ceci ; il n'y a du reste qu'une seule morale !

# CHAPITRE X

LIVRE DES MORTS (*suite*).

Notre ami et ancien collaborateur François Lenormant a écrit dans son *Manuel d'histoire de l'Orient* (LIVRE III, *Les Egyptiens*) à propos du *Livre des Morts* : « La doctrine de l'immortalité de l'âme en était le fond ; mais en même temps, il ne s'en détache pas une conception bien nette de sa personnalité. »

Si nous partageons complètement l'avis de notre regretté ami sur le premier membre de phrase, nous sommes en complet désaccord avec lui sur le second, car la Psychologie Egyptienne enseignait au contraire d'une manière très nette, non seulement l'immortalité de l'âme mais encore sa personnalité,

Tout ce que nous venons de voir le prouve hautement ainsi que ce que nous allons étudier dans la *Troisième Partie* de ce beau livre, partie qui, d'après nous, est la plus remarquable, la plus intéressante et c'est pourquoi nous l'analyserons beaucoup plus longuement que les autres.

Nous demandons pardon au lecteur d'insister si longuement sur le *Livre des Morts* des anciens Egyptiens, mais si nous agissons ainsi, c'est que ce monument contient certainement tout l'Esotérisme Antique, et comme de pareils livres sont extrêmement rares, il nous faut bien les étudier profondément au point de vue de la *Doctrine Esotérique*.

Nous regrettons même que les Savants officiels, les Professeurs d'Orientalisme, les membres de l'Institut et autres savants administratifs ne veuillent à aucun prix voir, dans ce document, l'Esotérisme qu'il contient.

Nous en avons longuement causé un jour avec le baron Textor de Ravisi et ce savant éminent, qui connaît beaucoup d'Esotérisme, nous disait que nos idées étaient fort justes, bien qu'en partie discutables, mais qu'en tous cas, elles étaient fort dangereuses, et que dès lors, on ne devait les émettre devant le grand public qu'avec beaucoup de circonspection.

Je lui rappelai alors que notre ami Chabas partageait ces mêmes idées et le baron de Ravisi me répondit : « oui, c'est très vrai ; mais il s'est bien gardé de les émettre en public, de les publier. »

Vous devriez faire de même, vous agiriez sagement, tel est mon humble avis.

Avant d'aborder l'étude de la troisième partie du *Livre des Morts* nous devons définir les différentes parties de l'homme d'après la doctrine Egyptienne et tout d'abord le mot *Ka*, qui a été l'objet de nombreuses controverses. Ce terme *Ka*, d'une interprétation assez difficile, a été interprété par des auteurs modernes de différentes façons : ainsi que MM. Le Page et Renouf, M. Maspero croit que l'hiéroglyphe de *Ka* désigne le reflet de l'homme après la mort, son *Double;* M. Pierret dit (1) : « Cette supposition est ingénieuse, mais elle ne reçoit aucun appui du caractère idéographique de l'Ecriture Egyptienne : rien dans l'hiéroglyphe en question n'éveille l'idée de dédoublement ou de reflet, mais bien plutôt celle d'alimentation

---

(4) *Livre des Morts*, p. 316.

et de substance, sens depuis longtemps établi par le mot *Ka* et confirmé par le tableau même de ce chapitre (CV). Je crois que le *Ka* exprime la substance corporelle, la personne matérielle, l'individualité de la chair ».

M. Pierret se trompe absolument, comme nous allons voir.

Dans l'Antiquité, comme de nos jours, les termes esprit, âme, périsprit et double étaient trop souvent confondus, et dès lors le mot *Ka* (quelques archéologues ont écrit à tort *Kat*) signifiait tantôt l'un ou tantôt l'autre mot ci-dessus exprimé, mais jamais il ne servait à désigner la personne matérielle, l'individualité, comme le croit M. Pierret.

Quant à nous, nous pensons que ce terme *Ka* représente, dans l'homme, le principe immatériel, le plus spirituel et immortel, donc l'esprit, tandis que le corps astral, le double en sanskrit *Lingâ-Sharira* se nomme *Têt* en Égyptien, l'âme spirituelle, la *Budhi* Hindoue se nomme *Ba*.

Du reste, les Égyptiens reconnaissaient, comme nous, trois âmes à l'homme : L'âme spirituelle *Ba* ; l'âme humaine *Sahu*. *Ab*, *Khou* en sanskrit *Manas* ; l'âme animale *Xaibit* en Égyptien et en sanskrit *Kama Rupa*, ce qui est confirmé par la

Kabbalah qui reconnaît *Neschamah Ruach* et *Nephesch* ; c'est-à-dire trois états divers de l'âme, si on ne veut pas y voir trois âmes (1).

Il y a donc lieu, quand on interprète un texte Egyptien, de bien étudier le passage, pour voir s'il y est question de l'esprit ou de l'âme et de quelle âme ? Nous avons démontré ce qui précède dans *Isis dévoilée* que nous avons publié longtemps avant *Addha-Nari* qui renferme un tableau comparatif des sept principes de l'homme avec une planche en couleurs, tableau juste et parfait.

Dans Isis (page 204, 2ᵉ édition ; 185, 1ʳᵉ éd.) nous avons établi ce double sens du mot *Ka* ; on peut y lire en effet :

« Allons, Osiris Hor-Sa-Aset, ton âme vit par le *Livre de la Résurrection*... Ton cœur t'appartient, tes yeux t'appartiennent et chaque jour ils s'ouvrent. Qu'Osiris, Hor-Sa-Aset soit reçu dans l'autre monde, que son âme puisse y vivre encore et toujours ; que le *Ka* soit récompensé dans son lieu de repos... etc. »

Ce passage prouve donc que *Ka* n'a pas, ne peut pas avoir la signification que lui donne M. Pierret, et en note nous disons, ce terme *Ka*, signifie *Péris-*

(1) Voir dans notre *Dictionnaire d'Orientalisme et d'Occultisme* le mot Nephesch.

*prit, Corps astral*. On voit donc que nous avons donné à ce terme deux interprétations différentes, parce que les textes divers le permettent.

Ajoutons comme conclusion que parmi les génies funéraires, c'est Amset qui est proposé à la garde du *Ka*; Tiamentew à *Ba* l'âme, Hapi au cœur et Kebhsennow à la momie même ou au corps.

Du reste, chez les Egyptiens, l'âme est représentée par un épervier à tête humaine, tandis que le *Ka* est représenté par deux bras en l'air repliés au coude formant ainsi un rectangle, laquelle figure a sur son côté droit ce signe I.

Ce que nous venons de dire au sujet de l'interprétation de *Ka*, démontre donc que dans certaines langues et cela dans toutes les civilisations, il y a eu et il y a des termes qu'on ne peut traduire d'une seule façon, d'une manière unique.

Il y a donc lieu, quand on se trouve en présence d'un manuscrit Egyptien, non seulement de bien étudier le texte qui précède ou qui suit le terme *Ka*, pour se rendre bien compte de son exacte signification, mais aussi de voir si le manuscrit est un original ou une copie, enfin, s'il n'est pas d'une époque de décadence; car tout cela peut fournir des interprétations diverses de ce terme d'une traduction si délicate. Voici au reste un court chapitre d'un *Livre des Morts*, qui se trouve sur les sarcophages : I et II de *Menthouhotep* et sur le sarcophage de *Dagsotem* ainsi que sur une stèle de l'ancien empire qui se trouve à notre Bibliothèque nationale.

Nous en donnons la traduction d'après M. Waldemar Golénischeff, on verra que en traduisant *Ka* par *être*, cette version est incompréhensible, tandis qu'en y substituant le mot *Double* ou *Astral*, le texte devient fort clair.

« Prière qu'Osiris le maître de Mendès, le Grand Dieu, Maître d'Abydos, accorde des offrandes funéraires, des bœufs, des oies, des vêtements, toutes sortes de choses bonnes et pures, dont un Dieu a besoin pour sa vie, au pieux Apa !

Marche avec ton être, marche en compagnie de ton être ; car Set marche avec son être, Thot marche avec son être ; Set marche avec son être, Khons-Sekem marche avec son être ; Doud-thit-K marche avec son être. Marche, O Osiris Apa avec ton être ». O. Osiris Apa le bras de ton être est devant toi ! La jambe de ton être est devant toi O. Pieux Apa véridique ! »

En substituant partout au mot *être* le mot *Double*, ce chapitre est compréhensible ; marcher avec son double. Bras de son double, jambe de son double, etc.

Le terme *Doud-Kit-th*, Doub signifie te prend, doit être un des nombreux noms d'Osiris.

D'après deux Egyptologues, MM. Golénischeff et Wiedemann, les Dieux de l'Egypte auraient possédé leur *Ka;* l'archéologue allemand mentionne que le Ka de Ptah était adoré à Memphis.

Ceci prouve donc bien que les Juifs Kabalistes adoraient le *Ka* de Jéhovah plutôt que Jéhovah même. Seul le grand Prêtre dans le Saint-des-Saints, et cela une fois par an, prononçait le *bon nom* d'El-Schaddaï ou Dieu tout puissant; aussi les juifs auraient cru manquer de respect en prononçant le nom de Dieu et l'appelaient-ils *Adonaï* (Seigneur) et Elohim (Dieu). C'est à cause de cela que l'Inconnaissable avait tant de noms.

La Bible nous donne dix noms de Dieu, savoir: *Ehyeh* (je suis); *Jah Jéhôvah* (celui qui a été, qui est et qui sera); *Elohim* (Dieux); *Elohah* (Dieu); *Elohim-Jéhovah* ; *Géhovah-Tsabaoth* ; *Elohim-Tsaboth*; *Elohaï* (mon Dieu); *Adonaï* (mon Seigneur). Suivant les Kabbalistes les dix noms correspondent aux dix attributs ou Séphiroth de Dieu.

Revenant aux sept principes de l'homme disons que les Egyptiens, en dehors des termes : Ka, T' et Ab, Hati, Xaibit et Sahu, employaient encore deux autres mots : *Xu* et *Nef* pour désigner d'autres principes, à moins toutefois que ces mots ne fussent synonymes d'autres, ce que nous serions disposés à croire. Ainsi *Xu* qui signifie brillant, dans lequel on voyait l'âme brillante, pouvait bien être synonyme de *Ka* ou *Double*, qui peut être très lumineux ; quant au terme *Nef*, il signifiait *Respiration*, c'était la faculté que recouvrait le défunt ressuscité.

Etudions maintenant la Troisième partie du *Livre des Morts* que les Egyptiens dénommaient également le *Livre de la Manifestation à la lumière*.

Avant de passer à l'étude de la Troisième partie du *Livre des Morts* des anciens Egyptiens, nous mentionnerons ici une étude faite par une grande Théosophe, bien qu'elle renferme quelques erreurs.

Ainsi à propos du CHAPITRE LXXXVIII, nous lisons dans la *Doctrine Secrète* de H. P. Blavastky des choses fort curieuses pour ne pas employer une expression malsonnante pour un auteur défunt.

Comme dans cet ouvrage, où il y a de tout un peu, il est question du *Livre des Morts*, à la page 200 de la traduction française, nous lisons :

« *Le cinquième ordre* (des hiérarchies des pouvoirs créateurs) est lié avec le Pentagone microscopique, l'étoile à cinq branches, qui représente l'homme.

« Dans l'Inde et en Egypte, on établissait un rapport entre ces Dhyanis et le crocodile, et leur demeure est le Capricorne. Mais, dans l'astrologie Indienne, ces termes sont interchangeables (1), car le dixième signe du Zodiaque, qu'on appelle *Makara*, est ce qu'on peut à peu près traduire par *crocodile*. Le mot lui-même est interprété occultement de diverses façons, comme on le dira plus loin. En Egypte, le défunt (dont le symbole est le Pentagramme ou Etoile à cinq branches) (celles-ci représentant les membres de l'homme) était présenté d'une façon emblématique comme étant transformé en crocodile. Sebehh (le septième), comme dit M. Gérald Massey, qui en fait comme le type de l'intelligence, est, en réalité, un Dragon et non un crocodile. C'est le *Dragon de sagesse* ou Manas, l'âme humaine, le mental, le principe intelligent appelé dans notre philosophie ésotérique le cinquième Principe.

(1) Ce terme sent quelque peu l'industrie mécanique américaine ; il n'est même usité qu'en technique.

« Selon le *Livre des Morts (le Rituel)*, le défunt *Osirifié* est présenté sous le glyphe d'un Dieu momifié, à tête de crocodile et dit :

« Je suis le crocodile qui préside à la peur... à l'arrivée de son âme parmi les hommes... Je suis le Dieu-Crocodile, âme née pour la destruction. »

C'est une allusion à la destruction de la pureté divine et spirituelle (lorsque l'homme acquiert la connaissance du bien et du mal) et aussi aux Dieux et aux Anges *déchus* de chaque théogonie.

« Je suis le poisson du grand Horus (comme Makara est le *crocodile*, le véhicule de *Varuna*). Je suis fondu en Sekhem ».

Cette dernière phrase corrobore et répète la doctrine du Bouddhisme ésotérique, car elle fait directement allusion au cinquième principe (*Manas*) ou plutôt à la partie la plus spirituelle de son essence ; ce qui se fond dans Atma-Buddhi, est absorbé par lui et devient Un avec lui après la mort de l'homme, car Sekhem est la résidence (ou *Loka*) du Dieu Khem (Horus-Osiris, ou le Père et le fils) ; d'où vient le Dévakan d'Atma-Budhi. Dans le *Livre des Morts*, on montre le défunt comme entrant en Sekhem avec Horus-Thot et « en sortant comme pur esprit ». Le défunt dit :

« Je vois les formes des (moi-même comme divers) hommes se transformant éternellement... Je connais ce (chapitre).

Celui qui le connaît prend toutes sortes de formes vivantes (Ch. LXIV, 29, 30).

Et s'adressant sous une formule magique à ce qui, en Esotérisme Egyptien, est appelé le « cœur ancestral » (le principe qui se réincarne, l'*Ego* permanent), le défunt dit : « O mon cœur, mon cœur ancestral (1), toi qui es nécessaire à mes transformations... ne te sépare pas de moi devant le Gardien des balances. Tu es ma personnalité dans mon sein ; la compassion divine qui *veille sur mes chairs* (corps), *Ibid.* 34, 35).

C'est en Sekhem qu'est cachée la « Figure mystérieuse », l'homme réel, caché sous la personnalité trompeuse, le crocodile triple de l'Egypte, le symbole de la Trinité supérieure, ou Triade humaine : *Atma, Buddhi* et *Manas.*

Une des explications de la signification réelle, quoique cachée, de ce glyphe religieux est facile. Le crocodile est le premier à attendre et à recevoir le feu dévorant du soleil du matin, et il n'a pas tardé à personnifier la chaleur solaire elle-même. Lorsque le soleil se levait, c'était comme

---

(7) Le texte dit : « qui me vient de ma mère » ce qui est différent d'ancestral.

l'arrivée sur la terre et parmi les hommes de
« l'âme divine qui anime les dieux ». C'est ce qui
explique ce symbolisme étrange.

» La momie prenait la tête d'un crocodile pour
montrer que c'était une âme arrivant de la terre.
Dans tous les papyrus le crocodile est appelé Sebekh (septième); l'eau symbolise aussi ésotériquement le cinquième principe; et, comme nous
l'avons déjà dit, M. Gérald Massey démontre que
le crocodile était la « septième âme, l'âme suprême
des sept — le Voyant invisible ». Même ésotériquement, Sekhem est la demeure du dieu Khem,
c'est Horus vengeant la mort de son père Osiris,
c'est-à-dire qu'il punit les péchés des hommes,
lorsqu'ils se désincarnent. C'est ainsi que le défunt Osirifié devenait le Dieu Khem, qui moissonne le champ d'Aanroo » ; c'est-à-dire qu'il
moissonne sa récompense ou sa punition, car ce
champ est la localité céleste (Dévachan) où le défunt reçoit du *blé*, nourriture de la justice divine.
Le cinquième Groupe d'êtres célestes est censé
contenir en lui les attributs doubles des aspects
physique et spirituel de l'Univers ; les deux pôles,
pour ainsi dire, de Mahat, l'intelligence universelle et la nature double de l'homme : la nature
spirituelle et physique. De là vient son nombre

cinq, qui, doublé et changé en dix, le lie à *Makara*, dixième signe du Zodiaque.

« Les sixième et septième ordres (des hiérarchies des pouvoirs créateurs) participent aux qualités inférieures du quaternaire. Ce sont des Entités conscientes et aithérées, aussi invisibles que l'aither; comme les branches d'un arbre, elles sortent du premier groupe central des quatre et développent, à leur tour, d'innombrables groupes collatéraux dont les derniers sont les esprits de la nature ou Élémentals, êtres dont les espèces et les variétés sont sans nombre; depuis ceux qui sont sans formes et comme non substantiels (les pensées idéales de leur créateur) jusqu'aux organismes atomiques invisibles à la perception humaine. Ces derniers sont considérés comme les *Esprits des atomes*, car ils sont le premier pas qui précède l'atome physique et ce sont des créatures de sensations, sinon d'intelligence. Ils sont tous sujets au Karma et doivent le subir à travers chaque cycle ».

Tout ceci est ingénieux, mais nullement justifié ; ainsi, c'est la première fois que nous voyons l'Osiris arrivant dans le monde invisible, dans l'au-delà, avec une tête de crocodile.

Mais poursuivons notre citation : « *Le livre des*

*Morts* donne une liste complète des « transformations » par lesquelles passe chaque défunt pendant qu'il se dépouille, un par un, de tous ses principes, et pour rendre l'idée plus claire, ces derniers ont été matérialisés en entités ou corps aithérés. Il faut ainsi rappeler à ceux qui voudraient démontrer que les anciens Egyptiens n'enseignaient pas la Réincarnation que, dans ce livre, l' « Ame » *sort du Tiaou, le Royaume de la cause de la vie*, et se joint aux vivants sur la Terre dans le *Jour*, pour retourner au Tiaou chaque *nuit*. Ceci exprime les existences périodiques de l'Ego (1).

*L'ombre*, la forme astrale est annihilée, « dévoré par l'Urœus »; les mânes sont annihilés; les deux jumeaux (les quatrième et cinquième principes) seront dispersés : mais l'âme-oiseau, « l'hirondelle divine et l'Urœus de flamme » (Manas et Atma — Buddhi) vivront dans l'éternité, car ils sont les maris de leurs mères.

Voici encore une analogie suggestive entre l'Éso-

---

(1) Ce passage démontre d'une façon indiscutable le principe de la réincarnation et cela, dès une antiquité reculée; aussi sommes-nous plus que surpris d'avoir lu tout dernièrement dans un journal, la *Tribune psychique*, un article fort bien écrit du reste, attribuer le dogme de la réincarnation à la doctrine spirite et traiter de plagiaires les Théosophes qui ont pris cette croyance aux spirites modernes. *Et nunc erudimini* !

térisme Aryen ou Brahmanique et l'Esotérisme Egyptien. Le premier appelle les Pitris les « ancêtres lunaires » de l'homme et les Egyptiens font du Dieu lunaire, Thoth-Esmau, le premier ancêtre humain.

Ce Dieu lunaire exprimait les sept pouvoirs de la nature antérieure à lui et résumés en lui comme sept âmes, dont lui, le huitième, provoquant la manifestation (c'est de là que vient la huitième sphère)... les sept rayons de l'Heptakis chaldéen ou Iao, sur les pierres Gnostiques, indiquent le même septenaire d'âmes... On voyait la première forme du mystique Sept figurée dans le ciel par les sept étoiles de la Grande Ourse, constellation assignée par les Egyptiens à la mère du temps et des sept pouvoirs élémentaires (1).

Nous allons voir ce qu'était le Tiaou, en attendant voici l'explication qu'en donne H. P. B.

« Qu'est-ce que le *Tiaou ?* Les constantes allusions au *Tiaou* contenues dans le *Livre des Morts* contiennent un mystère. Tiaou est le chemin du soleil nocturne, l'hémisphère inférieur, la région infernale des Egyptiens, placée par eux sur le côté caché de la lune, un triple mystère, astronomique-

---

(1) Les sept âmes de l'homme, p. 2. Conférences par M. Gérard Massey.

ment, physiologiquement et psychiquement à la fois ; il traversait le cycle entier de l'existence et revenait ensuite au lieu de sa naissance avant d'en ressortir de nouveau. Le défunt est représenté comme arrivant dans l'Ouest, recevant son jugement devant Osiris, ressuscitant comme le Dieu Horus et faisant le tour du ciel Sidéral (ce qui est une assimilation allégorique à *Ra*, le Soleil), puis ayant traversé Nout (une certaine partie du ciel, l'abîme Céleste) revenait encore une fois au Tiaou, assimilation à Osiris, qui comme Dieu de la vie et de la reproduction, habite la Lune. Plutarque (1) représente les Egyptiens comme célébrant une fête appelée « l'entrée d'Osiris dans la Lune ».

» Dans le Rituel (Ch. XLI) la vie est promise après la mort, et son renouvellement est placé sous la protection d'Osiris-Lunus, parce que la Lune était le symbole de ce renouvellement ou des réincarnations à cause de ses phases mensuelles de croissance, de décroissance, de disparition et de réapparition. Dans le Dankmoe (2), il est dit : « O Osiris-Lunus, toi qui te refais ton renouveau ».

Et Sabekh dit à Sétil (3) : « Tu te renouvelles

---

(1) *De Iside et Osiride*, LXIII.
(2) IV, 5. — Nous ne connaissons pas cet ouvrage, ce doit être le Denmaker.
(3) Nous ne connaissons pas Sabekh ; nous connaissons une

toi-même comme le Dieu Lunus lorsqu'il est enfant ».

Osiris était « Dieu manifesté dans la génération », parce que les anciens savaient mieux que les modernes, les influences occultes réelles du corps lunaire sur le mystère de la conception. Dans les plus anciens systèmes, nous trouvons que la lune est toujours mâle. Soma par exemple, chez les Hindous est une espèce de Don Juan sidéral, un «Roi», et le père (quoique illégitime), de Buddha la sagesse (1). Ceci se rapporte à la connaissance occulte, à la sagesse acquise par une connaissance profonde des mystères lunaires, y compris ceux de la génération sexuelle. Et plus tard, lorsque l'on associa la Lune avec les déesses femelles (Diane, Isis, Artémise, Junon, etc.). Cette connexion reposait aussi sur la connaissance complète de la

---

déesse du nom de Safekh qui a bâti la demeure du défunt (Ch. LVII) ainsi que Sebek, seigneur de la montagne du ciel (Ch. CVIII) ou Dieu des marais (Ch. CVIII) ou enfin Seigneur de Bacis (Ch. CXV).

(1) Nous ne connaissons pas dans l'Antiquité Hindoue de Don Juan, dénommé Soma. C'est une liqueur tirée de l'*Asclepias acida* et par extension Soma est l'époux ou l'amant de la prière. Soma est aussi un Dieu allié à *Indra*. — Les représentations figurées de ce Dieu sont nombreuses, on le voit tantôt en taureau, en oiseau ou en cheval, c'est alors un personnage mythique du générateur par excellence : le soleil, mais jamais, dans aucun texte, il ne figure comme un Don Juan.

physiologie et de la nature féminine (physique aussi bien que psychique).

» Si, dans les écoles populaires d'Occident, l'on enseignait l'astrologie aux multitudes de pauvres et de malheureux (en ce qui concerne, du moins, les propriétés occultes de la lune et ses influences cachées sur la génération), il y aurait peu à craindre que la population s'accrût trop vite, et l'on n'aurait pas besoin pour cela de recourir à la littérature Malthusienne. Car c'est la lune et ses conjonctions qui règlent les conceptions; chaque astrologue dans l'Inde le sait bien. Du temps des races précédentes et au commencement de la nôtre, ceux qui se permettaient des relations maritales pendant les phases lunaires qui rendent les relations stériles étaient considérés comme des sorciers et des pécheurs. Mais maintenant ces péchés d'antan, issus de l'abus de la Connaissance occulte, paraîtraient préférables aux crimes commis de nos jours, par suite de l'ignorance complète de ces influences occultes.

» Mais, tout d'abord, le soleil et la lune étaient les seules divinités psychiques visibles et (par leurs effets) pour ainsi dire *tangibles* (le Père et le Fils) tandis que l'Espace ou l'Atmosphère en général, ou cette étendue du ciel que les Egyptiens appelaient *Nout* était leur esprit caché ou leur souffle. Le père et le fils étaient interchangeables (1) dans leurs fonctions, et ils travaillaient en harmonie dans leurs effets sur la nature et l'humanité terrestres ; on les considérait par conséquent comme *Un*, quoi qu'ils fussent *Deux* Entités personnifiées. Ils étaient tous les deux mâles, tous les deux avaient leur travail distinct, quoiqu'ils fussent en collaboration dans la génération causative de l'humanité »,

Tels sont les aperçus que donne H. P. B. sur une partie du *Livre des Morts*, nous ajouterons encore qu'Isis avait une attribution agraire car, d'après Lucien (2), on suppose que : « cette Déesse présidait aux inondations du Nil, qu'elle inspirait les vents et protégeait les navigateurs ». Ce dernier rôle a aussi un sens mystique qu'une légende gravée sur un sarcophage du musée du Louvre nous fait comprendre, car elle explique le sens de l'action d'Isis et de sa sœur Nepthys qui tendent des voiles enflées, symbole de l'haleine vitale. Nous aurons l'occasion de voir bientôt l'importance que

---

(1) Terme impropre, ne s'applique qu'à des pièces de mécanique.

(2) *L. Apuleii Madaurensis Platonici* Metamorphseos, *sive Lusus Asini*, Livre I<sup>er</sup>.

les Egyptiens attachaient à cette haleine, au souffle vital.

Poursuivant notre étude sur le *Livre des Morts*, nous allons aborder la troisième partie, c'est-à-dire le chapitre CXXVI ; l'illustration en tête de ce chapitre montre le défunt en adoration auprès d'un bassin de feu aux quatre coins duquel on voit assis un cynocéphale. Ces quatre singes font remonter la Vérité vers le Seigneur au-dessus de tout, juge de mon malheur ou de mon triomphe, c'est-à-dire vers le Dieu Suprême — dit l'Osiris. — O Singes qui apaisez les Dieux par la flamme de votre bouche, à qui sont donnés les aliments des Dieux et les offrandes des mânes, vous qui vivez de la Vérité, vous nourrissez la vérité exempte de fraude, détestant le mal, repoussez de moi toutes souillures, dégagez-moi de toute iniquité, que je ne conserve aucune tache, faites que je traverse Ammah, que j'entre dans Ro-sta que je passe par les pylônes mystérieux de l'Amenti. Donnez-moi donc pains et gâteaux comme aux autres mânes.

Telle est l'invocation de l'Osiris N aux Cynocéphales et ceux-ci répondent :

« Entre et sors de Ro-sta, traverse, avance toujours : nous chassons tes fautes, nous détruisons tes souillures, qui sur terre t'ont blessé, nous détruisons également toutes les impuretés qui t'ont souillé. Entre dans Ro-sta, passe par les pylônes mystérieux de l'Amenti, entre et sors à ton gré, comme les autres mânes, et sois invoqué chaque jour au milieu de l'horizon.

COMMENTAIRES. — Ces quatre Cynocéphales ou Singes sont considérés comme des petits dieux protecteurs du défunt juste à qui ils applanissent toutes difficultés pour entrer et sortir de Ro-sta ou Ro-staou, c'est-à-dire *porte du passage*, ou entrée de la Région souterraine du Monde de l'au delà. Dès lors le défunt n'est plus attaché dans cette région, ce que l'on voit par la réponse des singes qui disent au défunt entre et sors à ton gré, tu peux passer également par les pylônes de l'Amenti, c'est-à-dire des Champs-Elysées ou le défunt peut y rester à l'état de pur Esprit pour l'Eternité.

Le chapitre CXXVII a pour titre : *Livre pour invoquer les Dieux de la double retraite.* A dire par l'homme, lorsqu'il les aborde pour voir le dieu, au milieu du Tiaou. L'illustration au-dessus du chapitre montre le défunt, debout auprès d'un autel et adorant trois dieux debout et trois assis.

Comme ce chapitre est assez long nous nous bornerons à l'analyser.

Voici comment il débute :

« Salut à vous, Dieux de la double retraite, qui habitez l'Amenti. Salut à vous, gardiens des portes du *Tiaou*, qui gardez ce Dieu et faites monter les allocutions devant Osiris, etc... Disons que *Tiaou* est le champ de la course nocturne du Soleil, c'est-à-dire de l'Hémisphère inférieur ou de l'espace qui relie l'horizon occidental du ciel à l'horizon oriental.

Les habitants du Tiaou, de la contrée souterraine de la Région inférieure sont dénommés Seigneurs de Toser.

En général toutes les invocations ou incantations qu'on trouve dans le *Livre des Morts* ont pour objet de protéger le défunt au cours de son voyage dans l'Amenti, les formules magiques, au contraire, sont surtout destinées à mettre le défunt à l'abri des innombrables animaux malfaisants. Ces mêmes formules tendent également à empêcher que le corps, tandis que l'âme en est partie, ne devienne la proie de quelques mauvais esprits qui, s'en emparant, le transformeraient en vampire. Les Egyptiens, en effet, étaient persuadés que les mauvais esprits (obsesseurs ou possesseurs) qui tourmentaient les vivants étaient des désincarnés de la pire espèce qui revenaient sur la terre avant d'arriver à l'anéantissement de la seconde mort.

Chabas a donné la traduction d'une formule usitée dans le cas que nous venons de signaler, la voici : O Brebis, fils de Brebis ! Agneau, fils de Brebis qui tète le lait de ta mère la brebis, ne permets pas que le défunt soit mordu par aucun serpent mâle ou femelle, par aucun scorpion, par aucun reptile, ne permets pas que le venin maîtrise ses membres ! qu'il ne soit pénétré par aucun mort, ni aucune morte ! que l'ombre d'aucun esprit ne te hante ! que la bouche du serpent Amkakou-ef n'ait point de pouvoir sur lui ! lui, il est la brebis ! O, toi qui entres, n'entre dans aucun des membres du défunt ! O toi qui t'étends, ne t'étends pas avec lui ! O toi qui enlaces, ne t'enlace pas avec lui !

« Ne permets pas que le hantent les influences d'aucun serpent mâle ou femelle, d'aucun scorpion, d'aucun reptile, d'aucun mort, d'aucune morte. O toi qui entres, n'entre pas avec lui ! O toi qui respires, ne lui souffle pas ce qu'il y a dans les ténèbres ! que ton ombre ne le hante pas, lorsque le soleil se couche et n'est pas encore levé.

« J'ai prononcé les paroles sur les herbes sacrées placées dans tous les coins de la maison ; puis j'ai aspergé la maison tout entière avec les herbes sacrées et la liqueur Hacq, et cela au coucher et au lever de Ra. Celui qui restera étendu à sa place. ».

Commentaires. — Cette formule extrêmement mystique présente des passages fort obscurs pour le lecteur peu au courant de l'Esotérisme Egyptien. Généralement dans le *Livre des Morts*, dans les chapitres qui ont un caractère incantatoire ou qui renferment des formules magiques pour la protection du défunt, c'est celui-ci qui parle et le plus puissant moyen de défense contre les attaques du mauvais génie, consiste à diviniser sa propre substance en l'assimilant toute ou seulement en partie aux Dieux. En effet, des textes et des passages de textes religieux innombrables attestent d'une manière certaine, indubitable, que la Théosophie ou science des choses divines élève l'homme jusqu'aux Dieux, l'identifie à eux et arrive à fondre sa propre substance dans la substance divine ; nous l'avons vu et dit ci-dessus. — Pour arriver à ce résultat final, il existait certaines formules, certains mots mystérieux inconnus du vulgaire, mais que possédaient les Initiés. Ces mots sacrés opéraient cette identification, cette *interpénétration*, cette fusion absolue par une vertu propre, certaine, dont la révélation avait été donnée à l'homme par Thoth même, le Dieu de l'Intelligence. Il suffisait de prononcer ces formules au nom du défunt, sur sa momie et de les écrire sur des phylactères à côté de lui, dans son cercueil, pour le faire bénéficier de leurs effets, de leur puissance et permettre au défunt de parcourir sans danger le Monde Astral, dans lequel le désincarné est environné de pièges de toute espèce (1).

Ces mêmes formules avaient aussi le pouvoir d'exercer sur les Dieux une très grande influence ; mais il y a lieu d'ajouter que les incantations magiques qui avaient pour but de forcer pour ainsi dire les Dieux à obéir présentaient un très grand danger pour celui qui utilisait ce pouvoir formidable, surtout s'il en était indigne, soit par l'ignorance des choses divines, soit par un état d'impureté et une vie de débauche.

Le *Roman de Setna*, traduit par Brugsch, montre les catastrophes extraordinaires qui peuvent atteindre ceux qui, sans y être préparés par une initiation suffisante, veulent se servir du Livre de Magie composé par Thoth.

---

(7) Ceux de nos lecteurs qui voudraient se faire une idée de ce qui se passe dans l'au-delà, n'auraient qu'à lire un beau volume d'un puissant intérêt de M. A. B.; VOYAGE EN ASTRAL ou *vingt nuits consécutives de dégagement conscient*, 1 vol. in-18 de 408 pages ; ainsi que les NOUVELLES ÉSOTÉRIQUES et les ROMANS ÉSOTÉRIQUES du même auteur.

Mais ces formules et ces mots sacrés qui avaient un tel pouvoir dans l'existence d'outre-terre, de l'au-delà, avaient nécessairement le même pouvoir dans l'existence terrestre.

Passons maintenant à l'étude et à l'analyse de la formule elle-même et relevons les passages suivants : Le mort étant considéré comme un être doux, passif, est dénommé *Brebis fils de Brebis,* c'est donc un *Agneau*, qui, dès lors, dans l'Astral est livré à toute sorte d'animaux symboliques par le *Serpent mâle* ou *femelle*, le scorpion ou tout autre *reptile*, et dès lors, le défunt peut être inoculé par leur venin ; *ne permets pas que le venin maîtrise ses membres*, dit la formule, dans laquelle nous lisons ensuite : « O toi qui entres, n'entre dans aucun des membres du défunt ; ô toi qui étends, ne t'étends pas avec lui ? ô toi qui enlaces, ne t'enlace pas avec lui. »

Ce qui veut dire *ésotériquement* : « O toi, Entité méchante de l'Astral qui peux t'emparer des coques astrales, ne t'empare ni du défunt tout entier, ni d'aucune de ses parties » ; enfin la formule éloigne les monstrueux rapprochements de l'Incubat et du Succubat par ces paroles : ô toi qui enlaces, ne t'enlace pas avec lui. »

Et ceci a une telle importance que la formule

conjuratoire revient sur la même idée par ces parole :

« Ne permets pas que le hantent les influences d'aucun serpent mâle ou femelle, d'aucun scorpion, d'aucun mort (Incube), d'aucune morte (succube). O ! toi qui entres (le lingham ou Serpent) n'entre pas en lui. — O toi qui respires, ne lui souffle pas ce qu'il y a dans les ténèbres ! (c'est-à-dire toutes ces mauvaises influences des Entités maléfiques, qui habitent dans les ténèbres, dans l'Erèbe, partie la plus noire, la plus dense de l'Astral et partant peuplée des plus méchants désincorporés, des invisibles les plus abjects.)

« Que ton ombre ne le hante pas, lorsque le soleil se couche et n'est pas encore levé (c'est-à-dire pendant la nuit ; en effet, c'est toujours dans les ténèbres de la nuit que sont plus vivaces et plus puissants les vampires, les larves, les lémures et toutes les Entités maléfiques de l'au delà).

Enfin la formule se termine ésotériquement, ainsi : « J'ai prononcé les paroles sur les herbes sacrées dans tous les coins de la maison, puis j'ai aspergé la maison tout entière avec les herbes sacrées et la liqueur Haq au coucher du soleil et à son lever. Celui qui étend, restera étendu. Ce qui veut dire ésotériquement, que la maison était protégée par les herbes consacrées et odorantes, comme chez les catholiques qui font bénir (consacrer) le laurier et le buis, le jour des Rameaux et qui font également asperger d'eau bénite leur maison ; quant à la liqueur Haq, c'était une boisson fermentée, une sorte de bière qui pouvait également être consacrée ou bénie ; enfin par cette expression : « Celui qui étend restera étendu à sa place », il faut entendre Orisis, l'Osiris infernal (Kent-Ament) dont le nom Egyptien, entre parenthèses, signifie littéralement : Celui qui réside dans l'Occident ; qui devait protéger la momie, nous ne l'ignorons pas, puisque le défunt dans les formules conjuratoires était désigné sous le nom de l'Osiris un tel. Il y a lieu de rappeler ici ce que nous avons dit déjà, que le chapitre LXIV du *Livre des Morts*, dit : « Si ce chapitre est connu, il (le mort) sera proclamé véridique sur la terre de Kher-Neter (Les Enfers) ; il fera tout ce que font les vivants.

C'est là ce qu'a composé un grand Dieu. Ce chapitre a été trouvé à Sesennou (Héliopolis), tracé en bleu sur un cube d'Hématite, placé sous les pieds de ce Dieu. Il a été trouvé aux jours du roi Mycerinus le *Véridique*, par le royal fils Hardoudouf, quand il voyageait pour inspecter les comptes des Temples. Il retraçait en lui un hymne devant

lequel il était en extase. Il l'emporta dans les chariots du Roi, dès qu'il vit ce qui y était écrit. C'est un Grand Mystère. On ne voit, ni n'entend plus (autre chose) en récitant ce chapitre pur et saint.
— Ne t'approche plus des femmes, ne mange ni viande, ni poisson ; mais fais un scarabée ciselé en en une pierre fine, revêts-le d'or, mets-le à la place du cœur de l'individu ; après en avoir fait (de ce chapitre) un phylactère trempé dans l'huile, récite dessus magiquement :

« Mon cœur qui me vient de ma mère, mon cœur est dans mes transformations. »

Dans les papyrus égyptiens, nous voyons souvent : « Fais un phylactère, trempe-le dans l'huile. » Ceci signifie qu'on trempait dans l'huile de cèdre, les phylactères, pour les préserver de la pourriture et prolonger ainsi le plus possible leur durée.

Ajoutons que cette formule : « Mon cœur est à ma mère, mon cœur est dans mes transformations », cette formule se retrouve fort souvent dans les écrits égyptiens. Nous allons la retrouver bientôt dans une autre évocation ; mais, auparavant, nous mentionnerons une autre évocation, tirée du célèbre papyrus Harris; la voici : « Viens à moi, viens à moi ! O toi ! qui es permanent pour des millions de millions d'années ! O Noum, fils unique, conçu hier, enfanté aujourd'hui ! Celui qui connaît ton nom est celui qui a soixante-dix-sept yeux et soixante-dix-sept oreilles.

« Viens à moi ! que ma voix soit entendue, comme le fut celle de la Grande Oie Nu Kak (1) pendant la nuit ; je suis Bah le Grand (2). Voici une autre formule qui avait une efficacité directe dans les pérégrinations de l'âme dans la vie d'outre-terre.

Cette formule était considérée comme un talisman véritable ; elle se trouve très souvent gravée sur des scarabées de pierre dure, que les Egyptiens avaient l'habitude de déposer dans ou sur la poitrine des momies, comme peut en témoigner le chapitre XXX, du *Livre des Morts* :

« Prononcé sur le scarabée de pierre dure qui doit être revêtu d'or et déposé à la place du cœur du défunt. Fais-en un phylactère oint d'huile et dis magiquement sur cet objet : « Mon cœur est ma mère, mon cœur est dans mes transformations ».

Les Egyptiens avaient également les formules conjuratoires pour se garer des animaux dangereux ou assurer la tranquillité des animaux domestiques.

(1) C'est l'oie du Dieu Set qui a pondu l'œuf de la Terre.
(2) Identification peu connue, on l'assimile à Hapi le Nil.

Voici une incantation contre la morsure des serpents venimeux. Celle-ci était renfermée dans une sorte d'étui et se portait également comme talisman, elle appartient à notre Musée du Louvre (1) : « Il est comme Set, l'aspic, le serpent malfaisant dont le venin est brûlant. Celui qui vient pour jouir de la lumière, qu'il soit caché ! Celui qui demeure à Thèbes s'approche de toi, cède, reste en ta demeure ! Je suis Isis, la veuve brisée de douleur. Tu veux t'élever contre Orisis ; il est couché au milieu des eaux où mangent les poissons, où boivent les oiseaux, où les filets enlèvent leur prise, tandis qu'Osiris est couché dans la souffrance !

« Toum, Seigneur d'Héliopolis, ton cœur est satisfait et triomphant. Ceux qui sont dans le tombeau sont en acclamations ; ceux qui sont dans le cercueil se livrent à l'allégresse, quant ils voient le fils d'Orisis renversant les ennemis de son père, recevant la couronne blanche de son père Orisis et atteignant les méchants. Viens ! Relève-toi, Osiris-Sap, car tes ennemis sont tous abattus ! »

Disons ici que le nom mystérieux est considéré en magie égyptienne comme une véritable hypostase divine, mais la conception égyptienne est

(1) TH. DÉVERIA, *Catalogue des manuscrits égyptiens du Louvre*, page 171 et suivantes.

celle-ci dans cet ordre d'idées ; c'est que le nom mystique du Dieu auquel il appartient, exerce sur lui un tel pouvoir, que le Dieu obéit toujours à l'évocation et c'est pour cela que seuls les Initiés en avaient la connaissance, parce que le vulgaire en aurait certainement abusé, s'ils en avaient su le pouvoir.

Si nous poursuivons notre étude sur la Magie égyptienne, nous allons voir qu'elle avait puisé, certainement beaucoup dans l'Inde.

Jamblique, l'auteur supposé des *Mystères des Egyptiens*, prétend « que les noms barbares, les noms tirés des idiomes de l'Egypte et de l'Assyrie ont une vertu mystique ineffable, qui tient à la haute Antiquité de ces langues dont l'origine est divine et a été révélée par la théologie de ces peuples (1).

L'emploi de ces vocables, de ces noms étrangers, de ces mots mystérieux remontent en Egypte à une très haute Antiquité ; ainsi Dévéria, qui nous donne (2) une Imprécation magique de nature funéraire, d'après un papyrus du Louvre, prétend que ce papyrus date de Rhamsès II ; en voici la traduction :

---

(1) Jamblique, *De Mysteriis Ægyptiorum*, IV, 4.
(2) *Catalogue des manuscrits égyptiens du Louvre*, p. 174.

« O Oualpaga ! O Kemmara ! O Kamala ! O Karkhenmou ! O Amaga ! Les Remou ! La Outhoun (1) du Soleil ! Ceci est pour recommander à ceux qui sont parmi vous tous les ennemis (*Aabui*). Il est mort par violence l'assassin de son frère (2); il a voué son âme au crocodile. Pas un pour le plaindre. Mais il amène son âme au Tribunal de la double justice, par devant Mamoure Kahabou (3) et les quarante absolus (4) qui sont avec lui. Celui-ci répond à son ennemi : « O Lion, face noire, yeux sanglants, à la bouche envenimée, destructeur de son propre nom... de son père, la faculté de mordre n'est pas encore enlevée à ceux-ci ».

On voit au commencement de cette *Imprécation magique* des noms tout à fait étrangers et qui pourraient être d'origine hindoue ; ils en ont du moins les désinences.

Abordons le Chapitre CXXVIII, qui a pour titre : *Adorer Osiris* et le tableau qui l'illustre représente le défunt en adoration devant Osiris, Isis, Horus et Nephtis.

« Salut à toi Osiris qui es le Bien et dont la pa-

---

(1) Ce terme signifie *ennemie*.
(2) Set.
(3) Un des noms d'Osiris.
(4) C'est-à-dire les quarante assesseurs du Tribunal d'Osiris.

role est vérité, fils de Nout et premier fils de Seb, grand issu de Nout, roi dans Nifour, Résident de l'Ouest, Seigneur d'Abydos, maître de l'âme suprême, maître de la terreur, maître de l'Atef à Héracléopolis, Seigneur de Nifour, maître de la grande Demeure de Mendès, Seigneur des choses nombreuses aux fêtes de Tatou. — Horus exalte Osiris, son père en tout lieu, s'associant de cette façon à Isis et à sa divine sœur Nephtys, qui parlent par lui dans les Incantations favorables que contient sa poitrine et qui sortent de sa bouche : (par un phylactère).

« Horus fait le salut du cœur de tous les Dieux.

« Ressuscite Horus, fils d'Isis, pour venger ton père Osiris. O Osiris ; je viens à toi. Je suis Horus vengeur pour la vie ; voici des offrandes funéraires en bœufs, oies, et toutes bonnes choses. Ressuscite Osiris ! J'ai frappé tes ennemis. O Osiris ! Tu es venu, ta substance est avec toi, tu t'alimentes même sous ta forme de Ka. Tu es favorisé en ton nom de (on traduit *mâne*). Tu es adoré sous ton nom de Dieu de la force (Bès). Tu ouvres les chemins en ton nom de Ap-Matennou. O Osiris ! J'arrive, je fais que tes ennemis sont sous tes pieds en tous lieux. O Osiris ! tu donnes les substances aux

Dieux, tu répartis les aliments à ceux qui sont dans leurs demeures. »

COMMENTAIRES. — Dans ce chapitre, il y a bien des mots inintelligibles, nous croyons qu'il y a bien des altérations, surtout dans les noms. Disons cependant qu'on traduit généralement le terme *Ap-Matennou*, par « Ouvreur de chemins », ensuite il est question d'aliments, de substance, c'est-à-dire de science, de savoir, idée reproduite dans les maximes du Scribe Ani.

Voici la maxime 63 de ce scribe, telle que l'a traduite M. de Rougé ; à la suite nous donnerons la traduction de la même maxime par Chabas.

« Tu as rejeté derrière toi mes nombreux discours, qui avaient pour but la docilité. L'arbre arraché est laissé sur le champ, il est frappé par l'ardeur du Soleil. L'artisan l'emporte et le place au milieu et il en fait le gouvernail. Le vieillard est le bois éprouvé qui doit régir les cœurs dépourvus de Sagesse. Si tu m'as donné tes dernières paroles ou si tu échappes (à mes leçons), eh bien ! voici quelle est l'image de celui qui a reconnu la force de mon bras : le petit enfant, sur le sein de sa mère n'a qu'un désir, c'est de s'allaiter. Vois ! quand il ouvre sa bouche, ne dit-il pas : « *Donnez-moi du pain !* »

Voici la traduction de la même maxime par Chabas; elle nous paraît de beaucoup préférable. « Le scribe Ani répondit à son fils Khoushotep : « O renonce à ces discours multipliés qui tendent à se faire écouter ! Le bois brisé, resté dans le champ qu'ont frappé le soleil et l'ombre, l'artiste le recueille; il le redresse, il en fait le fouet du chef. Le bois droit sert à faire des meubles délicats.

« O cœur ignorant le jugement ! As-tu fais des serments ou t'es-tu relâché ! Vois, ils crient de la même manière le savant à la main puissante et le jeune enfant encore au sein de sa mère, et dont le seul désir est de téter. Vois ! Il dit, dès qu'il peut parler : *Donne-moi de la nourriture !* »

COMMENTAIRES. — Ce paragraphe montre la nécessité et la puissance de l'éducation, dont il assimile les résultats à ceux qui accomplissent un travail intelligent sur du bois tors et rebelle à l'outil. Ce dernier bois peut être transformé en signe de commandement (honneur et puissance), mais pour faire des meubles délicats et précieux il faut un bois parfait.

C'est toujours une même idée exprimée sous deux symboles différents : *apprendre ; acquérir le savoir, la science ;* car sans elle, l'homme ne peut rien faire. C'est pour cela que l'Egyptien aimait à voyager. Il existait même une sorte d'adage, de proverbe, de phrase exclamative pour exprimer cette idée : « Par Osiris, apprends-moi pourquoi un vieil Ibis comme toi veut quitter les bords du Nil pour de lointains voyages ! »

Ce serait curieux même de rechercher ces sortes de proverbes, en voici quelques-uns qui se présentent à notre esprit.

« Merci, grande Isis, patronne des voyageurs !

« Au lever des Pléiades, je t'enverrai un esclave pour t'avertir !

« Peste et Chamsin ! quelle abjecte couvée de Typhon que ces Juifs ; je ne m'étonne que d'une chose : c'est qu'ils ne naissent pas tous roux et lépreux !

« Je prends à témoin Thoth, le Dieu tutélaire de la science, c'est-à-dire de la Vérité. »

Mais poursuivons notre tâche.

Chapitre CXXIX, titre : *Livre donnant la perfection à l'homme, afin qu'il monte dans la barque du Soleil, avec la suite de ce Dieu.* — L'Illustration de la tête de ce chapitre montre : L'Osiris N... faisant marcher une barque dans laquelle on voit l'oiseau Bennou et une tête d'Epervier. En avant de la Barque, on voit Osiris debout entre un autel et le symbole Tat.

Le *Tat* est un amulette, emblême de la stabilité, c'est pourquoi on le plaçait derrière les statues divines comme pour les soutenir; c'est à tort qu'on dénomme le *tat*, *Nilomètre*. L'extrémité du tat pourrait faire supposer que c'était une *boucle* de ceinture, mais nous pouvons affirmer que c'était bien un amulette.

L'Osiris N... conduit le Bennou vers l'Orient et Osiris vers Tatou. Il traverse la retraite du Nil et foule le chemin du disque. Il fait avancer Sokari dans son char. Il donne la force à la grande vipère en son heure. L'Osiris N. suit, adore le disque, réunit ceux qui sont en adoration; il est le second d'Isis et le troisième de Nephthys et il donne de la force à leurs incantations; il dispose tout en équilibre, aussi repoussant les ennemis, il les fait reculer. Le Soleil (Ra) lui tend les mains, son équipage ne le repousse pas. L'Osiris N... est fort, comme est fort l'Oudja.

COMMENTAIRES. — L'Osiris conduit le Bennou; le bennou c'est le vanneau, c'est-à-dire l'emblême de la Resurrection, symbolisant le retour d'Osiris à la lumière, c'est pourquoi bien des archéologues ont identifié cet oiseau avec le Phénix renaissant de ses cendres. Le Bennou symbolisait aussi l'Astrologie, la *science sacrée.*

Voici ce qu'Hérodote dit au sujet du Phénix-Bennou (1) : « Il existe un autre oiseau sacré, mais dont je n'ai vu que la peinture ; on le nomme *Phœnix.* Il ne paraît que fort rarement en Egypte : tous les cent cinq ans, suivant le dire des habitants d'Héliopolis, et on ne le voit que lorsque son père vient à mourir. Si la peinture que j'ai vue est fidèle, voici comment il serait : ses plumes seraient rouge et or, sa taille et sa forme approchent de celle de l'Aigle. Du reste, on raconte de lui des choses qui me paraissent tout à fait incroyables. »

En effet, ce qu'Hérode nous raconte est tout à fait incroyable, aussi ne le rapporterons-nous pas et nous poursuivrons nos commentaires, en disant que le savant allemand Brugsch dit que ce terme de Bennou était un des noms sacrés de la planète Vénus ; parce que cet astre par ses apparitions successives ( le soir et le matin) indiquait une expression de renouvellement.

Donc Osiris conduit le Bennou vers l'Orient et Osiris vers Tatou, c'est-à-dire vers Mendès. Il donne la force à la grande vipère en son heure et tout ce

---

(1) I, II, 73.

qui suit indique que le défunt a une grande force, une grande vitalité ; puisqu'il *donne de la force aux incantations d'Isis et de sa sœur Nephtis* et qu'enfin il est fort, comme est fort l'Oudja. Or, en égyptien, ce terme exprime le bien-être, la santé, le souffle vital : c'est le synonyme du terme sanskrit *Swara.*

# CHAPITRE XI

### LE LIVRE DES RESPIRATIONS

Nous savons que les Egyptiens attachaient la plus grande importance au souffle, puisqu'ils avaient même un livre fondamental intitulé :

*Le livre des Respirations (Shaï-An-Sin-Sin).*

Ce livre date de la basse époque (du moins l'exemplaire qui est parvenu jusqu'à nous), car on est persuadé que c'est à des matériaux beaucoup plus anciens auxquels on l'a emprunté ; tel est l'avis de M. Maspero (1).

Pour nous, cela ne saurait faire l'objet d'un doute. Ce livre (l'original) a été perdu bien certainement en 51 av. J.-C. lors de l'incendie du Bruckion, qui renfermait 700.000 volumes, la plupart égyptiens. Ce livre était, paraît-il, plus spécia-

---

(1) G. Maspero. *Mémoires sur quelques papyrus du Louvre,* pages 14 et 58.

lement réservé aux prêtres et aux Assistants d'Ammon-Ra (1).

Un égyptologue français, M. J. de Horrach, a fait une traduction du *Livre des Respirations*, d'après le Papyrus du Louvre, qui est en écriture hiératique (n° 3284 du Cat.).

Or voici ce que dit le traducteur, page 3 :

« Le *Shaï-An-Sin-Sin* ne présente pas de difficultés sérieuses au traducteur, sauf dans quelques passages... notamment dans ceux qui renferment des données mythologiques et théologiques, que contient le texte. Je n'y ai touché que légèrement et je laisse aux savants, auxquels ces questions sont familières, le soin de les soumettre à une étude spéciale. »

Ce ne sont pas seulement les données théologiques, mais bien plutôt les données ésotériques qui embarrassent le plus les traducteurs, même les plus savants.

Disons ici qu'il existe un texte imité du *Livre des Respirations*, dénommé *Livre des Respirations second* (2).

---

(1) J. DE HORRACH : *Shaï-An-Sin-Sin*, traduction d'après le Papyrus du Musée du Louvre.
(2) DÉVÉRIA. *Catalogue des MS. Égyptologiques du Louvre*, p. 153.

De tous les égyptologues c'est M. Brugsch qui le premier, a attiré l'attention de ses confrères sur ce beau recueil et en a publié une transcription en hiéroglyphes avec un texte latin, d'après un manuscrit des Musées de Berlin (1). Nous devons ajouter que malheureusement ce texte est incomplet ; il y manque, en effet, une partie du paragraphe 9, les paragraphes 10, 11 *a*. 11 *b* et 12 tout entiers et une partie du paragraphe 14, enfin la prescription finale. C'est à l'aide de ces divers matériaux que nous allons essayer, en nous appuyant sur les textes originaux, de reconstituer ce monument antique dans son ésotérisme le plus parfait.

Ce livre témoigne que l'Antiquité avait des informations que nous ne possédons pas, sur l'anatomie, la physiologie, la médecine, l'hygiène, etc., en ce qui concerne surtout les fonctions de la Respiration et même de la digestion.

Par ces quelques lignes, on voit que ce *Livre des Respirations* attribué à Thoth remplissait le même office que la Science que doit acquérir le Yogi pour se cataleptiser pendant un laps de temps plus ou moins long et puis, ensuite, revenir à la vie commune, comme tous ses contemporains.

---

(4) Shaï-en-sin-sin, *sive liber Metemysychosis veterum Ægyptiorum*, etc., Berolini, 1871.

Ajoutons que ce livre présentait de graves dangers pour la foule, c'est pourquoi nous y lisons : *cache-le, cache-le (ce livre)*.

En effet, par sa connaissance, la foule aurait pu pratiquer de dangereuses expériences.

Voici l'interprétation la plus littérale, en même temps que la plus ésotérique de cet antique monument, dont nous élucidons le plus possible l'ésotérisme par des commentaires et des notes.

*Commencement du Livre des Respirations*, composé par Isis pour son frère Osiris, pour faire revivre son âme (1); pour faire renaître son corps, pour rajeunir par conséquent à nouveau tous ses membres, afin qu'il puisse arriver à l'horizon avec son père le Soleil, et pour que son âme se lève au ciel, dans le disque de la Lune. Pour que son corps brille dans les étoiles de *Sahu*, c'est-à-dire dans Orion, au sein de *Nu-t*.

Afin que ces choses s'accomplissent également en faveur de l'Osiris N... Père, Prophète d'Amon-Ra, Roi des Dieux, Prophète de Khem-Amon-Ra, Taureau de sa mère, maître de sa grande Demeure, Osiris Hor-sa-Aset soit justifié fils du même Nes-

(1) Tout ce qui suit est tiré de notre volume L'Art de respirer, pages 81 et suivantes qui vient de paraître.

Paut-ta-ti, justifié. — Cache, cache. — Ne le fais lire à personne. Il profite à celui qui est dans le Kher-neter. Cette personne vivra de nouveau et véritablement, des milliers de fois.

COMMENTAIRES. — Sahu, nous l'avons vu, c'est Orion ; cette constellation brille au firmament personnifié par la Déesse Nu-t.

Mais pour arriver à Sahu, il a fallu au défunt connaître le *Livre des Respirations*, car ce n'est qu'en sachant respirer, qu'il peut faire *revivre* son âme et son corps et *rajeunir* ses membres, et alors Osiris pourra atteindre dans l'horizon, c'est-à-dire dans l'espace, le septième cercle (le Soleil), celui du feu, c'est-à-dire celui que seuls peuvent atteindre les Entités les plus pures, les plus élevées. Les hommes en général peuvent aller dans l'astral, dans le Dévachan même, mais aucun ne saurait atteindre le septième cercle ou sphère, car il serait immédiatement consumé par le feu.

Enfin cache, cache, s'applique au Livre, comme nous l'avons dit. Les Grands Initiés, les Prêtres d'Amon-Ra, devaient seuls posséder ce LIVRE. Disons ici que l'Osiris N... désigne le défunt pour qui était écrit le livre, déposé dans son cercueil, auprès de la momie.

Poursuivons le dépouillement de l'antique Papyrus. Dire :

O Osiris N... Tu es pur, ton cœur est pur, ta partie antérieure a été putrifiée, ta partie postérieure a été lavée, ton intérieur (abdomen) a été rempli de Bat et de Natrum. Aucun de tes membres n'est souillé par des fautes. Osiris N... a été purifié par des ablutions. Des champs de Hotep au nord des champs de Sanehemu, les Déesses Uati et Nexeb t'ont rendu pur à la huitième heure de la nuit et à la huitième heure du jour. Viens Osiris N... Entre dans la salle des deux Déesses de Justice ; tu es purifié de tout péché, de toute faute, de tout crime ! Pierre de vérité est ton nom. O Osiris N..., tu peux pénétrer au ciel inférieur à la suite de ta grande purification. Les Déesses justices t'ont purifié dans la Grand'Salle et toi-même t'es purifié dans la *Salle de Seb* ; tes membres l'ont été encore dans la Salle de Shu. Tu vois Ra à son coucher... *Atum*. Le soir, Amon est auprès de toi pour te *donner le souffle*, et Ptah pour former tes membres. Tu entres à l'horizon avec le Soleil et ton âme est admise dans la barque Neshem avec Osiris, car ton âme est divinisée dans la demeure de Seb, car tu es justifié à perpétuité et éternellement.

Ici finit la première page du *Livre des Respirations*, qui reproduit les colonnes 44, 45 et 46 d'un chapitre du *Livre des Morts*; cette fin de page a trait à l'embaumement.

Commentaires. — Le Yogi avant d'entrer en catalepsie, en *sommeil léthargique*, doit être purgé, nettoyé, lavé, être en un mot le plus pur possible, ce que nous voyons que les Egyptiens appliquent à la momie, dont on remplit même l'abdomen avec du Bat, c'est-à-dire avec une substance aromatique, mais que nous ne connaissons pas, son nom hiéroglyphique était écrit avec le bas de la jambe de l'homme, une main allongée, une couronne, etc. Quand la momie est purifiée, elle peut atteindre les *Champs de Hotep*, c'est-à-dire littéralement *les Champs de repos*. Cette purification et cet embaumement avaient une grande importance, aussi se faisaient-ils sous les yeux des Déesses Uat'i et Nexeb, qui présidaient au lavage, au nettoyage et à la purification du ventre de la momie; ce lavage se faisait avec une sorte de lotion particulière, que nous ne connaissons pas. Ces mêmes Déesses symbolisent ordinairement le *Nord* et le *Midi*.

. . . . . . . . . . . . . .

Nous ne poursuivrons pas plus loin la citation de ce *Livre des Respirations*. Ce qui précède montrera suffisamment l'importance que les anciens Egyptiens attachaient aux *Souffles*.

Les Egyptiens considéraient, du reste, ce livre comme un talisman véritable, qu'ils donnaient aux morts. Mais les vivants *Initiés* qui savaient lire entre les lignes, possédaient là un véritable Traité dans lequel ils puisaient toutes les notions qui pouvaient leur être utiles pour éviter les maladies de toute sorte.

Après cette digression importante, revenons à notre sujet, au *Livre des Morts*, pour y étudier le Chapitre CXXX, dans lequel il est encore question du Souffle.

# CHAPITRE XII

### LE LIVRE DES MORTS (*fin*).

Voici son titre : *Livre faisant vivre l'âme pour l'éternité, la faisant monter dans la barque du soleil pour aller vers les chefs du Tiaou, ce livre a été composé le jour de la naissance d'Osiris.* L'illustration de son entête nous montre la Barque Solaire montée par Ra ; il est accompagné de deux personnages (des Dieux probablement) et du défunt.

Voici son texte, qui ne comporte pas moins de 30 lignes, aussi donnerons-nous les *Commentaires* au fur et à mesure de leur utilité et non à la fin.

« S'ouvre le ciel, s'ouvre la terre, s'ouvre le Sud, s'ouvre le Nord, s'ouvre l'Ouest, s'ouvre la double chapelle du Sud, s'ouvre la double chapelle du Nord. S'ouvrent les portes et que les pylônes de Ra, par lesquels il sort, lui livrent également passage. La barque Sekti ouvre les portes, la barque Mat ouvre les pylônes. Le Dieu Shou donne le Souffle, Tefnout crée celui qui le sert parmi ses serviteurs. L'Osiris N... est des serviteurs de Ra, il reçoit sa récompense dans l'Asile, comme Horus s'élevant vers les mystères de sa demeure, dans le sanctuaire de sa chapelle. Dieu le juge d'après ce qu'il aime ».

Commentaires. — Tout le commencement de ce chapitre indique la délivrance du défunt où tout est ouvert devant lui au Nord, au Sud, à l'Ouest, mais non à l'Est, c'est-à-dire à l'Orient qui indique des plans supérieurs ou demeure du grand Dieu, du *Dieu unique, qui n'a pas de second*.

Shou qui donne le Souffle est le fils de Ra, le *Soleil levant* qui chasse de l'espace, de l'astral, les mauvaises Entités, les *Esprits du mal* qui fuient à son approche affolés par la terreur que leur inspire Shou (la lumière, la force, le souffle). — Aussi les Egyptiens pour symboliser cette puissance représentent Shou comme soutenant la voûte du ciel et ayant la tête surmontée du signe *Peh* qui signifie *force*. Ses statuettes le représentent agenouillé et les bras en l'air, comme un homme supportant un fardeau (un Atlante). Quand ce Dieu est associé à

Tefnout ou Tewnout, la Déesse dont il est question dans notre chapitre, ces deux divinités sont alors dénommées le *Couple de lions*. On peut voir au Musée égyptien du Louvre, salle des Dieux, des représentations figurées de ce couple de lions en terre cuite émaillée et en bronze.

Poursuivant le texte de ce même chapitre, nous y lisons : « L'Osiris N... ne connaît que la Vérité, il en fait connaître la valeur. Il ne peut souffrir les actes de rébellions du Dieu *Abs* isolé (sans astres auprès de lui). Ni Ra, ni Osiris ne lui font obstacle. Il n'est pas repoussé. Les actes sont dans ses mains. L'Osiris N... ne marche pas dans la vallée des Ténèbres ; il n'entre pas dans le bassin des immolés ; il n'est pas un seul instant dans le lot des victimes.

« Il n'y a pas de sacrifice de lui à l'état de prisonnier dans un lieu funeste. Que sa face soit mise à l'écart, derrière le billot du Dieu Sepet. Invocation à vous, Dieux de la cuisse. (La constellation de la Grande Ourse). Il dissipe les effluves de Seb par la lumière, etc., etc. »

COMMENTAIRES. — Nous ne poursuivons pas plus loin la lecture de ce chapitre, parce qu'il y a évidemment des erreurs de copiste, car bien des passages sont absolument incompréhensibles ; nous ne mentionnerons donc ici que la ligne 15, dans laquelle il est question des rébellions d'Apap et non d'Abs, comme il est dit, certainement à tort, ci-dessus ; voici ce passage :

Tu arrives (l'Osiris N...) proclamant la Vérité, car il y a une enceinte de fer dans l'Amenti, qui a raison des rébellions d'Apap. Lui, l'Osiris N... est le double Lion, il proclame les protections qui sont en lui à l'extrémité de la Grande Demeure et tu l'écoutes ».

Le titre du CHAPITRE CXXXI est : chapitre de *Voyager au ciel auprès de Ra* ; en voici le texte d'après M. Pierret.

« O Ra rayonnant cette nuit, quiconque est de tes serviteurs est vivant serviteur de Thot qui fait se lever Horus cette nuit ; c'est une joie pour Osiris, quand il est l'un de ceux-là. Ses ennemis sont repoussés par les flèches de l'Osiris N... qui sert Ra et reçoit de lui son arme. Arrive en toi son père Ra. Il suit Shou, invoque le diadème, se substitue à Hou, enveloppé dans le voile de la route de Ra, sa splendeur. Ce chef atteint aux extrémités de l'horizon. Le diadème le repousse. L'Osiris N... se lève. Ton âme te suit ; ton âme est forte par ta crainte et ta terreur. L'Osiris N... donne les ordres dictés par Ra au ciel. Salut à toi, Dieu grand à l'est du ciel. Va dans la barque de Ra en épervier sacré exécutant les ordres dictés, frappant en maître de sa barque, il navigue en paix vers le bon Amenti. Toum lui dit : Est-ce que tu entres ? La vipère Mehen, c'est une série de millions d'années en étendue, de Our à Nifour. Le bassin de Millions d'années, tous les Dieux s'y agitent. Le Dieu qui partage les paroles y fait son chemin de millions d'années, Seigneur sans égal, dont le chemin est dans le feu. On marche dans le feu, quand on vient derrière lui. »

COMMENTAIRES. — Le titre signifie, voyager dans l'Astral, auprès du dieu Ra nocturne, c'est-à-dire pendant la nuit, pendant le sommeil. Et quiconque est le serviteur de Dieu est aussi serviteur de Thot, du grand Thot le *Seigneur des écrits sacrés, des divines paroles*. C'est ce même Dieu qui personnifie l'intelligence divine, qui a présidé à la création du monde, c'est pourquoi il est dit dans ce chapitre qu'il fait se lever Horus dans la nuit. Comme créateur du monde il a chassé devant lui le *Chaos* et il a mis en fuite les *ténèbres primordiales*, ce qui signifie aussi dans l'ordre spirituel, qu'il chasse de l'âme de l'Osiris N... la nuit, les ténèbres, toutes les obscurités qui pourraient obscurcir l'intellect du défunt. Il chasse aussi de l'âme du défunt les préjugés, les erreurs, les mauvais principes, qui sont *les ennemis* véritables de l'homme.

Mais de même que l'Osiris N... vogue dans l'astral avec Ra et Thot, il *suit* également *Shou*, nous dit ce chapitre ; or, Shou est le fils de Ra, parce que le soleil levant est le successeur du soleil de la veille, le triomphateur des mauvaises puissances. Que signifie l'expression : *Invoque le Diadème ?* elle veut dire au mort : Invoque la force, la puissance de Dieu qui porte le *Pschent* ou la Double Couronne et tu n'auras rien à craindre, surtout en se substituant à *Hou* qui est le Dieu-substance, c'est-à-dire le Dieu de la force, des sensations et des aliments, c'est pourquoi il escorte le Dieu Ra. Enfin toute la suite du chapitre indique la puissance acquise par l'Osiris (le défunt), pensée traduite par ces expressions... *Il donne des ordres au ciel, ordres dictés par Ra... Il va dans la barque de Ra en épervier sacré... il dicte des ordres en frappant dans sa varque*, c'est-à-dire en souverain maître... *Il navigue vers le bon Amenti...* c'est-à-dire dans la partie heureuse de la Région Infernale, dans les Champs-Elysées, etc., etc. Ajoutons que *Shou* dont il est question dans ce chapitre symbolise le soleil dans sa force ; il a triomphé du chaos par sa victoire sur les mauvais principes dénommés « les Enfants de la rébellion. »

Passons au chapitre suivant CXXXII, qui est fort court ; il a pour titre : *Faire circuler l'homme pour qu'il voie sa demeure dans la région divine inférieure ;* une illustration montre le défunt debout devant un édicule, une chapelle ou *Naos*. En voici le texte : « Je suis le lion issu de l'arc, dardant et qui est l'œil d'Horus. Son époque, c'est l'arrivée de l'Osiris N... au cours d'eau avançant heureusement. »

Commentaires. — Ce court chapitre est d'une interprétation fort difficile ; nous savons que le lion était l'emblème du courage royal surtout sous la XVIIIe dynastie, mais que peut bien vouloir dire un lion, issu de l'arc, dardant et qui est l'œil d'Horus ? Nous supposons que ce chapitre a été fortement altéré, d'où sa traduction et surtout son interprétation impossibles.

Le Chapitre CXXXIII a pour titre : *Donner la perfection au défunt au sein du Soleil* ; quant à l'illustration, elle nous montre le défunt qui dirige une barque dans laquelle se trouve un *Naos* contenant l'image de Ra insérée dans le *Disque*. La barque vogue dans un ciel parsemé d'étoiles. Voici le texte : « Ra se lève à l'horizon, la troupe de ses dieux le suit à la sortie du dieu de la demeure cachée. Il foule le sol de l'horizon oriental du ciel sur la parole d'Isis qui prépare la voie de Ra. Aussitôt marche le chef et Ra dans son Naos aspire le vent, celui du Nord. Il avale les entrailles de Beba au fond de sa poitrine, etc., etc.

Commentaires. — La suite de ce chapitre est très difficile à expliquer parce que le copiste a évidemment corrompu le texte primitif, non seulement dans ce chapitre mais encore dans les suivants; aussi nous ne poursuivrons pas plus loin l'étude du *Livre des Morts*. Espérons qu'un nouvel exemplaire de cet important monument sera découvert un jour ou l'autre et permettra de rectifier tout ce qui est aujourd'hui fautif, et passons aux conclusions, qui nous permettront de fournir des explications complémentaires générales.

Conclusions. — Dans le chapitre premier, nous avons vu que le défunt est Dieu. En entrant dans la tombe il est Osiris, quand il en sort, il est Horus le matin (soleil levant), Ra à midi et Toum le soir (soleil couchant).

A son coucher, le soleil paraît s'enfoncer dans la terre et chaque matin il paraît en sortir pour recommencer sa course quotidienne sur la Terre personnifiée par le Dieu Tanen, qui est dit *soulever le soleil pour le recevoir dans son sein*.

On voit par les lignes qui précèdent quel respect les Egyptiens professaient pour le défunt.

Presque dès sa mort, c'est-à-dire à son entrée dans la tombe, l'apothéose de l'homme commence pour l'Egyptien qui a été enseveli selon les rites sacrés, c'est-à-dire prescrits par la religion. Une fois les prières et cérémonies accomplies et muni de son exemplaire du *Livre des Morts*, présent de Thoth, le défunt (l'Osiris) s'identifie avec les formes diverses de la Divinité. On le nomme Osiris, par ce que ce dieu était considéré comme l'être bon par excellence, aussi regardait-on comme les ennemis de ce Dieu, les mauvaises actions, les crimes, en un mot toutes les manifestations du mal, parmi lesquelles se trouvent les péchés des hommes. Et pour bien faire comprendre l'inflexibilité de ce Dieu juste, on le surnommait l'*immobile de cœur, celui dont le cœur ne bat plus*, etc.

On surnommait ausssi Osiris, le *Chef des chefs divins*, le Grand corps qui réside dans Héliopolis (Papyrus Harris, traduction Chabas) parce qu'Osiris avait un de ses tombeaux à Héliopolis. Nous venons de mentionner le Papyrus Harris, ce monument assimile les *voyantes* aux *animaux les plus dangereux dont il est nécessaire de museler la bouche.*

Chabas (Mélanges, *série III*) laisse supposer que ces femmes formaient un corps de police secrète ; nous pensons que c'est là une erreur. De tout temps et dans tous les pays, la police a utilisé tous les moyens pour exercer son *bon* fonctionnement, et il est bien possible que la police égyptienne ait utilisé ce corps d'état, mais c'était une profession libre. Ajoutons que bien des Initiés étaient aussi *Voyants* ; dans le CHAPITRE VI : *Traverser le dos d'Apap*, qui est le serpent, qui est le mal, nous voyons : Dit l'Osiris N... O Unique en cire (statuette servant de talisman), qui enchaînes et entraînes à la destruction, vivant de ceux qui ne sont plus, je ne suis pas immobile (c'est-à-dire mort) pour toi ; ton poison (il s'adresse au serpent) ne pénètre pas mes membres, car pour toi je suis caché (je n'existe pas). Je suis l'Unique dans l'Eau Primordiale... Je sais, je sais (c'est-à-dire je suis *Initié*), partant, je vois, je suis clairvoyant, donc Apap ne saurait surprendre l'Osiris N...

La statuette ou figurine en cire était considérée comme amulette.

Dans le CHAPITRE CV, nous avons vu qu'une colonnette en spath vert était aussi considérée comme un amulette, qui reproduisait l'hiéroglyphe de la prospérité ; cet amulette était placé au cou de la momie d'après le Chapitre CLIX. La chaleur était considérée comme un des éléments essentiels de la vie, aussi le Chapitre CLXII, avait pour but de produire la chaleur sous la tête du défunt, tandis que le Chapitre CLXIII avait pour but d'empêcher le cadavre d'être endommagé dans la Région souterraine et cependant il y avait chez les Egyptiens un *bassin de feu* pour absorber les cadavres, ce qui démontre qu'il y avait lieu d'incinérer certains cadavres, qui sans cela n'auraient pu atteindre de longtemps la seconde mort. Il y avait du reste un Dieu-Flamme (*Aseb*) qui commandait une des sept salles d'Osiris, la seconde ; quelques textes nomment ce même Dieu *Asbu* et l'assimilent à Osiris, que le Chapitre CXXV dénomme *Ame double, Maîtresse de la Vérité.*

A propos d'une mention de la Doctrine secrète, nous avons dit que c'était bien à tort que H. P. B. donnait au défunt une tête de crocodile, c'est là un fait absolument inexact pour beaucoup de motifs ; d'abord le crocodille était considéré comme un animal malfaisant, ce qui va tout à fait à l'encontre de l'idée que les Egyptiens avaient du défunt, c'est même pour cela que le *Livre des Morts,* Chapitre XXXII, donne une Conjuration pour repousser les attaques de ces amphibies ; ensuite le défunt demande (Chapitre LXXII) à être sauvé du crocodile ; le Chapitre CXXX, nous apprend que le défunt ne marche pas sur les crocodiles, qu'il les déteste, ce qui veut dire qu'il se tient éloigné d'eux, il ne risque donc pas de fouler à ses pieds ce saurien ; du reste nous savons que le défunt *est un pur Esprit* pour l'éternité devant le Dieu de la face, c'est-à-dire devant Ra, devant le soleil. Il y aurait beaucoup à ajouter sur ce défunt, mais il faut savoir se borner, cependant nous devons encore dire quelques mots au sujet de l'Osiris N... Ainsi la mythologie égyptienne reconnaissait des *Astres non voyageant* parmi lesquels se cachait le défunt et des *Astres voyageurs* faisant partie de la garde du Soleil parmi lesquels (Chapitre XV) pouvait pénétrer le défunt. Le Chapitre LXXI, nous dit que le défunt est la plante d'*Anrouteph*. Que désigne ce dernier terme ? Une localité qui se trouvait au Nord de Ro-staou et dont les chefs étaient Ra, Osiris, Shou et Baba ; ce dernier était le gardien de la porte de l'Amenti et le dévoreur des multitudes ; rien ne pouvait enrayer les efforts de Baba, seul le Phallus d'Osiris avait le pouvoir de le maintenir dans un état d'immobilité. Ce symbole signifiait que ce chef Baba était incorruptible et d'une activité dévorante ; que rien ne pouvait l'empêcher de remplir son office, si ce n'est la vigueur la force, le pouvoir, la virilité d'Osiris ; c'est pour cela que le défunt ne pouvait parcourir les diverses régions de l'Amenti que sur la *barque solaire* de ce *Collecteur des âmes ;* le défunt pouvait ainsi parcourir les champs d'Aanrou, mais il ne pouvait que traverser sans y séjourner une localité dénommée *Ammah* qui contenait les mystères que seuls les Dieux pouvaient connaître. Or pour traverser les diverses localités de l'Amenti, le défunt devait passer par une succession de rôles (*personæ*) divins, c'est-à-dire par une substitution de formes, ce que le Chapitre LXII rend par cette figure : « Aam est le Dieu qui mange son héritier ».

Par ce que nous avons vu précédemment, il est bien évident que l'ancienne Egypte possédait une civilisation très avancée ; qu'en fait de science, d'art, d'industrie même, les Egyptiens avaient des connaissances aussi étendues, sinon plus étendues que les nôtres. Devant la constatation de ce fait, si important, le lecteur se demandera certainement pourquoi un peuple aussi avancé a pu complètement disparaître de la face du monde. La réponse est facile ; la voici : c'est que l'ancienne Egypte a commis un crime de lèse-humanité d'où son châtiment, d'où sa disparition du Globe.

Ce crime se trouve consigné et constaté dans un opuscule aussi curieux qu'intéressant de M. Léon Mayou, opuscule qui a pour titre « Les secrets des Pyramides de Memphis (1). »

Voici ce que nous lisons dans cette remarquable étude : « Les sources du Nil ont toujours été la préoccupation du genre humain, quatre siècles, après Homère, Hérodote consacre de longues pages au Nil et à ses bords, mais il n'a pu rien recueillir sur son origine...

« Un grand écrivain du premier siècle expose le fait à Jules César : Ton désir, ô César ! est de connaître les sources du Nil. Ce fut aussi celui des Pharaons, que nous ont envoyés la Perse et la Macédoine. Aucun siècle n'a voulu laisser cette découverte aux siècles suivants ; mais la nature impénétrable garde son secret.

« Alexandre, le plus grand des rois que Memphis adore, voulut aussi le lui dérober et envoya dans ces lieux des Ethiopiens aux extrémités de la terre. La zone brûlante du monde les retint consumés au bord du Nil Bouillant. Avant lui notre Sésostris, qui parcourut la terre du Levant au Couchant et courba le front de ses rois sous le joug de son char, put se désaltérer aux eaux de vos

(1) Une br. in-8º de 55 pages. Paris, Chamuel, éditeur.

fleuves, le Rhône et le Pô, mais non à celles du Nil, à sa source. Follement atteint du même désir, Cambyse parvint jusque chez des peuples qui ont le privilège d'une longue vieillesse et là, manquant de vivres et forcé de se nourrir des cadavres es siens, il revint sans avoir soulevé tes voiles ô Nil (1). »

Il résulte du reste des récits de tous les historiens que les Grands Prêtres égyptiens Sotems (2) avaient seuls le secret des Pyramides de Memphis relativement à l'origine du Nil.

Quel était ce secret ? C'est ce que nous allons voir.

Autrefois le Sahara était un pays fertile et très peuplé parce qu'il était arrosé abondamment avec des eaux provenant des lacs du centre de l'Afrique, lacs qui formaient les sources mêmes du Nil. Puis tout à coup la sécheresse succède à la fraîcheur et le désert à la luxuriante végétation, parce que les Pharaons ont créé un *Nil artificiel* en draguant,

---

(1) LUCAIN. — *Pharsale*, LIVRE X.

(2) Le terme *Sotem* ou *Sam*, qui est un titre sacerdotal (ceci est incontestable), peut signifier à la fois *grand prêtre* et *Auditeur*. C'est lui qui assistait le Kher-heb ou Maître des Cérémonies, et c'est sous la direction de celui-ci qu'il exécutait l'opération de l'ouverture de la bouche de la momie (Ap-rou) avec l'ustensile en fer dénommé tantôt *Mas*, *Khopesh*, *Mesekh* et *Nou*. Le Louvre possède un échantillon de cet ustensile sacré (Vitrine V, *salle Civile*.)

pour leur seul profit, toute l'eau de l'Afrique et l'ancien Héden ou Paradis terrestre situé au sein de l'Afrique est transformé en désert, en notre Sahara actuel.

La magnifique étude de M. Léon Mayou démontre d'une façon indiscutable la création criminelle du Nil et par suite la stérilisation du Sahara, qui en a été la conséquence.

Aujourd'hui, nous, Français, subissons les dommages causés par cette criminalité, dans nos colonies africaines, dans nos colonies d'Alger et de Tunis ; et ce ne sont pas MM. les Anglais qui nous aideront à réparer le crime commis par les Egyptiens, car il faut bien avouer que la création du canal de Suez, 2.300 ans après la création du Nil artificiel, a consommé la ruine du continent noir et par suite de nos colonies africaines.

Pour arrêter cette ruine et rendre riches et prospères nos colonies, il faut créer une mer intérieure en Afrique. La question que nous posons n'est pas nouvelle ; mais jusqu'ici, elle a été mal comprise et mal présentée par son promoteur le colonel Roudaire, de sorte que l'on a beaucoup parlé, beaucoup discuté, beaucoup *missionné*, mais on n'a abouti à rien.

Et depuis longtemps, depuis toujours, notre

belle colonie manque d'eau. Les puits souterrains ou artésiens qu'on a créés se dessèchent ; les belles oasis perdent leur fraîcheur et nous ne faisons rien pour parer au véritable désastre qui surviendra fatalement un jour, jour plus prochain qu'on ne croit.

Pour éviter ce désastre imminent, il faudrait créer une mer intérieure en Afrique, la *Mer Roudaire*, qui, transformant le Sahara en une plaine liquide de 400 kilomètres de longueur, ferait du même coup de l'Afrique desséchée, le pays le plus fertile du monde, et la rendrait telle qu'elle était au commencement de la période historique et ferait surgir de ses sables, l'Héden retrouvé.

Veut-on des preuves de ce que nous avançons ? Remontons jusqu'au premier siècle de notre ère, jusqu'à l'historien Pomponius Méla qui nous parle du lac *Triton*, dont les eaux sont supérieures à celles de la Méditerranée et qui, situé au sud-ouest de la petite Syrte, était traversé par une rivière le Triton, qui se jetait dans la petite Syrte, près de Tacane.

Ainsi, un siècle après Jésus-Christ, le lac Triton n'était pas encore desséché et son niveau, nous dit Pomponius Mela, était supérieur à celui de la Méditerranée.

Donc le projet Roudaire qui consiste à amener les eaux de la Méditerranée dans le Sahara, n'est pas réalisable.

Où faut-il donc aller chercher cette eau pour créer cette mer intérieure indispensable ?

Cette simple question demanderait de très longs développements, car ce serait l'aménagement complet de l'hydraulique africaine, principalement de la région de l'Ouganda, qu'il nous faudrait étudier ; aussi nous bornerons-nous à exposer en quelques lignes notre systeme qui consisterait :

1° A capter toutes les eaux pluviales et torrentielles et à les retenir par des barrages dans les vallées de l'Afrique ;

2° A établir (et ceci est le point capital) un barrage à l'extrémité du Nil artificiel, afin de faire refluer les eaux du fleuve naturel dans toute l'Afrique (1), principalement dans le lac *Melrir*, dans lequel se jetaient autrefois quatre fleuves (les quatre fleuves de la Bible) alimentés par le Nil avant l'attentat commis par les Egyptiens.

Aujourd'hui, que se passe-t-il ? Le Nil artificiel et le canal de Suez draguent toute l'eau de la haute Egypte et des plateaux supérieurs de l'Afrique et

(1) On prétend que les Anglais s'en occupent actuellement pour y prendre des eaux d'irrigation.

l'envoient en pure perte à la Méditerranée : environ 200 milliards de mètres cubes par an.

Mais voici la pierre d'achoppement : cette grosse question de vie ou de mort, pour l'Afrique, ne peut être résolue que par un Congrès International des puissances européennes ; car c'est une question d'humanité que de faire cesser ce gaspillage d'eau inutile, pour rendre la fertilité à toute l'Afrique centrale et y rétablir l'Héden. Mais l'humanité a beau être en jeu dans la question, MM. les Anglais voudront-ils laisser exécuter les travaux sur le Nil artificiel ?

Poser la question, c'est fournir en même temps la réponse, et cependant le grand débit d'eau du Nil naturel abaisse lentement, mais progressivement, les sources mêmes du Nil ; tous les voyageurs ont constaté ce fait, il est indiscutable.

Comme on peut le voir par ce qui précède, la question de l'aménagement rationnel des eaux africaines, principalement dans la Région de l'Ouganda, s'impose, de même que la réintégration des eaux du Nil dans le Sahara.

Si, seuls, nous ne pouvons exécuter la seconde partie du programme, nous pouvons, tout au moins, commencer la réalisation de la première partie ; il y va non seulement de la prospérité de nos colonies africaines, mais de leur salut même.

Par l'exposé qui précède, on voit le crime inouï commis par les Pharaons, contre la nature, contre l'Œuvre de Dieu ; aussi le châtiment infligé aux Egyptiens a été la disparition totale de ce peuple de la surface du monde. Aujourd'hui, l'Egypte essaie sa reconstitution, mais c'est en vain, l'Egypte actuellement n'est qu'un pays cosmopolitain qui ne sert que d'entrepôt et de passage aux Anglais qui se rendent dans l'Inde et aux navires européens.

L'Egypte n'est plus, comme l'a dit le Grand Thoth, *le Temple du Monde entier*, qui déplorait déjà, dans sa plus grande prospérité, l'atteinte portée à la Théodicée de l'Egypte et qui déplorait surtout l'atteinte plus profonde encore qui lui serait portée plus tard, quand il disait à son disciple Asclépios : « Ignores-tu que l'Egypte soit l'image du ciel, ou, ce qui est plus vrai, qu'elle soit la transplantation et la descente de toutes les choses qui sont dirigées et qui s'élaborent dans le ciel ? Et, s'il faut le dire, plus véritablement encore, notre terre d'Egypte est le *Temple du Monde entier*. Et cependant, car il convient que les Sages sachent tout d'avance, il ne nous est pas permis d'ignorer qu'il viendra un temps où il apparaîtra que les Egyptiens ont vainement conservé un esprit pieux, un culte zélé de la Divinité, et où toute leur vénération pour les choses saintes deviendra inutile et sera déçue, car la Divinité quittera la terre et remontera au ciel. L'Egypte sera délaissée par Elle et cette terre qui fut le Siège de la Divinité, devenue sans religion, sera privée de la présence des Dieux... Alors cette terre très sainte sera un lieu d'idolâtrie et elle sera pleine de temples ruinés, de tombeaux et de morts. »

On voit que Thoth c'est-à-dire la personnification mythique du Sacerdoce égyptien des premiers âges, avait prévu l'effondrement de la puissance égyptienne, parce que ce sacerdoce connaissait le *Secret des Pyramides* de Memphis et qu'il savait que, tôt ou tard, les crimes reçoivent leur juste châtiment ; il n'y a rien d'étonnant aussi que le Grand Thoth ait si bien prévu ce que deviendrait l'Egypte, « un amas de temples ruinés, de tombeaux et de morts ! »

C'est bien là, comme nous le disons dans notre Isis Dévoilée (p. 341), l'Egypte moderne, l'Egypte des Anglais ; il n'y a plus que monuments ruinés, tombeaux et morts ; l'Egypte ne sert plus de Temple au monde entier, mais seulement de passage à ses navires ; le steamer noir, fumant et soufflant, a remplacé la *Bari Sacrée*, celle qui transportait ses momies, ses Pharaons, enfin la Bari de la Bonne Déesse, de la BIENFAISANTE ISIS !

# CHAPITRE XIII

### TRAITÉ D'ISIS ET D'OSIRIS

Avant-propos. — Poursuivant notre étude sur l'Esotérisme de l'Egypte, nous allons donner ici une traduction des vingt premiers paragraphes du *Traité d'Isis et d'Osiris* attribué à tort ou à raison à Plutarque.

Certes, il existe des traductions de cette œuvre célèbre parmi lesquelles, celles d'Amyot et de Ricard sont les plus connues ; d'autres sont en latin, ou en diverses langues modernes.

Mais le nombre de ces traductions, de même que leurs auteurs, nous importent peu, car notre traduction est faite à un point de vue neuf et original, inédit même, pourrions-nous dire, en ce sens qu'elle a recherché l'*esprit ésotérique* du texte original, que nos prédécesseurs ont abolument négligé et pour cause.

Ce fragment, en effet, étudie l'Esotérisme des Egyptiens que Plutarque narre bien souvent, d'une manière inconsciente, certains aperçus de l'auteur grec nous ont prouvé le fait, que nous venons d'avancer.

Les traducteurs, qui nous ont précédés dans la voie se sont occupés de la lettre du texte et non de son esprit. Et quand nous disons de la lettre, il y aurait lieu encore de s'entendre à ce sujet, mais nous n'insisterons pas pour le moment ; nous aurons en effet dans le cours de cette étude, l'occasion de relever certaines inexactitudes d'interprétation qui sont souvent de véritables contre-sens.

La traduction que nous offrons aujourd'hui au public est certainement littérale, plus peut-être que celle de savants hellénistes, mais elle a encore le mérite rare, unique pourrions-nous dire, d'étudier l'ésotérisme égyptien, dont n'a eu et ne pouvait avoir nul souci, Amyot et ses successeurs.

Voici du reste, comment nous avons procédé dans notre travail.

Nous avons commencé par traduire mot à mot, l'œuvre de Plutarque, d'après le texte grec, des classiques de la traduction Didot.

Pourquoi avons-nous choisi le texte en question ?

C'est que le traducteur latin, le restaurateur du texte grec, le savant Dübner, nous dit dans sa préface : « *Paucis ut absolvam, sic habeto : tradimus tibi Plutarchi Moralia in tribus fere millibus locorum ex codicibus manuscriptis emendata* (1). »

Dès lors, nous ne pouvions pas, ne pas nous décider pour le texte de Plutarque, revisé par l'éminent helléniste; ce qui ne nous a pas empêché néanmoins dans des cas difficiles pour l'interprétation de certains passages ou même de certains termes, de recourir aux textes originaux, pour y voir si nous n'y découvririons pas de termes mal compris ou négligés peut-être à tort. Nous avouons ne pas avoir épluché plus de trois mille passages de manuscrits de l'œuvre de Plutarque et cela pour plusieurs raisons ; la première, qui pourrait nous dispenser d'en donner d'autres ; c'est que nous n'aurions pu les avoir à notre disposition ; ensuite un Helléniste, beaucoup plus compétent que nous, ayant fait le travail, nous ne devions pas nous inquiéter de ce soin et nous n'avons pas eu la pensée d'aller patauger au milieu

---

(1) Ce qui veut dire : Je termine en peu de mots ; sois persuadé que nous t'avons traduit les œuvres morales de Plutarque corrigées et rectifiées sur environ presque 3.000 passages de manuscrits.

des copies de manuscrits plus ou moins bonnes de l'auteur grec ; puis enfin, il faut savoir se borner et c'est surtout pour cela que nous nous en sommes entièrement rapporté à l'œuvre de Dübner, d'après laquelle nous avons fait notre traduction littérale, comme nous venons de le dire.

Celle-ci accomplie, nous avons fait notre rédaction française en serrant le plus près possible le texte grec, nous avons ensuite contrôlé ce second travail, à l'aide de la traduction latine de la même collection Didot.

Arrivé à ce point de notre tâche, nous avouons avoir éprouvé quelques surprises, car souvent nous n'étions pas d'accord avec les grands Hellénistes, mais comme nous avions eu soin de mettre entre parenthèses tous les termes grecs, qui pouvaient se prêter à une double interprétation, à un double sens, et par ce mot nous entendons un *sens ésotérique* et un *sens exotérique*, nous avons recherché une nouvelle traduction en compulsant à l'aide des dictionnaires d'Alexandre, de Planche, de Burnouf et de Quicherat, ce que tel ou tel autre terme pouvait signifier dans toutes ses acceptations grecques ou latines. Les Dictionnaires et même les *Thrésors* ne donnant pas toujours (loin de là) le sens ésotérique que nous fournissait l'ensemble du texte, nous avons donné quelquefois aux termes grecs une acception qu'aucun Dictionnaire ne comporte, mais que nous avons trouvée ou du moins jugée absolument vraie, par l'ensemble des idées exprimées immédiatement au-dessus et au-dessous du texte que nous nous efforcions d'élucider.

Nous ajouterons enfin que nos connaissances générales et plus particulièrement nos connaissances spéciales en ésotérisme, nous ont bien souvent servi à contrôler le sens que nous donnions au texte de Plutarque. Et en cela, nous avons agi avec la plus entière bonne foi ; nous n'avons jamais forcé la note, *donné le coup de pouce,* pour faire rendre à une expression un sens qu'elle ne pouvait comporter, pour nous fournir des armes en faveur de l'Esotérisme. C'était là non seulement une question de loyauté et de probité littéraire, mais encore nous ne voulions pas donner prétexte à nos lecteurs de pouvoir nous appliquer le reproche formulé par le vieil adage : *Traductor, traditor !*

Et du reste, l'auteur passionné, qui force la note, ne jouit d'aucun crédit et au lieu de faire avancer la cause qu'il désire servir, il lui nuit et la retarde plutôt ; enfin le *Traité d'Isis et d'Osiris* renferme assez d'ésotérisme pour qu'on n'ait pas besoin d'exagérer la pensée de l'auteur en faveur de la thèse que nous voulons démontrer, à savoir : que les Egyptiens connaissaient parfaitement la Doctrine Esotérique.

Mais à côté de cette Doctrine, Plutarque nous donne bien souvent des fables, disons le mot bien que trivial, des *racontars*, qui n'ont aucune espèce de valeur ; ce qui ne doit pas nous empêcher d'attacher un grave intérêt à ce qui en est vraiment digne et de nous demander par exemple : qu'est-ce que ce mythe d'Isis la bonne déesse, l'*Alma mater* ?

Pourquoi Isis est-elle à la fois, et la Pallas et la Proserpine des Grecs ainsi que Thétis ? Pourquoi nourrit-elle et entretient-elle le monde ?

Que signifient donc ces fables diverses : Rhéa, mère d'Isis, celle-ci dans le sein de sa mère enfante Osiris, Horus : que signifient ensuite ces rapports d'Isis et d'Osiris ? Sa superintendance des amours et cette légende qui nous montre Isis tuant de son regard un enfant, etc., etc.

Comment faut-il interpréter toute cette affabulation d'Isis et d'Osiris ?

Le lecteur trouvera presque toutes les réponses aux questions qui précèdent, grâce surtout aux notes et commentaires que nous donnons pour expliquer tous les passages obscurs du philosophe Grec, ce qui n'est pas toujours facile.

Si nous avons pu élucider l'extrait du texte *d'Isis et d'Osiris* et en faire connaître l'esprit ésotérique, nous aurons atteint le but que nous nous étions proposé en publiant cet extrait du célèbre Traité attribué à Plutarque.

## D'ISIS ET D'OSIRIS

Par Plutarque (*traduit du grec*).

### I

Les sages ô Cléa ! doivent demander aux dieux immortels toutes les choses bonnes, mais surtout la connaissance des dieux, autant qu'il est possible à l'humaine nature de posséder cette connaissance, parce que l'homme ne peut recevoir un plus grand bien et Dieu faire un présent plus digne de lui, que la connaissance de la Vérité ! (1).

(1) Les anciens considéraient la Vérité, comme une déesse fille de Saturne. Ils la représentaient comme une jeune vierge vêtue de vêtements blancs comme la neige. C'est Démocrite qui nous a appris que la vérité se tenait cachée au fond d'un puits ; le *Puits hermétique*, dans lequel, puits très profond, se trouve cachée la vérité intégrale des Hermétistes, de l'art sacré.

Dieu donne aux hommes tout ce qu'ils lui demandent, mais il leur communique son esprit de vérité et de prudence, que comme si on lui usurpait des biens lui appartenant en propre (1).

Lui, le Dieu, n'est pas heureux, parce qu'il possède de l'or et de l'argent, ni puissant parce qu'il manie la foudre et le tonnerre ; mais il est Bienheureux de sa science (sagesse) et de sa prudence. Et de tout ce qu'Homère a dit des dieux, voici ce qu'il a le mieux formulé :

Ils ont tous deux (2) la même origine et la même patrie, mais Jupiter est le premier-né et de savoir le plus considérable, ajoutant que Jupiter était plus majestueux, parce que sa science et sa sagesse étaient plus anciennes. Et j'estime que la Béatitude de la vie éternelle, dont jouit Jupiter, consiste en ceci : qu'il n'ignore rien et que rien de ce qui se fait ne lui échappe, et je pense que l'immortalité qui lui enlèverait la connaissance et l'intelligence de tout ce qui est et se fait, ne serait pas une vie, un état d'existence divine mais une période de temps seulement (3).

(1) C'est pour ce motif que dans l'Antiquité, on ne faisait connaître l'esprit de vérité qu'aux seuls Initiés.

(2) C'est-à-dire les deux premiers grands dieux : Jupiter et Neptune.

(3) Jupiter était le père des dieux et des hommes et dès sa

## II

Pourtant, pouvons-nous dire que le désir d'entendre la vérité, soit un désir de la Divinité, pareillement la vérité sur la nature des dieux, dont l'étude est la poursuite de telle science, est comme une profession et une entrée en religion, est œuvre plus sainte que n'est le vœu de chasteté, ni la garde et conservation d'aucun temple : ce qui est très agréable à la déesse que tu sers, attendu qu'elle est très sage et très savante, comme nous l'apprend la dérivation de son nom, que le savoir et la science lui appartiennent plus qu'à personne, car Isis est un terme grec, et Typhon aussi, l'ennemi de la déesse et depuis longtemps

naissance, il serait mort dévoré par son père Saturne, si Rhéa, sa mère, épouse de celui-ci, n'avait présenté à sa voracité un caillou enveloppé de langes. Saturne ne soupçonnant pas la substitution avala le caillou, mais comme il était de difficile digestion il le vomit ; pendant cela, Rhéa fit transporter son enfant chez les Corybanthes, qui frappaient sur des instruments d'airain, afin d'empêcher qu'on entendît les cris de l'enfant. Mais ce bruit fit arriver des abeilles qui offrirent leur miel à Jupiter comme complément de la nourriture qu'il recevait de sa nourrice, la chèvre Amalthée. Cette allégorie du miel symbolise toutes les qualités du Dieu : bonté, douceur, délicatesse, sagesse, etc.

il est nommé Typhos (1) parce qu'il est enflé et enorgueilli par son ignorance et ses erreurs. Il dissipe et détruit la Sainte Doctrine (2) que la déesse avait rassemblée, composée et donnée aux initiés, qui aspirent à la Divinité et cherchent à s'améliorer en observant une vie sobre et sainte, en s'abstenant de certains mets (de viandes) ainsi que des plaisirs de l'amour pour réprimer les excitations de la passion et de la volupté, et en s'accoutumant à supporter dans les temples, les durs et pénibles services faits aux dieux : de toutes les abstinences, peines et souffrances, la fin est la connaissance du premier et principal objet d'entendement que la déesse nous invite et nous convie à chercher étant et demeurant avec elle ; c'est

---

(1) Typhon ou Typhos était, selon Hésiode, fils du Tartare et de la Terre ; suivant Homère, il serait né de Junon seule qui était indignée que Jupiter eût enfanté seul, sans connaître de femme, Minerve.

Junon frappa la terre de sa main ; elle en fit sortir ainsi des vapeurs dangereuses et nuisibles qui en s'élevant donnèrent naissance à Typhon, ce géant qui, d'une main, touchait l'Orient et de l'autre l'Occident. En Egypte Typhon était ce frère d'Osiris, qu'il massacra après l'avoir attiré dans un piège, comme nous le montre le récit de Plutarque au § XIII. On voit ici clairement exprimée une création fluidique, c'est-à-dire une pensée de haine et de rage créer un être de toute pièce ; ce que nos lecteurs très au courant de l'occulte savent parfaitement.

(2) La Doctrine secrète ou Doctrine ésotérique.

du reste ce que nous promet le nom même de son temple qui s'appelle *Ision*, c'est-à-dire l'intelligence et la connaissance de ce qui est ; comme nous promettant, que si nous entrons dans son temple et suivons saintement sa religion, nous aurons la véritable intelligence de ce qui est la Vérité.

### III

Beaucoup rapportent qu'Isis est fille de Mercure ; d'autres de Prométhée ; le premier réputé comme inventeur et auteur de la Sagesse et de la Prévoyance et l'autre de la Grammaire et de la Musique. C'est pour cela qu'à Hermopolis, on appela Isis la première des Muses et la Justice, ou comme nous dirions la Sagesse (Savoir) démontrant les choses divines à ceux qu'on a dénommés à bon droit *Hiérophores* et *Hiérostoles*, qui portent les saints habits de la Religion ; et ce sont ceux-là, qui portent enfermée dans leurs âmes, comme dans un coffre, la *Sainte-Parole* des Dieux pure et nette, sans aucune curiosité ou superstition : et qui, suivant l'opinion qu'ils ont des Dieux, la démontrent sans ambages et sans circonlocutions (1).

Et pourtant les hommes qu'on habille ainsi de ces habits saints : les Prêtres Isiaques, une fois qu'ils sont morts, portent une marque et un signe qui nous témoignent que cette sainte parole est avec eux et qu'ils s'en sont allés de ce monde dans l'autre, sans emporter autre chose que cette parole (Doctrine secrète) O Cléa !

Porter une longue barbe ou se vêtir d'une grosse cape, cela ne fait point le Philosophe (2).

Et de même ne font pas Isiaques les vêtements de lin, ni la tonsure ; mais est Isiaque, celui qui après avoir vu et reçu la loi et coutumes des choses les démontre et les pratique dans les cérémonies de la religion et compare les rites avec les saintes paroles et cherche diligemment en elles, la vérité philosophique qu'elles renferment (c'est-à-dire leur sens ésotérique).

(1) On voit que ces prêtres étaient en véritable correspondance avec la Divinité, c'étaient en outre des voyants de première force, c'est-à-dire qu'on pouvait considérer comme absolument vraies, les vérités qu'ils énonçaient aux hommes par symboles.

(2) Ce passage et le suivant démontrent qu'est connu depuis longtemps, l'adage : *l'habit ne fait pas le moine !*

## IV

Car il y a bien peu de personnes qui connaissent la cause de ces usages et (petites cérémonies) très usités : « pourquoi les prêtres d'Isis rasent leurs cheveux et portent des habits de lin. »

D'aucuns parmi eux ne se soucient nullement d'en connaître la raison ; d'autres disent qu'ils s'abstiennent de porter des habits de laine et de ne point manger de la chair de mouton, à cause du respect qu'ils professent pour les animaux, qu'ils se font raser la tête en signe de deuil, et qu'ils portent des habillements de lin, à cause de la fleur de cette plante qui ressemble à l'azur du ciel. Mais en vérité, il n'y a qu'une seule cause ; c'est qu'il n'est pas permis à l'*homme pur et parfait* de toucher aux choses impures, comme le dit Platon ; or, tout excès dans la nourriture et tout excrément sont sales et immondes et par de telles superfluités s'engendrent et se nourrissent la laine, les poils, les cheveux et les ongles. Et ce serait parfaitement ridicule que pour la célébration des offices divins, ils se rasassent et se polissent tout le corps et qu'ils se vêtissent ensuite de laine impure des brebis, ce qu'Hésiode recommande en ces termes :

Μηδάπό πευτοζοίο (1) θεων εν δαιτί θαλείν αὖον ἀποχλω-
ροῦ ταμνειν αἴθωνι σιδηρω.

TRADUCTION. — Jamais dans un grand sacrifice en l'honneur des Dieux, on ne doit avec un fer brillant séparer le bois vert du sec.

Voulant enseigner par là, qu'on ne doit pratiquer les choses divines qu'après s'être rogné les ongles et avoir accompli d'autres soins de toilette et ne pas attendre la célébration des sacrifices pour rejeter les choses impures.

En effet, le lin naît de la terre qui est immortelle et produit tout fruit bon à manger ; elle nous donne des vêtements purs et légers, qui tout en couvrant le corps ne le chargent point ; de plus, ces vêtements sont convenables par toutes les saisons et n'engendrent point de poux comme on dit : ce qui pourrait fournir ailleurs matière à la discussion (2).

Voici comment Amyot traduit les vers d'Hésiode.

---

(1) πέντοξος pour πενταζος signifie littéralement à 5 nœuds, à cinq branches ; ici Hésiode lui donne un sens très rare, celui de *Main* ; notre expression, appliquer *une giroflée à cinq branches*, dériverait-elle de ce terme grec ?

(2) Une théosophiste, le D$^r$ Anna Kingsford suivait ces préceptes à la lettre, puisqu'elle ne portait que des chaussures d'étoffe pour ne pas user du cuir provenant d'un animal.

> Ny au festin d'un public sacrifice
> Offert aux Dieux, tu ne seras si nice
> Que de te ronger les ongles d'un couteau
> Coupant le sec d'avec la verte peau.

Et Dübner en vers latins :

*Nunquam an quisque fronde inter conviva divum*
*A viridi siccum cures abscindere ferro;*

### V

Mais les prêtre ont tellement en horreur les déjections de la nature, que c'est pour cela qu'il leur répugne de manger de la viande, surtout, celle des brebis et des truies, d'autant qu'elles produisent beaucoup de déjections. Ils suppriment même le sel de leur nourriture, pendant le temps qu'ils doivent vivre purement et saintement, car à part d'autres causes, le sel excite encore l'homme à boire et à manger beaucoup. C'est là, la véritable raison, car il est insensé de dire comme Aristagore qu'il pensait que les prêtres tenaient le sel pour une chose impure, parce qu'il contient en lui des animalcules morts, qui y sont desséchés et comprimés.

On dit aussi que les prêtres ont un puits à part pour abreuver l'Apis et qu'ils l'empêchent à tout prix de boire de l'eau du Nil, non parce qu'elle est censée polluée par la présence des crocodiles qu'elle abrite, comme le pensent quelques-uns. Cependant les Egyptiens n'honorent rien tant que le Nil, mais il pensent que l'usage de son eau en boisson engraisse, et produit aussi beaucoup de chair. Or ils ne veulent point que leur Apis soit gras et alourdi par beaucoup de chair, ils ne le désirent pas autrement qu'eux et veulent que leur âme soit logée dans un corps léger, alerte et dispos, et qu'ainsi la partie divine qui est en eux ne soit pas opprimée et accablée par la partie matérielle et mortelle (1).

## VI

Dans la ville d'Héliopolis, c'est-à-dire dans la ville du Soleil, ceux qui servent Dieu ne portent

(1) Les prêtres Egyptiens évitaient l'obésité, parce qu'elle rend plus difficile toute action psychique, notamment le dégagement du double de l'homme, l'extase, la double-vue et la clairaudience en un mot, tout ce qui constitue le fonctionnement des facultés internes ou transcendatales ; c'est pour cela que les prêtres Egyptiens étaient d'une grande sobriété et s'abstenaient de boissons alcooliques.

jamais du vin dans l'intérieur du temple, parce qu'il n'est pas convenable d'en boire n'importe quel jour en présence du Seigneur et Roi. Ailleurs, les prêtres en boivent, mais fort peu et certains jours, ils s'en abstiennent totalement pour accomplir divers rites qui réclament la chasteté et la pureté, ou bien encore, quand ils discutent la philosophie ou qu'ils apprennent les matières sacrées ou discourent sur celles-ci (1).

Les Rois eux-mêmes ne boivent du vin que dans une certaine mesure et suivant les prescriptions des Saintes-Ecritures, comme l'a écrit Hecatœus, parce qu'ils sont eux-mêmes prêtres. Ils ne commencèrent du reste à en boire qu'à partir de Psammétichus ; auparavant, ils n'en buvaient pas et n'en offraient pas aux Dieux, estimant qu'il ne leur était pas agréable, parce qu'ils pensaient que ce fût le sang de ceux qui sont morts en faisant jadis la guerre aux Dieux et ils croient que c'est du cadavre de ces morts, mêlé à la terre, que naquit la vigne, c'est pourquoi disent-ils, ceux qui vinrent ensuite furent comme fous par enivrement du sang de leurs

---

(1) Les riches Egyptiens évitaient de boire trop d'eau pour deux raisons : parce qu'elle donne des flatuosités et puis qu'elle engraisse ; c'est pourquoi eux buvaient du vin.

ancêtres. Eudoxe a écrit au second livre de sa géographie que les prêtres d'Egypte le disent ainsi.

## VII

En ce qui concerne le poisson de mer comme nourriture, tous les Egyptiens ne s'abstiennent pas de tous ; mais de quelques-uns seulement, comme des Oxyrinchites qui se prennent à l'hameçon, ils adorent le poisson nommé Oxyrinchos, c'est-à-dire à bec pointu (aigu) mais n'en mangent pas, car ils craignent que le contact de l'hameçon ne l'ait souillé. Les Syénites se gardent de manger le Phrage, parce qu'il ne fait son apparition dans le Nil, que quand ce fleuve commence à croître (à grossir) ; ils le considèrent donc comme un messager de la crue. Quant aux prêtres, ils s'abstiennent de tous les genres de poissons. Et là, où le neuvième jour du premier mois (du mois de Thoth) les Egyptiens mangent devant la porte de leurs maisons, du poisson rôti (*assum*) ; les prêtres n'en goûtent point, mais ils les brûlent devant la porte de leur maison. Ils ont à ce sujet deux sortes de paroles : l'une sainte et subtile (*subtilis* en grec περριττον terme attique pour περρίσσον ὦν τουομεν ἱερὸν καὶ περιττον) dont je parlerai plus tard, comme étant conforme à ce que l'on dit sagement touchant Osiris et Typhon ; l'autre parole est vulgaire (exotérique), elle est représentée par le poisson genre de nourriture, ni nécessaire (rare) ni exquise, comme en témoigne Homère, quand il nous montre les Phéaciens qui étaient gens délicats, ni les insulaires d'Ithaque ne mangeant du poisson, pas plus que les compagnons d'Ulysse pendant leur longue navigation, avant qu'ils n'eussent été réduits à une extrême disette (1).

En somme ils estiment que la mer a été créée par le feu sortant des bornes que la nature lui a assignées, et comme n'étant ni partie naturelle, ni éléments du monde, mais excréments corrompus et morbides.

## VIII

Car il n'y avait rien de fabuleux, ni hors de raison, ni de superstitieux comme le pensent quelques-uns (de se priver de poissons comme nourriture), mais ils ont des raisons morales et utiles ;

---

(1) On voit que les prêtres égyptiens étaient végétariens et ne mangeaient pas plus de viande que de poissons.

d'autres (raisons) ne sont pas vaines, mais historiques, et proviennent d'une élégance innée de la nature des choses.

Il en est de même de l'oignon, car, rapporter ce que dit le vulgaire, qu'un nourrisson (un disciple) d'Isis nommé Dictys étant tombé dans le Nil, s'y noya parce qu'il s'enchevêtra dans des oignons, est une fable tout à fait absurde (1).

Mais, ce qui est certain, c'est que les prêtres ont l'oignon en horreur et se gardent d'en manger, parce qu'il ne croît bien et ne grossit convenablement qu'au déclin de la lune et qu'il ne convient ni à ceux qui veulent jeûner, ni à ceux qui veulent célébrer les jours de fêtes ; ni aux premiers parce qu'il donne soif, et aux autres parce qu'il tire des larmes et fait pleurer ceux qui en mangent. Ils tiennent aussi la truie pour un animal immonde, parce qu'elle se laisse couvrir par le mâle, au déclin de la lune, et que ceux qui boivent de son lait ont bientôt la peau rugueuse et couverte comme d'une sorte de lèpre.

Quant à ceux qui, une fois dans leur vie, sacrifient une truie et la mangent, ils ont grand tort et cela leur peut porter malheur, car Typhon

---

(1) D'autant plus absurde que les cébacées ne poussent pas dans l'eau pas même dans les terrains trop humides.

poursuivant une truie en pleine lune, rencontra sur sa route, une pile de bois dans laquelle était le corps d'Osiris) et cette truie renversa la pile. Il y a peu de gens qui admettent ce fait, estimant que c'est une fable qui a été inventée par des gens qui avait mal compris le récit qu'on leur avait fait.

Quoi qu'il en soit de ce qui précède, il est un fait certain, c'est que les anciens Egyptiens avaient une telle horreur de la mollesse, des superfluités et de la volupté que dans le temple de Thèbes, il existait un pilier, sur lequel étaient gravées des malédictions et des imprécations envers le roi Minis, qui, le premier, tira les Egygptiens d'une vie sobre, simple et dépourvue de luxe et de faste.

On dit aussi que Technatis, père de Bocchoris, pendant une guerre qu'il eut à soutenir contre les Arabes, son bagage étant resté en arrière, mangea avec plaisir une maigre pitance et se coucha ensuite sur une paillasse (επιστιβαδος) (faite d'herbe et de feuilles sèches) sur laquelle il dormit profondément.

Dès lors il aima et pratiqua la sobriété ; il maudit le roi Minis ; et les prêtres ayant approuvé ses malédictions, il les fit graver sur le pilier (du temple de Thèbes).

## IX

Or, on choisissait les rois dans l'ordre des prêtres ou dans celui des guerriers, parce que, celui-ci était honoré et révéré (pour sa vaillance), et celui-là par sa Sagesse (Science).

Le roi élu dans l'ordre des guerriers, immédiatement après son élection, était reçu dans l'ordre des prêtres et on lui livrait les secrets de la philosophie (La doctrine secrète), qui voilait sous des fables et des symboles, plusieurs mystères et livrait la vérité sous des paroles obscures, *cachées* comme eux-mêmes le donnaient à entendre, quand ils plaçaient des sphinx devant la porte de leurs temples; voulant démontrer ainsi, que toute leur théologie contient sous des paroles voilées et énigmatiques, les secrets de la sapience, et à Saïs, l'image de Minerve qu'ils estiment être Isis, portait sur le fronton de son temple cette incription :

Εγω ειμι παν το γεγονος, και εσομενον και τον εμον πεπλον ουδες πωθνητος απεκαλυψεν.

*Je suis tout ce qui a été, est et sera et nul mortel n'a soulevé mon voile.*

Plusieurs estiment que le nom du Jupiter, en langue égyptienne, soit *Amoun*, et que nous, Grecs, en avons fait Amon ; mais, Manéthon qui était Egyptien de la ville de Sehenne, estime que ce mot signifie : *caché* ou *cachement* ; et Hecatus, de la ville d'Abdère, dit que les Egyptiens usent de ce mot, quand ils veulent s'interpeller, parce que c'est un terme appellatif et qu'ils pensent que le Prince des Dieux soit une même chose que l'Univers, qui est obscur et caché, et ils le prient et convient, en disant : *Amum*, de vouloir se manifester et se montrer. Voilà pourquoi les Egyptiens apportaient tant de circonspection (1) de piété et de religion en ce qui concerne la sagesse divine (la théosophie).

## X

Peuvent témoigner de ce qui précède les plus grands sages de la Grèce : Solon, Thalès, Platon, Eudoxe, Pythagore et même suivant quelques-uns : Lycurgue, qui avaient été en Egypte et avaient conversé avec les prêtres. On donne comme certain qu'Eudoxe avait vu et entendu Chnouphis de

---

(1) Ἡ μὲν οὖν εὐλάβεια τῆς περὶ τὰ θεῖα σοφίας Αἰγυπτίων, τοσαύτη ἦν. — Ce terme εὐλάβεια, ας (ἡ) est intraduisible en un seul mot dans autre langue. — Il signifie à la fois : circonspection, précaution, timidité, religion, etc.

Memphis et Solon, Ponchitis de Saïs, et Pythagore, Œnuphin, d'Héliopolis. — Pythagore, paraît-il, était grand admirateur des prêtres et lui-même était très estimé d'eux, à tel point qu'il désira être initié à leurs mystères, parler en paroles cachées (mystérieuses), et voiler sa doctrine sous des paroles et des sentences énigmatiques (hiéroglyphiques, dit le texte grec); car les lettres qu'on nomme hiéroglyphiques en Egypte, sont semblables, pour la plupart, aux préceptes de Pythagore, tels que : *ne point manger sur un char ; ne point s'asseoir sur un boisseau; ne point planter de palmier; ne point attiser le feu dans la maison avec une épée.*

Et je sens vraiment ce que les Pythagoriciens nomment l'Unité, Apollon, le binaire de Diane, le septenaire de Minerve et Neptune, le premier nombre cubique, ressemble fort à ce qu'ils consacrent, qu'ils font et exécutent en leurs sacrifices, car ils dépeignent leur roi et seigneur Osiris par un œil et un sceptre et quelques-uns interprètent le nom d'Osiris : Beaucoup d'yeux, parce que *Os*, en égyptien, signifie plusieurs et *Iris*, œil ; et le ciel, comme ne vieillissant pas à cause de son éternité, par un cœur peint (1) ayant au-dessous de

---

(1) καρδία θυμον εσχαρας υποκειμενής, ce qu'Amyot traduit en cœur au dessus d'une *chaufferette !*

lui un ardent foyer. Et en la ville de Thèbes, il y avait des juges qui n'avaient point de mains et le premier des juges (le Président) avait les yeux fixés sur la terre (le sol), ce qui signifiait que la justice ne doit être accessible ni aux dons, ni aux recommandations.

Les hommes de guerre portaient gravés sur leur anneau un scarabée, parce que ces insectes n'ont point de femelles ; ils sont tous mâles et jettent leur semence dans un globe (boule) de matières, moins pour que (les germes) y trouvent à vivre, mais comme milieu favorable à la création.

. . . . . . . . . . . . . . . . (1).

## XI

Ainsi donc, quand tu entendras parler des fables qui se rapportent aux dieux égyptiens, de leurs erreurs et de telles autres fictions, il te faudra rappeler ce que nous avons dit et ne rien croire de ce qu'on dit être arrivé ; car ils ne donnent pas proprement à Mercure le nom de chien, mais ils lui attribuent les qualités naturelles de cette bête qui sont de garder, d'être vigilant, sage, et de dis-

(1) Il y a ici une lacune évidente dans le texte.

cerner l'ami de l'ennemi ; et comme le dit Platon, de comparer le chien au plus docte des Dieux. Et ils ne pensent pas que le Soleil levant soit sorti du Lotus (1) mais ils dépeignent aussi la naissance du soleil sortant du sein des eaux (de la mer), car ils appelèrent Ochus (Epée) le plus terrible et le plus cruel roi des Perses, comme ayant fait périr plusieurs grands personnages et finalement le bœuf Apis qu'il mangea avec ses amis ; et ils le nomment épée, dans la nomenclature de leurs rois, non qu'ils voulussent signifier par là sa substance, mais la dureté de son naturel et sa méchanceté, l'assimilant à l'instrument prêt au meurtre (2).

. . . . . . . . . . . . . . . . .

En écoutant donc ce qu'on dit des dieux et recevant ainsi ceux qui exposeront saintement et doctement la fable, en accomplissant et en observant ponctuellement les cérémonies en l'honneur des dieux et croyant fermement que tu ne pourrais faire service, ni sacrifice qui leur fut plus agréable, que de t'étudier à avoir une opinion vraie et saine sur eux, tu éviteras ainsi la superstition qui n'est pas moindre que l'impiété. .

---

(1) λωτον, Amyot traduit ce terme : alisier.
(2) Ici la ligne de points représente un texte tronqué.

## XII

La fable elle-même, pour la raconter brièvement, après en avoir retranché beaucoup de choses inutiles et oiseuses, la fable, dis-je, est telle :

On dit que Rhéa s'étant unie secrètement à Saturne, le Soleil qui s'en aperçut la maudit, demandant en ses malédictions qu'elle ne put jamais accoucher dans aucun mois, d'aucune année, mais que, Mercure amoureux de cette déesse, dormit avec elle et puis jouant aux dés avec la Lune, il lui gagna la soixante-dixième partie de chacun de ses levers, qu'il ajouta aux 360 de l'année, que les Egyptiens nomment Epactes (ou plutôt *Epagomènes*) (1) c'est-à-dire jours *ajoutés*, les célébrant comme les jours de nativité des dieux ; car au premier de ces jours naquit Osiris et aussitôt, on entendit une voix qui disait : que le Seigneur de tout le monde venait de naître ; d'aucuns disent

---

(1) Ces jours au nombre de cinq étaient ajoutés aux trois saisons des douze mois donnant 360 jours, ce qui faisait 365 jours pour l'année entière. Le premier jour épagomène était dénommé *jour d'Osiris* ; le second : *jour de la naissance d'Aroëris* ; le troisième : *jour de la naissance de Set* ; le quatrième : *jour de la naissance d'Isis* ; le cinquième : *jour de la naissance de Nephthys*.

qu'une femme nommée Pamyle, qui allait chercher de l'eau au temple de Jupiter à Thèbes, avait entendu une voix, qui lui ordonnait de proclamer, qu'*Osiris roi grand et bienfaisant était né*, et que, Saturne lui mit Osiris dans les bras, afin qu'elle le nourrit. Aussi, c'est en l'honneur de Pamyle que l'on célèbre encore le *Pamyliès*, fêtes semblables aux Phalléphores (c'est-à-dire que dans les sacrifices de ces fêtes on montre l'image d'un Phallus).

Le deuxième jour elle enfanta Aroëris, qui est Apollon que quelques-uns appellent aussi : Horus l'aîné.

Au troisième jour, elle enfanta Typhon (Set) qui n'était pas venu à terme, par le lieu naturel, mais rompit le côté de sa mère et sauta par cette ouverture.

Le quatrième jour naquit Isis au lieu de Danygris.

Le cinquième naquit Nepthé (Nephthis) qu'on nomme aussi Télenté, Vénus et la Victoire.

Osiris et Aroëris auraient été conçus du soleil, et Isis de Mercure, Typhon et Nephthé de Saturne; Isis et Orisis étant amoureux l'un de l'autre, mêlèrent leurs corps avant de sortir du sein de leur mère, et du fruit de leur amour serait né Arouëris appelé Horus l'aîné par les Egyptiens, et Apollon par les Grecs.

## XIII

Osiris régnant sur l'Egypte, retira les Egyptiens de leur triste vie de misère en leur enseignant l'Agriculture, en leur donnant des lois et en les initiant au culte des dieux. Puis les conduisant à travers le monde et sans employer aucunement les armes, il attira et amena à lui, par la douceur, la plupart des peuples, employant les chants et la musique, accréditant ainsi chez les Grecs, qu'Osiris était la même entité que Bacchus. Durant tout le temps de son absence, Typhon n'osa apporter aucun trouble dans le pays, d'autant qu'Isis le surveillait avec la plus grande attention et aurait déployé le plus grand zèle pour le contenir.

Mais dès qu'il (Osiris) fut de retour, Typhon leur dressa une embûche : attira dans une conjuration soixante et douze conjurés plus une Reine d'Ethiopie appelée Azo. Il avait en outre pris la mesure du corps d'Osiris, puis il fit faire un coffre de même longueur (que ce corps), coffre très beau et admirablement ouvré, il le fit apporter dans la salle de festin. Chaque convive prenant plaisir à voir et admirer un si bel ouvrage. Alors, Typhon promit en manière de divertissement de donner le coffre à celui qui aurait le corps égal à la mesure (du coffre). Quand tous les convives eurent essayé le coffre dont les dimensions ne cadraient avec aucun d'eux, Osiris étant à son tour entré dans le coffre, s'y coucha et les conjurés accourant se placèrent sur le couvercle, le fermèrent avec des clous et du plomb fondu, puis le jetèrent dans le Nil et l'envoyèrent à la mer par la bouche du fleuve dénommée Taustique.

Depuis ce jour, elle a reçu des Egyptiens le nom d'*abominable*.

On dit que tout ceci eut lieu le dix-septième jour du mois d'Athyr, qui est celui durant lequel le Soleil passe par le signe du Scorpion, la vingt-huitième année du règne d'Osiris. D'autres prétendent qu'il ne régna pas, mais bien qu'il vécut ce nombre d'années.

## XIV

Les premiers qui apprirent la nouvelle de ce crime (1) furent les Pans et les Satyres qui habitent

---

(1) Amyot traduit le terme παθος inconvénient ; aucun dic-

aux environs de la ville de Cheminin; ils commencèrent à murmurer entre eux, c'est pour cela qu'aujourd'hui encore, on appelle les frayeurs soudaines qu'éprouvent les multitudes des *frayeurs Paniques*, et qu'Isis en étant avertie, fit couper une tresse de ses cheveux et se vêtit de deuil, au lieu où se trouve la ville dénommée aujourd'hui *Copte*. On pense que ce terme signifie *privation*, parce que le mot égyptien *coptein* est synonyme de *priver*.

Isis, l'âme inquiète, revêtue de ses habits de deuil s'en fut en errant de tous côtés pour avoir des nouvelles de son grand malheur, mais personne ne venait à sa rencontre et ne lui parla jusqu'au moment où elle vit deux jeunes enfants qui jouaient et auxquels elle demanda, s'ils n'avaient pas aperçu un coffre; or ces enfants l'avaient vu par hasard et lui indiquèrent la bouche du Nil par laquelle les complices de Typhon avaient poussé le coffre à la mer. C'est depuis cette époque que les Egyptiens croient que les enfants ont le droit de prophétie et prennent comme présages les paroles

---

tionnaire ne donne cette leçon : on y lit les mots : désastres, accidents, affliction, malheur, et au figuré : affliction, maladie de l'âme, etc. ; quant à Dübner il le traduit par *facto*, nous ne pensons pas avoir exagéré en traduisant le terme παθος, crime.

que les enfants prononcent tout haut en tous lieux, mais surtout dans les temples.

…….Plus tard s'étant aperçu qu'Osiris était devenu amoureux de sa sœur, avait dormi avec elle pensant que ce fût Isis et ayant trouvé comme preuve la couronne de Mélilot qu'elle avait laissée chez sa sœur Nephthé, elle chercha l'enfant, parce que Nephthé immédiatement après son accouchement l'avait exposé par crainte de Typhon et l'ayant trouvé à grand'peine, aidée par des chiens, elle le nourrit, de manière que plus tard étant devenu homme, il fut son gardien et son compagnon appelé Anubis et le suppose gardien des Dieux, comme les chiens ont coutume de garder les hommes.

## XV

Depuis, elle apprit que les flots de la mer avaient jeté le coffre sur la côte de Byblos et là il s'était arrêté — assis mollement, dit le texte grec, au pied d'un tamarix qui devint en peu de temps un gros et bel arbre, de sorte qu'il embrassa et enveloppa tellement le coffre qu'on ne le voyait point. — Le roi de Byblos s'étonna fort de voir la croissance rapide de cet arbre, aussi en fit-il couper celles des branches qui couvraient le coffre que l'on ne voyait pas, et fit faire du tronc de cet arbre un des piliers de soutènement pour la toiture de sa maison.

Isis avertie, dit-on, de ce fait par un souffle divin, s'en vint à Byblos, et là, elle s'assit auprès d'une fontaine, triste et éplorée sans parler à qui que ce soit, si ce n'est aux femmes de la Reine qu'elle salua et flatta par de douces paroles ; elle leur arrangea les tresses de leurs cheveux et les parfuma d'un doux et suave parfum, qu'elle tira de son propre corps.

La reine ayant vu ses femmes si bien parées, fut prise du désir de voir l'étrangère qui avait si bien arrangé la coiffure de ses femmes et avait embaumé leur corps d'un parfum d'ambroisie. Elle l'envoya donc chercher, se la rendit familière et en fit la nourrice et la gouvernante de son fils, le roi s'appelle Malcander et la reine Astarté ou Saosis ou bien comme d'autres disent *Memanoun*, c'est-à-dire, chez nous : Minerve.

## XVI

Et Isis nourrit l'enfant en lui mettant dans la bouche le doigt à la place de son mamelon. Et la nuit, elle lui brûlait tout ce qui était mortel en son corps, et se changeant en hirondelle, elle allait voletant et se lamentant autour du pilier de bois jusqu'à ce que la reine s'en étant aperçue et ayant crié en voyant brûler le corps de son fils, lui ôta l'immortalité. La déesse ayant été découverte, demanda le pilier de bois qui soutenait le toit, elle le coupa facilement et l'oignit d'une huile parfumée, puis l'enveloppa d'un linge et le remit dans les mains du roi.

Voilà pourquoi les Bybliens vénèrent encore cette pièce de bois placée dans le temple d'Isis.

Enfin, elle rencontra le coffre sur lequel elle pleura et se lamenta tellement que le plus jeune des fils du roi mourut devant cette si grande douleur. Quant à elle, en compagnie du fils aîné du roi, elle s'embarqua avec le coffre et vogua sur la mer; et quand sur l'aube du jour la rivière de Phédras détourna par son courant un vent violent (dont elle avait besoin) elle en fut courroucée ; aussi dessécha-t-elle cette rivière.

## XVII

Dès qu'elle se trouva seule et qu'elle le put, elle ouvrit le corps d'Osiris ; elle mit sa face contre la sienne et l'embrassa en pleurant. Un jeune enfant survint et sans bruit s'approcha pour voir ce qu'elle faisait. Elle sentit instinctivement sa présence, se retourna et le regarda d'un si mauvais œil que l'enfant fut saisi d'une crainte si forte qu'il en mourut (1).

D'autres narrations ne rapportent pas ainsi ce fait, d'après celles-ci, l'enfant serait tombé dans la mer et à cause de la Déesse il est honoré. On le nomme *Maneros* ; les Egyptiens le célèbrent dans leurs chants, car il passe pour l'inventeur de la Musique.

D'autres disent que cet enfant se nommait Palestinus et que la *Bonne Déesse* fonda en son honneur la ville de Péluse.

D'autres affirment que Maneros n'est pas un nom d'homme, mais un terme Egyptien, une façon de parler propre à ceux qui boivent et festinent ensemble, et signifierait alors : « que les Destins nous soient favorables. »

(1) Ceci fait allusion à un profane qui voulant être initié ne put supporter les épreuves victorieusement et succomba.

Αἴσιμα τα τοιαῦτα παρεῖν littéralement que « les destins (heureux, favorables), se montrent en tout ».

Et les Egyptiens disent une chose identique en nommant simplement *Maneros*.

De même que le corps desséché d'un homme mort qu'ils portent en un cercueil n'est point un simulacre de l'accident survenu à Osiris, comme le pensent quelques-uns, mais comme un avis (une invite dirions-nous vulgairement) aux convives de jouir du présent (des cieux) d'autant que bientôt, ils seront semblables à celui dont on leur montre le simulacre.

## XVIII

Et comme Isis était allé voir son fils Horus qui était élevé (qu'on nourrissait) à la ville de Buto et qu'elle eût ôté le coffre dans lequel avait été déposé Osiris, Typhon, chassant la nuit au clair de lune, rencontra le coffre et ayant reconnu le cadavre, le coupa en quarante parties, qu'il jeta çà et là, Isis ayant découvert le fait, chercha les morceaux du cadavre dans les marais avec un bateau fait de papyrus, voilà pourquoi ceux qui naviguent dans des bateaux de papyrus ne sont pas attaqués par les crocodiles, soit qu'ils les craignent ou les vénèrent à cause de la Déesse.

Voilà pourquoi l'on trouve beaucoup de sépultures d'Osiris en Egypte, parce que, chaque fois qu'Isis trouvait un débris de son corps, elle l'ensevelissait.

D'autres nient ce fait et disent qu'Isis a fait divers simulacres et en donnait un à chaque ville, comme si elle leur donnait son propre cadavre, afin qu'il fût honoré en plusieurs lieux et que si par hasard, Typhon venait à chercher le tombeau d'Osiris on lui en montrerait tant qu'il désespérerait de pouvoir jamais trouver le véritable.

De tous les membres d'Osiris un seul (τὸ αἰδοῖον les parties honteuses) le terme grec signifie également honorables, respectables, ne fut pas retrouvé par Isis, il avait été mangé par un poisson, un Lépidote (ou squale, phagre ou oxyrinche) et c'est pour cela que les Egyptiens exècrent ceux-ci par dessus tous les autres poissons. Mais au lieu d'un membre naturel, Isis en fit construire un nommé *Phallus* qu'elle consacra et depuis lors les Egyptiens l'honorent dans une fête (Phallophories).

## XIX

Puis, ils racontent qu'Osiris revenant de l'autre monde (ἐξ ᾅδου) apparut à son fils, qu'il l'instruisit et l'exerça à la guerre et il lui demanda un jour quelle chose il estimait être la plus belle au monde et qu'Horus lui répondit : que c'était de venger son père et sa mère des injures qu'ils avaient reçues. Puis il lui demanda quel était l'animal qu'il estimait le plus utile à ceux qui allaient au combat ?

Horus répondit que c'était le cheval, ce qui émerveilla Osiris et il lui demanda pourquoi le cheval plutôt que le lion ?

Horus répondit : que le lion était plus utile à celui qui avait besoin de secours pour combattre, tandis que le cheval était pour défaire et poursuivre celui qui prend la fuite.

Osiris fut charmé de ces paroles et il sentit qu'Horus était prêt pour le combat (c'est-à-dire pour l'initiation).

On dit aussi que plusieurs se tournèrent du côté d'Horus, jusqu'à la concubine de Typhon nommée Thouëris, mais que poursuivi par un serpent, celui-ci fut tué par des gens d'Horus ; voilà pourquoi ils portent tous une petite corde qu'ils coupent par morceaux.

La bataille dura plusieurs jours, mais finalement Horus obtint la victoire.

Isis voyant Typhon lié et garrotté ne le tua point, mais le laissa partir, ce que Horus ne put supporter sans s'indigner ! Aussi se jetant à la tête de sa mère il lui arracha l'ornement royal, mais Mercure lui plaça sur la tête un casque affectant la forme d'une tête de bœuf.

Typhon voulut appeler en justice Horus et le traiter de bâtard, mais avec l'aide de Mercure qui défendit sa cause, il fut déclaré légitime et par ce fait défit Typhon dans deux batailles (matérielle et morale).

Isis, après la mort d'Osiris, dormit encore avec lui et de ce fait, elle eut un autre fils, mais qui était faible des membres inférieurs et il fut nommé Harpocrate (1).

## XX

Voilà presque les principales fables, excepté

---

(1) C'est-à-dire qu'Isis eut d'Osiris dans le plan astral un autre enfant, une création, mais qui fut spirituelle, ce qui est indiqué par ces mots : *mais qui était faible des membres inférieurs.*

celles qui sont très difficiles à entendre, comme le démembrement d'Horus et la décapitation d'Isis (1); car, en vérité, il ne leur faut pas cracher au visage et leur purger la bouche comme dit Eschyle, s'ils ont une telle opinion de la bienheureuse nature que nous appelons la *Divinité*. S'ils pensent et disent que de telles fables sont vraies et sont arrivées, il ne faut point le dire, car je sais bien que tu haïes et détestes ceux qui ont des opinions si impies et si barbares envers les dieux. Mais aussi, tu n'ignores pas que les contes qui ressemblent aux fables Germaines et aux vaines fictions que les poètes ou autres écrivains fabuleux controuvent à plaisir, à la manière des Araignées, qui d'elles-mêmes, sans motif, ni sujets, filent et tissent leurs toiles; mais il y a dans leur dire, des narrations d'événements certains. De même que quand les mathématiciens nous disent que l'arc-en-ciel est seulement une apparence de diverses couleurs par la réfraction de notre vue contre une nuée.

De même, la fable a quelque apparence de raison qui force notre entendement à la réflexion, comme nous le font comprendre également les sa-

---

(1) Le démembrement d'Horus et décapitation d'Isis signifie que la Divinité n'a pas besoin d'organe pour engendrer, pas plus que de tête pour penser et agir, car la Divinité ne vit point sur le plan physique.

crifices, où il y a des images tristes et lugubres. Pareillement la disposition des temples, qui à certains endroits a de belles ailes et de larges allées ouvertes sous le ciel pur; d'autres parties ont des caveaux ténébreux placés sous terre et qui ressemblent aux sépultures et caveaux dans lesquels l'on dépose des cadavres. Et de même, l'opinion des Osiriens, qui bien que l'on dise que le corps d'Osiris soit en plusieurs lieux, renomment toutefois parmi beaucoup de villes Abydos et Memphis, comme étant les seules dans lesquelles existe le tombeau d'Osiris. Aussi les Egyptiens riches et puissants se font-ils enterrer à Abydos pour avoir le même lieu de sépulture qu'Osiris. Et à Memphis, on nourrit l'Apis qui est la figure de son âme (1), ce qui fait que d'aucun interprètent le nom de cette ville : *Port des gens de bien*, et d'autres : *Sépulcre d'Osiris*. Et devant les portes de la ville, il existe une petite île nommée *Philœ*, qu'on dit inaccessible en tout temps, et à tous, de sorte que les oiseaux même ne peuvent y demeurer, ni les poissons en approcher, si ce n'est pendant un certain temps, pendant lequel les prêtres y pénètrent pour y faire des sacrifices et couronner

---

(1) De son âme animale *Kama-rupa*.

un monument ombragé de plantes grimpantes plus grandes qu'aucun olivier.

Ici se terminent les vingt premiers paragraphes du Traité d'Isis et d'Osiris.
Nous ne poursuivrons pas cette étude qui serait longue et aride, mais par la traduction de ce qui précède, le lecteur pourra se faire une juste idée de l'Esotérisme que contient le célèbre *Traité*, attribué à Plutarque.

# CHAPITRE XIV

## L'ÉSOTÉRISME CHEZ LES CHALDÉO-ASSYRIENS

Après l'Inde et l'Egypte, nous nous occuperons de la Chaldée et de l'Assyrie.

L'antiquité grecque et latine, de même que la tradition juive et la tradition arabe, désignent l'Egypte et la Chaldée comme étant les deux berceaux de la Magie et de l'Astrologie, considérées comme des sciences exactes comportant des règles fixes et non comme des arts plus ou moins empiriques, comme des arts maléfiques relevant de la Magie noire.

La lecture des hiéroglyphes, ainsi que celle des caractères cunéiformes du bassin de l'Euphrate et du Tigre nous ont fourni des sources originales qui nous ont permis d'étudier l'Esotérisme chaldéen.

Les papyrus magiques, les tables des influences astrales, les tablettes de terre cuite (*latercula coctiles*) nous permettant d'interpréter avec une très grande certitude, non seulement l'Esotérisme, mais aussi les sciences occultes de l'Egypte, de la Chaldée et de l'Assyrie. De nombreux documents et travaux, nous l'avons vu dans le chapitre précédent, nous ont appris ce qu'était la magie égyptienne, et nos lecteurs ne sont pas sans connaître les fameux papyrus Haris et ceux des musées du Louvre et de Turin ; ils connaissent également les explications qui ont été fournies sur les tableaux des influences astrales tracées sur les parois des tombes royales de Thèbes. Dans le présent chapitre, nous allons étudier l'Esotérisme Chaldéo-Assyrien, bien moins connu que celui de l'Egypte. Il n'y a rien de surprenant dans ce fait; l'Egyptologie date déjà de 70 à 80 ans, tandis que l'étude de l'Assyriologie ne date que d'hier. Aussi faut-il espérer que de nouveaux textes viendront compléter et parfaire ceux que nous connaissons aujourd'hui au sujet de la Doctrine Esotérique chez les Chaldéo-Assyriens. Il faut même espérer que le déchiffrement de nouveaux textes cunéiformes nous aideront à résoudre un problème des plus intéressants, celui qui touche à la population Touranienne de la Chaldée.

Sir Henry Rawlinson et M. Norris ont publié, il y a environ 35 à 36 ans, un *recueil* (1) dans lequel nous trouvons une grande tablette qui provient de la bibliothèque du Palais des Rois de Ninive, laquelle tablette renfermé environ 27 ou 28 formules conjuratoires contre l'action des Mauvais Esprits, contre les sortilèges, les sorts, etc. Malheureusement ces tables sont mutilées en grande partie. Le document en question rédigé en Accadien possède en regard à côté de lui une traduction assyrienne, et fait bizarre, le sens des deux textes n'est pas entièrement conforme ; mais pour l'étude qui suit, ces variantes ont peu d'importance, ne voulant étudier en effet pour l'instant que les Esprits connus des Chaldéo-Assyriens, Esprits qui sont fort nombreux, comme on va voir ; en voici un relevé : *Alal*, mauvais esprit, *Gigim*, qui est le produit d'un démon qui a pu s'emparer de l'homme et fait le mal par plaisir ; le *Juniu* qui est une sorte de lémure, les *Maskim* ou *Mazkim*, de même que le *Télal*, qui sont de méchants esprits ainsi que le *Uraku* dont le sens littéral signifie *énorme*. Ces mauvais esprits auraient à leur tête un Dieu infernal du nom de *Nin-a-Zou*, ce sont eux qui inspire-

(1) *Cuneiform Inscriptions of Asia* ; Pl. 17 et 18.

raient aux hommes les *Oudeshim* et les *Gedeschath*, rites infâmes produits par une monstrueuse abberration de l'esprit de dévotion,

Le nom générique des Mauvais Démons ou Génies est en accadien *Utuq*, ce même terme a passé dans l'Assyrien Sémitique.

En général, quelle que soit la classe des démons à laquelle ils appartiennent, ces mauvais esprits vont par groupe de sept.

Il y avait dans le ciel sept mauvais esprits, sept Fantômes de flamme, sept Démons des sphères ignées.

Les sept *Maskim* ou tendeurs d'embûches, de pièges, puissances de l'abîme, habitaient l'intérieur de la terre : c'étaient eux qui produisaient les tremblements de terre et toutes les perturbations souterraines, éruptions volcaniques, crevasses, etc., enfin tous les cataclysmes.

D'après les tablettes d'argile et les inscriptions Talasmiques gravées sur les cylindres ou autres objets assyriens ou babyloniens, nous pouvons nous faire une idée de la richesse démonologique que possédaient les Chaldéens, ainsi que de la savante organisation hiérarchique de leurs démons ; au sommet de cette hiérarchie sont des demi-dieux, presque des dieux dont les uns se nomment en Accadien *Mas*, c'est-à-dire guerriers, combattants, en Assyrien *Sed*, génies : d'autres sont nommés *Lamma*, c'est-à-dire colosses, en Assyrien *Lamas*. Ces peuples possédaient donc les *Mas* et les *Alap*, c'est-à-dire les bons et les mauvais génies, ainsi que les *Lammas* bons ou mauvais, ou bien ces dieux inférieurs que nous avons dénommés demi-dieux, étaient-ils des sortes de Janus *Bifrons* (à deux visages) manifestant tantôt de la bonté ou de la mauvaise humeur ? Nous l'ignorons absolument, car jusqu'à aujourd'hui, rien n'a pu nous l'apprendre ; de nouveaux déchiffrements nous l'apprendront-ils un jour, il faut l'espérer !

On peut ranger parmi les *Sed* bienfaisants, le taureau ailé, le gardien du seuil des portes des Palais Assyriens, ce qui nous permet d'affirmer ce fait, c'est qu'en Accadien, on nomme *Alap* (taureau) les génies bienfaisants. Le lion ailé *Nirgallu* appartient à la catégorie des *Lamas*.

Nous avons vu au *Musée Britannique* des milliers et des milliers de morceaux de tablettes d'argile provenant de la bibliothèque du Palais de Royoundjik, fragments qui ne seraient, dit-on, qu'un vaste ouvrage de magie d'après les uns, ou peut-être même la *Doctrine Esotérique Chaldéenne* ; c'est, du moins, notre pensée, si nous en croyons Diodore de Sicile (II, 29) qui en parlant d'un grand *Recueil*, nous informe qu'avec son aide, ils (les Chaldéens) essayent de détourner le mal et de procurer le bien, soit par des enchantements, par des purifications ou des sacrifices. Si tel n'est pas le monument détruit, on peut au moins appliquer ces paroles au monument publié par Rawilson, dont nous allons donner ici une analyse très succincte.

Nous savons que les Scribes d'Assourbanispal avaient exécuté plusieurs copies d'un grand ouvrage Esotérique, d'après un exemplaire d'une très haute antiquité, ayant appartenu à la bibliothèque d'Erech en Chaldée, lequel ouvrage comportait trois livres, dont l'un avait pour titre : *Les mauvais Esprits.*

Le second livre devait être un *Recueil d'Incantations* ; enfin le troisième portait des hymnes aux bons génies ou dieux.

Ceux qui savaient bien psalmodier ces hymnes ou même les déclamer possédaient un grand pouvoir, un pouvoir extraordinaire.

Nous devons faire ici une remarque très importante ; c'est que les trois parties de ce grand ouvrage correspondaient aux trois classes des docteurs Chaldéens qu'énumère le livre de Daniel ; à côté des astrologues (*Kasdim*) et des devins

(*Gazrim*) se trouvaient les conjurateurs (*Khartumin*); les médecins (*Kakamin*) et les théosophes ou docteurs sacrés (*Asaphim*).

Si nous pénétrons plus avant dans la science occulte des Chaldéo-Assyriens, si nous analysons et si nous étudions les formules incantatoires nous y retrouvons très souvent ces mots qui les commencent ou qui les terminent, quand ces mots ne sont pas à la fois au commencement et à la fin des formules d'incantation : « Esprit du ciel, souviens-toi ; esprit de la terre, souviens-toi où souviens-t'en ! »

Nous n'insisterons pas plus longuement à ce sujet, ne voulant pas dépasser les bornes que nous nous sommes imposées et nous aborderons tout ce qui touche aux Sorts, aux Enchantements, à l'Envoûtement proprement dit. Il était connu et fort pratiqué chez les Chaldéens. — Dans la magie noire de ce peuple, il y est question de sorciers et de sorcières, ainsi que de leurs maléfices. — Les sorciers étaient surtout fort nombreux chez le peuple d'Accad. On dénommait chez lui le sorcier, *le méchant, le malfaisant, le mauvais homme*. On évoquait le grand Dieu EA, pour se mettre à l'abri de l'envoûtement du *Mauvais homme*, qui pouvait causer toute sorte de maux, car il a à sa disposition la fascination par le mauvais œil (*la jettatura*), ainsi que par des paroles et des imprécations maléfiques. Les Chaldo-Assyriens savaient que le sorcier peut donner la mort et cela de toutes manières ; par sortilèges, par imprécations, par des poisons et des philtres qu'il mêle aux breuvages des ensorcelés, des envoûtés. Ajoutons que ces Chaldéens ne faisaient aucune différence entre le philtre, boisson enchantée, ou le poison.

Parmi les formules préservatrices contre le pouvoir du Sorcier, il en est une qui le désigne comme « celui qui forme l'image ».

Les documents magiques font très souvent allusion à l'Envoûtement qui était connu comme une des pratiques de la Magie Noire. — Et fait curieux à noter, c'est qu'un écrivain arabe qui vivait au XIV<sup>e</sup> siècle de notre ère, Ibn-Khaldoun, nous apprend que l'Envoûtement était fort en usage parmi les sorciers Nabutéens du Bas-Euphrate et voici comment en parle ce témoin oculaire (1).

« Nous avons vu de nos propres yeux, un de ces individus, fabriquer l'image d'une personne qu'il voulait ensorceler. Ces images se composent de choses dont les qualités ont un certain rapport

---

(1) Prolégomènes d'Ibn-Khaldoun, tome I, p. 177, d'après la traduction de Slane.

avec les intentions et les projets de l'opérateur et qui représentent symboliquement et dans l'unique but d'unir ou de désunir les noms et les qualités de celui qui doit être sa victime. Le magicien prononce ensuite quelques paroles sur l'image qu'il vient de poser devant lui et qui offre la représentation réelle ou symbolique de la personne qu'il veut ensorceler ; puis il souffle et lance hors de sa bouche une portion de salive qui s'y était ramassée et fait vibrer en même temps les organes qui servent à énoncer les lettres de cette formule malfaisante ; alors il tend au-dessus de cette image symbolique une corde qu'il a apprêtée pour cet objet et y met un nœud, pour indiqeur qu'il agit avec résolution et persistance, qu'il fait un pacte avec Sathan, qui était son associé dans l'opération, au moment même où il crachait, et pour montrer qu'il agit avec l'intention bien arrêtée de consolider le charme.

« A ces procédés et à ces paroles malfaisantes est attaché un mauvais esprit, qui enveloppé de salive, sort de la bouche de l'opérateur. Plusieurs mauvais esprits en descendent alors, et le résultat est que le magicien fait tomber sur sa victime le mal qu'il lui souhaite ».

Nous avons cru curieux de reproduire ici le passage de l'auteur arabe pour bien montrer que c'est toujours de la même façon que s'y prennent sorciers et sorcières, pour fabriquer l'image de la personne à envoûter (1). Il y a ensuite un détail fort curieux, c'est qu'au moment du pacte, l'individu, le sorcier « crache pour montrer son intention bien arrêtée ». Or, beaucoup d'enfants agissent aujourd'hui de même entre eux, quand ils jurent qu'une chose est, en même temps qu'ils lèvent la main, ils crachent aussi par terre pour donner plus de poids à leur affirmation.

On voit que les formules ne se perdent point.

Les Chaldéens reconnaissaient aussi une grande puissance à la Formule imprécatoire. C'était, de tous les moyens employés à nuire, le plus irrésistible.

Dans Rawlinson (2), nous trouvons cette formule reproduite d'après une tablette d'argile : « l'imprécation agit sur l'homme comme un démon mau-

---

(1) Ceux de nos lecteurs qui voudraient savoir ce qu'il faut penser de l'ENVOUTEMENT, n'auraient qu'à lire un roman de M. A. B. qui porte ce même titre ; 1 vol. in-18, Paris, Chamuel et Librairie des science, psychiques, 42, rue Saint-Jacques.

La suite de l'Envoûtement qui vient de paraître, a pour titre : THOMASSINE ; en vente à la même librairie.

(2) RAWLINSON. *Cuneiform Inscriptions of Western Asia*, tome IV.

vais. La voix qui crie existe sur lui ; l'imprécation de malice est l'origine de la maladie. Cet homme, l'imprécation malfaisante l'égorge, comme s'il était un agneau ; son dieu a dans son corps fait la blessure, etc. »

Après avoir dit quelques mots des Esprits, des génies et des petits Dieux ou demi-dieux, nous donnerons ici une énumération de Dieux plus importants et de Dieux planétaires.

Il existait un *Esprit de Moul-ge* ou *Seigneur de la contrée ;* cette périphrase nous paraît désigner clairement Bel-le-Grand, dieu des Assyriens, dont Bélit était la Grande Déesse ; on la désignait également *Esprit de Nin-ge lal* ou *Dame de la contrée*

*Adar*, l'Hercule Assyrien, dénommé aussi *Esprit do Nin-Dar, guerrier puissant de Moul-ge*, était considéré comme le Dieu de la planète Saturne.

*Nébo, Esprit de Pakou*, intelligence sublime de Moul-ge était le Dieu de la planète Mercure.

*Sin, Esprit de Eu-Zouna*, fils aîné de Moul-ge, était le Dieu de la Lune.

*Istar, Esprit de Triskou*, Dame des armées, était Déesse de la Planète Vénus.

*Biu, Esprit de Im*, roi de l'impétuosité, était le

Dieu de l'atmosphère lumineuse (l'aither) et des phénomènes atmosphériques (Foudre, électricité, météore, etc.).

*Samas, Esprit de Gad,* roi de Justice était le Dieu du Soleil.

*Anounaki,* Esprits d'Anounna-ge étaient les Dieux grands ou Esprits de la terre.

*Nin-ki-gal* était la terre personnifiée.

*Mardouk* était le Dieu Assyrien de la Planète de Jupiter ; on le dénommait chez les Chaldéens *Silik-Moulu-Khi* et avait pour père EA; les Babyloniens couschito-sémites ont ultérieurement dénommé ce Dieu *Noouah* (Noé ?)

EA est l'intelligence qui pénètre tout l'Univers, le Dieu qui préside à la Théurgie, qui révèle les rites mystérieux, ainsi que la formule et le nom caché et tout-puissant qui peut briser les plus formidables efforts des puissances de l'abîme.

Ces puissances, au nombre de sept, étaient les Maskim (démons) souterrains ; voici la formule conjuratoire employée contre eux : « Les sept, les sept, les sept au plus profond de l'abîme, les sept, abominations du ciel ; ils se cachent au plus profond de l'abîme et dans les entrailles de la terre ; ils ne sont ni mâles ni femelles et sont étendus captifs, sans épouses, ne produisant pas d'enfants, ignorant l'ordre et le bien, n'écoutant pas la prière, mais vermine véritable qui se cache dans la Montagne, ils sont ennemis d'EA ; ravageurs des Dieux, fauteurs de discordes et de troubles, agents d'inimitiés. — Esprit du ciel, souviens-t'en. Esprit de la terre, souviens-t'en ! »

Chez les Chaldéo-Assyriens, il y avait aussi des talismans puissants (*Sagba*)(en accadien) *mamit* (en assyrien) ; ils étaient fort divers ; il y avait les bandelettes d'étoffes portant écrites certaines formules ; on les attachait sur les vêtements comme faisaient les juifs des Phylactères. Voici comment on les préparait ; c'est une sorte de litanie d'invocations qui nous l'apprend ; voici ce qu'il y est dit : Deux bandes d'étoffes blanches servent de phylactères s'il est écrit avec la main droite ; si, au contraire, il est écrit avec la main gauche deux bandes sont en étoffe noire. Le Démon mauvais, le *alal* mauvais, le *gigim* mauvais, le *telal* mauvais, le *maslim* mauvais, le fantôme, le spectre, le vampire, l'incube, la succube, le servant, le sortilège mauvais, le philtre, le poison qui coule, ce qui est douloureux, ce qui est mauvais, tout cela jamais ne s'emparera, jamais ne saisira (sous-entendu le porteur) jamais ils ne reviendront (sous-entendu ces mauvais esprits),

Esprit du ciel, souviens-t'en ! Esprit de la terre, souviens-t'en !

Les Chaldéo-Assyriens avaient aussi des amulettes faits en pierres dures généralement, mais ils étaient aussi fabriqués avec d'autres matières ; souvent ces amulettes portent gravés des formules talasmaniques ou des figures de Divinités.

Dans la croyance chaldéenne, toutes les maladies de l'homme sont l'œuvre de démons, qui exercent chez lui la possession, aussi n'y eût-il en Assyrie et en Babylonie des médecins proprement dits, mais plutôt des exorcistes, qui procédaient par incantations, par l'emploi de philtres ou breuvages enchantés, *magnétisés* probablement.

Les Chaldéo-Assyriens considéraient comme de mauvaises entités possédant l'homme la peste (*Namtar*) et la fièvre (*Idpa*) en Assyrien *Assaku*.

Dans un récit d'une descente aux Enfers d'Istar, nous voyons *Namtar* serviteur d'Alat, la Déesse infernale, qui régnait en souveraine sur les sombres demeures du Pays immuable, le *Schéol* des Hébreux, l'*amenti* des Egyptiens, l'Enfer, d'autres peuples.

Les Ombres dénommées en accadien *Innin* (lémures) et *Uruku* (Larves) avaient accès dans ces lieux. Les trois principales entités de cette catégorie (les Ombres) sont : le fantôme (en Assyrien *Labarta*, en Accadien *Rapgaume*); le vampire (en assyrien *Akharu* ; en accadien *Rapganmehhab*) ; enfin le spectre en Assyrien *Labassu*, en accadien *Rapganmea*.

Chez les Chaldéens, comme chez les autres peuples, le plus haut et le plus irrésistible des pouvoirs résidait dans le nom mystérieux et caché dans le Grand nom divin Suprême, dont Ea avait seul connaissance. Devant ce nom, tout fléchit ; les Esprits du ciel, de la terre et des enfers ; mais ce grand nom divin reste le secret d'Ea, car si un mortel pouvait le découvrir, le savoir, il serait aussi puissant que les Dieux eux-mêmes, on voit que c'est comme le AUM des Hindous ; chez les Juifs, le nom divin *Ichem* était doué de propriétés également toutes spéciales.

Pour résumer ce qui concerne l'Esotérisme chez les Chaldéo-Assyriens, nous dirons que par ce que nous connaissons des choses ésotériques de ce peuple, ils avaient les mêmes connaissances que les Hindous et que les Egyptiens ; on voit donc que la Doctrine Secrète a toujours été jusqu'ici la même chez les peuples que nous avons étudiés, passons chez les Hébreux.

# CHAPITRE XV

### LA DOCTRINE ESOTÉRIQUE CHEZ LES HÉBREUX

Les Hébreux ou Sémites (*fils de Sem*) prétendaient être les premiers nés de l'humanité. Ils paraissent détachés d'une souche démommée *Couschitique*, par les Anthropologistes. Or ce fait est absolument démenti, car l'on retrouve dans les langues sémitiques des restes d'agglutination provenant de précédents idiomes plus anciens ; donc la langue hébraïque ne peut être considérée comme la langue primitive, si toutefois il en a jamais existé une, spéciale, ce que nous ne voulons pas discuter en ce moment.

Mais les Hébreux avaient (ceci est indiscutable) une *Doctrine Esotérique*, qu'ils tenaient certainement des Hiérophantes Egyptiens.

C'est là un fait indiscutable, puisque Moïse, initié

Egyptien, était prêtre du sanctuaire de Memphis.

Tout l'Esotérisme hébraïque est contenu dans la Kabbalah et celle-ci dans tous les livres sacrés hébraïques. On peut donc dire que la kabbalah est la résultante de la science Esotérique Egyptienne, dérivée elle-même de la Doctrine Esotérique Hindoue qu'avait apportée une émigration vers l'Egypte avant leur exode de l'Inde, sous la conduite de Menès.

Que signifie ce terme kabbalah? Il signifie *Tradition*. Dans la plus haute antiquité, ce terme paraît n'avoir eu qu'une acceptation purement religieuse ; c'était une sorte de théologie secrète qui enseignait à découvrir le sens mystique et secret des livres sacrés, des *Saintes Ecritures*.

Ce qui prouve bien que chez les Hébreux, la kabbalah ou Doctrine secrète s'apprenait par tradition orale, c'est que même au III$^e$ siècle avant J.-C., il en était ainsi ; nous voyons en effet les *Thanim* ou professeurs de Déologie l'enseigner oralement. Ajoutons que ce sont les dictionnaires et les lexiques qui donnent à ce terme de *Thanim* le sens de professeurs, mais un grand nombre d'Hébraïsants, le regretté Ad. Franck entre autres, donne à ce terme la signification d'*organes de la tradition* ; ce qui prouverait que si ce terme signifie aussi professeurs, ceux-ci ne donnaient pas leurs leçons par écrit, mais oralement. Juda dit *le Saint,* paraît avoir été le continuateur de ces *Thanim* qui enseignaient sans aucun doute la kabbalah, véritable *Doctrine secrète* sur la Cosmogonie et la nature de Dieu. Ceci démontre évidemment que l'ancien judaïsme possédait, comme toute religion, sa *Doctrine secrète* que le vulgaire devait totalement ignorer.

Cependant les livres sacrés des Hébreux contiennent toute la kabbalah ou doctrine secrète ; voilà pourquoi ils renferment un sens caché, qu'on ne saurait comprendre sans posséder une clef pour leur lecture ; voilà pourquoi encore la kabbalah est une science longue et très difficile à apprendre.

Pour s'initier à la kabbalah, il faut beaucoup de temps et beaucoup de travail ; il faut étudier, méditer et comprendre les écrivains Hébreux de la Collection de Pistorius, surtout le *Sepher Jetzirath* ; il faut étudier aussi la philosophie d'amour de Léon l'Hébreu, le grand et important livre du *Zohar* dont une partie a été traduite par un anonyme (1) ; on peut également consulter le

---

(1) Cette étude a paru dans la Revue la HAUTE SCIENCE (années 1893 et 1894); puis en un volume chez Chamuel,

*Zohar* (dans la collection de 1684, intitulée : *Cabala Denudata*) ; la Pneumatique cabalistique, puis les écrits de Reuchlin, de Gelatinus, de Kircher, de Pic de la Mirandole ; le Talmud dénommé par Guillaume Postel, la *Genèse d'Henoch* et enfin le beau volume d'Adolphe Franck sur la kabbale, dont la seconde édition n'a paru qu'un demi-siècle après la première, c'est-à-dire en 1887. On pourrait lire aussi avec beaucoup d'utilité le *Livre du jugement* d'Albert Jhouney.

La kabbalah vient donc de Moïse, qui la tenait des Egyptiens ; on sait que la nation juive avait émigré en Egypte comme une famille nomade composée de soixante-dix membres environ (1). Ayant séjourné dans ce pays plus de 400 ans, cette famille devint un grand peuple, qui traversa plus tard la mer Rouge. Il n'est donc pas étonnant que l'Esotérisme juif et l'Esotérisme égyptien aient

---

éditeur, Paris 1895. Mais ce n'est pas là une traduction intégrale, totale, car le Zohar comporte *trois volumes* de texte rabbinique compacte et l'œuvre de M. Chateau, que nous mentionnons ci-dessus, ne fournit qu'un petit volume. Il serait donc fort désirable qu'une société d'érudits hébraïsants traduisit le *Zohar* tout entier, qui est une véritable mine des traditions esotériques des plus curieuses au point de vue de l'Occultisme et même nous ajouterons de la *Question juive*

(1) Moïse, II, 1. 5.

de nombreux points de contact et de ressemblance, puisqu'ils proviennent l'un de l'autre et qu'ils dérivent tous deux de la même origine asiatique. Il nous serait facile d'établir de nombreux rapprochements entre les croyances des deux peuples, et puis ramener celles-ci aux croyances hindoues, mais le lecteur pourra lui-même établir des parallélismes et des rapprochements faciles entre les trois croyances.

Dans le courant de cette étude, nous aurons occasion de revenir sur ce même sujet.

On divise la kabbalah en deux grandes sections : la première *Bereschit*, renferme la science proprement dite des vertus occultes renfermées dans le monde ; l'autre section la *Mercava, Mercaba* contient la connaissance des chose surnaturelles.

## LES MONDES, D'APRÈS LA KABBALAH

Rien ne peut rien produire ; or, donc la matière ne peut être sortie du néant !

La matière à cause même de sa vile nature ne doit pas, ne peut pas devoir son origine à elle-même, d'où il s'ensuit que tout ce qui est, est Esprit. Celui-ci est incréé, éternel et il porte en lui le mouvement, par conséquent cet esprit est l'AIN-SOPH, même, c'est-à-dire le Dieu infini, l'INCONNAISSABLE, l'Innommable ; aussi plus les choses sont proches de leur origine, de leur source et plus elles sont grandes, infinies, divines et réciproquement plus elles en sont éloignées, plus leur nature est avilie, dégradée, matérielle, mauvaise.

Le monde est distinct de Dieu, comme un effet de sa cause, mais non comme un effet passager, mais permanent. Or le monde étant une émanation de Dieu même qui, par son essence, est entièrement caché ou plutôt incompréhensible et n'a voulu se manifester que par ses émanations, lesquelles émanations ont créé quatre mondes différents : les mondes *Azileutique, Briahtique, Angélique* et *Asiahtique*.

La kabbalah reconnaît dans l'Univers quatre monde également. Ce sont : *Briah* le nom divin des causes, habité par les âmes, les esprits moins rapprochés de leur origine que les Séphirots, sous la bienveillante influence desquels ils se trouvent placés dans la hiérarchie kabbalistique, ce monde s'appelle le *Trône de la gloire*.

Le *Jetzirat* est le monde intellectuel des pensées, on le nomme aussi monde Angélique ; les purs esprits qui l'habitent ont pour chef *Métatron*, qui seul a la faculté de voir Dieu. Le troisième monde *Asiah*, est celui des phénomènes, il renferme des corps composés d'une matière très divisible, changeante et destructible.

Au-dessus de ces mondes, se trouve *Aziluth*, c'est-à-dire le monde inaccessible de l'ineffable divinité, il est peuplé des *Séphiroths* (splendeurs-lumières) sorties de l'Etre infini, comme sort du feu et du soleil la chaleur. Dans celui-ci sont créées les âmes qui y planent comme les nuages dans l'aither.

De ces quatre mondes ou sphères où descendent les émanations divines ; Aziluth est le plus pur, puis vient Briah, ensuite Jetzirat, enfin Asiah.

Pour éprouver les âmes, Dieu les laisse traverser tous les mondes, tomber même jusqu'à *Asiah*, c'est-à-dire dans le monde inférieur.

Quand l'âme a quitté Aziluth, elle descend et s'abaisse, elle connaît l'ignorance, la faim, le remords, le désespoir, l'esclavage, l'égoïsme, la haine, l'avilissement et la mort.

Puis, quand l'âme commence à aimer son prochain et désirer Dieu, elle retourne et récupère son ancienne noblesse, son innocence ; alors son évolution recommence et elle passe d'*Asiah* dans

*Jetziral*, puis dans *Briah*, enfin elle rentre dans *Azlluth* son point de départ.

## L'AME APRÈS LA MORT

La kabbalah admet que l'âme est immortelle, que sa vie sur la terre n'est seulement qu'un temps d'épreuves entre sa préexistence et sa postexistence tandis que la mort n'est qu'un passage, une transition à un mode d'existence nouveau et plus spiritualisé que la vie *Sthulique*, ou vie physique.

La kabbalah voit dans l'homme un Dieu déchu, mais appelé à retourner finalement dans le sein de Dieu.

Par ces dernières lignes, on voit que la kabbalah est, sans conteste possible, originaire de l'Inde, puisque le Bouddhisme Esotérique le plus ancien reconnaît que tous les hommes ou du moins l'âme des hommes doit un jour retourner au Nirvâna, dont elle est une émanation.

Mais d'après la kabbalah, cette réunion à la source dont elle est émanée n'est pas possible à l'homme dans l'état actuel où il se trouve, en raison de sa matérialité grossière. Il faut donc que l'homme s'épure de plus en plus, se spiritualise, afin de réintégrer sa puissance et ses pouvoirs originels, ses pouvoirs psychiques. Mais quelle longue suite d'existences l'homme doit parcourir pour atteindre ce but final ? La kabbalah ne le dit point ; nous ne pouvons nous en faire une idée, que par ce que nous apprend la Doctrine Ésotérique hindoue.

La kabbalah distingue un très grand nombre de morts ; mais il en est deux principales ; celle qui vient d'en haut et celle qui vient d'en bas. La première consiste en ce que la Divinité diminue successivement ou supprime même brusquement son influence sur *Neschamah* et *Ruach* alors *Nephesch* ayant perdu ce qui l'animait est par là même abandonné. La seconde espèce de mort consiste en ce que le corps, forme d'existence inférieure et temporaire, se désorganise sous l'influence de quelque trouble ou de quelque lésion et perd la double propriété de recevoir d'en haut l'influence vitale qui lui est nécessaire et d'exciter Nephesch, Ruach, Neschamah pour la faire descendre à lui.

Mais la mort s'effectue pendant une période de temps beaucoup plus longue qu'on ne le croit généralement, car le Nephesch, le Ruah et le Neschamah (corps, âme, esprit) se séparent et se dissocient l'un après l'autre. Neschamah, qui a son siège dans le cerveau et qui a été le dernier à s'unir au corps matériel, est le premier qui le quitte et s'en sépare et cela quand la mort est naturelle, même avant le moment que nous avons l'habitude d'appeler la mort. Il ne laisse dans Merkabah (mot à mot : *char*, c'est l'instrument ou véhicule, par lequel l'esprit agit dans le corps) qu'une illumination. La personnalité peut subsister sans la présence de Neschamah, mais en même temps le Ruah se développe et grandit et peut alors percevoir ce qui dans le courant de la vie restait pour lui caché. Sa vue peut percer l'espace où il peut distinguer ses parents et ses amis défunts. — Quand vient le tour de Ruach de quitter la terre, il se répand dans tous les membres du corps pour en prendre pour ainsi dire congé, puis il se retire dans le cœur ; c'est le moment de l'*agonie* pendant lequel Ruach a à se défendre contre les *mazkim*, stryges ou mauvais esprits, qui se précipitent sur le cadavre à la manière des mouches vertes sur la chair en putréfaction. La séparation de Ruach du corps est plus ou moins pénible ou douloureuse suivant l'état spirituel et moral du moribond. Elle peut être agitée et très pénible, comme aussi très facile et sans douleurs ; la vie s'éteint à la façon d'une lampe sans huile. C'est dans le cœur qu'est la racine de la vie pour *Ruach* qui pendant l'existence terrestre se dilate dans tout le corps et se forme deux autres centres d'action dans le cerveau et dans le foie.

C'est dans le cœur que Ruach s'attache à la *Vie matérielle* et c'est dans le cœur qu'il la termine et s'en arrache. Les clairvoyants perçoivent très bien l'âme s'échapper de la bouche comme le représentent du reste toutes les *Iconographies* religieuses. Elle sort de la bouche sous l'aspect d'une flamme agitée et comme elle n'est point encore assez mobile, ni assez confiante pour pouvoir et savoir passer à travers les murs, il faut toujours avoir soin d'ouvrir une fenêtre dans la chambre du trépassé.

Le Talmud distingue 900 espèces de morts différentes, plus ou moins douloureuses. La plus douce de toutes est celle qu'on nomme *le Baiser*. La plus pénible est celle dans laquelle le mourant éprouve comme la sensation d'une épaisse corde de cheveux qu'on arracherait du gosier. Une fois Ruach parti, l'homme semble mort, il n'en est rien cependant, car Nephesch, qui est l'âme de la vie élémentaire et matérielle, habite encore en lui. C'est Nephesch qui, arrivé le premier dans l'homme, en part le dernier. Il a son siège dans le foie et à la mort, il se répand dans tout le corps ; mais les maskim faisant irruption, il est obligé de se retirer du corps. Cependant, il ne peut se décider à abandonner complètement cette dépouille, cette vile *coque*, avec laquelle il a vécu ; aussi reste-t-il auprès d'elle et ne s'élève-t-elle dans l'atmosphère, dans *le plan astral*, que lorsque survient la putréfaction, qui le chasse. Mais, même après s'être décidé à partir, à s'élever, il reste encore dans le tombeau une partie de lui. C'est cette portion que la kabbalah appelle le *Habal de Garnim* ou *Souffle des ossements*, *Esprit des ossements* et les diverses écoles d'occultisme : corps astral, préristprit, corps lumineux, corps glorieux, corps de résurrection.

Dans la tombe, le *Habal de Garnim* est dans un état de léthargie obscure, qui pour le juste est un doux sommeil ; plusieurs passages de Daniel, des *Psanmes* et d'Isaïe y font allusion.

Comme cet *Esprit des ossements* conserve dans la tombe une certaine sensibilité, le repos de ceux qui dorment leur dernier sommeil peut être troublé de toutes sortes de manières. C'est pour cela qu'il était défendu chez les juifs d'enterrer l'une auprès de l'autre des personnes qui avaient été ennemies pendant leur vie, ou de placer un saint homme auprès d'un criminel. On prenait soin, au contraire, d'enterrer ensemble des personnes qui s'étaient aimées. Le plus grand trouble pour ceux qui dorment depuis peu dans la tombe est l'évocation, car alors même que Nephesch est parti *l'Esprit des ossements* reste encore attaché au cadavre et peut être évoqué. Cette évocation atteint en même temps *Nepheseh*, *Ruach* et *Neschamah*, qui, bien que chacun vive dans le séjour distinct où il est allé, n'en restent pas moins unis l'un à l'autre par un lien fluidique au moyen duquel, l'un ressent ce que les autres éprouvent. C'est pour cette raison que Moïse défendait d'évoquer les morts.

Quand les différentes parties constituantes de l'homme ont été séparées par la mort, chacune d'elles se rend dans la sphère vers laquelle l'attirent sa nature et sa constitution, accompagnée par les êtres qui lui sont semblables et qui entouraient déjà son lit de mort, car d'après la kabbalah, l'Univers entier qu'elle appelle *Aziluth*, comprend tous les degrés matériels, depuis le plus grossier jusqu'au plus subtil ou spiritualisé ; et il est divisé en trois mondes qui sont, nous l'avons vu, en les nommant en progression croissante de pureté : *Asiah*, *Jetsirah* et *Briah*. C'est dans ces trois mondes que se rendent successivement et l'un après l'autre *Neschamah* (dans Briah), *Ruach* (dans Jetsirah) et *Nepheseh* (dans Asiah); car l'homme (le *microcosme*) possède en lui les mêmes divisions fondamentales que le *Macrocosme* même.

Asiah est donc le monde matériel dans lequel nous nous mouvons; et ce que nous percevons par nos sens, n'en est que la partie tout à fait inférieure et la plus matérielle. C'est ainsi que de notre être nous ne pouvons voir que la partie la plus matérielle: le corps. A la mort, le corps dissous et décomposé, reste dans la partie tout à fait inférieure du monde d'Asiah, mais comme nous l'avons dit plus haut, le *Habal de Garnim* ou *Esprit des ossements*, reste uni à lui. Ce dernier n'est pas visible pour nous; « si nos yeux pouvaient le percevoir, dit le *Zohar*, nous pourrions voir la nuit, quand vient le Schabbath, ou à la lune nouvelle, ou aux jours de fête, nous verrions les Dinkim (spectres) se dresser dans les tombeaux pour louer et glorifier le Seigneur. »

Les sphères supérieures du monde d'Asiah servent de séjour à Nephesch. Ruach, lui, trouve dans le monde de Jetsirah un séjour approprié à son degré de spiritualité. Nous avons dit qu'il était le siège de la volonté, aussi est-il l'âme du mort, qui souvent vient s'entretenir avec les vivants qu'il a laissés sur la terre. Au contraire Nephesch est une espèce de *Larve*, abandonnée dans l'atmosphère, douée cependant d'instinct, quoique sans volonté bien précise, qui obéit aux évocations ; cette larve peut encore se remplir de matière pour se rendre visible (se revêtir de substance).

Enfin Neschamah répond au monde de *Briah* que le *Zohar* nomme le *Monde du trône divin*.

La Kabbalah dénomme *Zelem* le vêtement particulier sous lequel continue à subsister le Nephesch, le Ruach et le Neschamah, et dont l'apparence répond à celle qu'avait l'homme de son vivant. Le *Zelem* est constitué de trois parties : une *lumière-intérieure* spirituelle et deux *Makifim* ou *Lumières enveloppantes*.

Dans toute espèce d'apparition, que ce soit celle d'un ange ou génie de l'âme, d'un mort ou d'un esprit inférieur, ce n'est pas le *Zelem* lui-même que nous voyons par nos yeux, ce n'en est qu'une image qui, construite avec la vapeur subtile de notre monde extérieur, prend une forme susceptible de se redissoudre immédiatement.

Autant la vie des hommes sur la terre offre de variétés, autant est varié leur sort dans les autres mondes qu'ils vont habiter. Plus on a commis ici-bas d'infractions à la loi divine, plus il faut subir de châtiments et de purification. Le *Zelem* aussi se ressent de la vie qu'on a menée. « La beauté du *Zelem* de l'homme pieux, dit le *Zohar*, dépend des bonnes œuvres qu'il a accomplies ici-bas. Chez les hommes pieux, les Zelem sont purs et clairs, chez les pécheurs ils sont troubles et sombres ».

Aussi chacun des trois mondes *Asiath*, *Jetsirah* et *Briah* a son *Gan-Eden* (Paradis), son *Nakar-Dinan* (fleuve de feu pour la purification) et son Geï-Hinam (lieu de torture pour le châtiment), etc...

Et c'est dans ces divers lieux que l'âme de l'homme (*Anosh*) réside suivant ses mérites ou ses démérites.

Disons en passant que le terme hébreu *Anosh* qui sert à désigner l'homme, s'écrit en copte et en égyptien *Ank* et signifie *vita, anima*. Numériquement on peut traduire Anosh par le nombre 365 — 1 = 364 ou 365 + 1 = 366, soit les phases de l'année solaire.

Les nombres des jours de l'année correspondent à l'homme septenaire ou deux fois septenaire, car il y a l'homme psychique et l'homme physique, soit donc 7 + 7 = 14 qui correspond à 365 — 14 soit 3 + 6 = 9 + 5 = 14 ; tous ces nombres étant additionnés théosophiquement.

Etudions à présent l'Esotérisme chez les divers peuples anciens et modernes, ainsi que diverses personnalités ou auteurs ayant eu une influence plus ou moins considérable sur les *Etudes Esotériques*.

FIN DU PREMIER VOLUME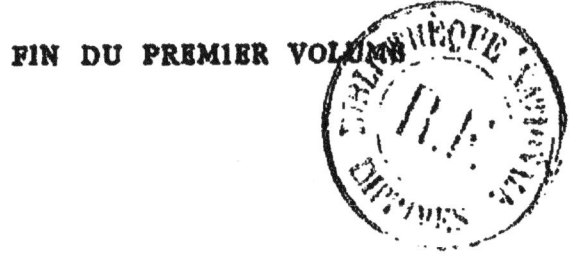

# TABLE SOMMAIRE

## ANALYTIQUE DES MATIÈRES

CONTENUES DANS LE PREMIER VOLUME DE LA

## DOCTRINE ESOTÉRIQUE

INTRODUCTION. . . . . . . . . . . . . . . . 1

Code de morale, 1. — Qu'est-ce que la Doctrine Esotérique ? 1. — D'où provient cette Doctrine ? 2. — Migrations Asiatiques, 2 et 3. — Mirage Oriental, 3. — Qu'est-ce que le Sanskrit ? note 1, p. 3. — D'où provient la Tradition Esotérique ? 4. — Quel serait le plus ancien peuple du monde ? 4. — Rôle de l'Orient envers l'Europe, 5. — Un livre sur la Doctrine Esotérique était attendu, 5. — Notre Œuvre, 6. — Religion et Esotérisme, 7. — Les sectes et les religions ont toutes possédé une Doctrine Esotérique, 8. — Le réveil de l'Esotérisme, 9. — Les diverses formes, 10. — Nos efforts en Occultisme, 11. — Attaques contre les Spiritualistes, 12. — A propos de H. P. Blavatsky, 13. — Programme de notre Œuvre, 13, 14 et 15.

# PREMIÈRE PARTIE

## Préliminaires.

CHAPITRE PREMIER. — DÉFINITIONS ET SYMBOLES . . . . 18
Périodes de l'Esotérisme, 17. — Avenir du mouvement Esotérique, 19. — Grâce à des hommes de valeur, on peut relier entre eux les chaînons de la Doctrine Esotérique, 21. — Citation d'une œuvre de L. Dramard, 22. — Vérités élémentaires, 23. — Définitions et Symboles, 24, 25. — Symbolisme du Sanglier, 27. — Symbolisme du Lotus, 28, 29. — L'œuf du monde, 30. — Le terme AUM, 31.

CHAPITRE II. — LA MATIÈRE, EVOLUTION, INVOLUTION . . 35
La substance unique, 35. — Berthelot et les alchimistes, 36. — Qu'est-ce que l'aither, 37. — Unité de la matière, 38. — De l'évolution et de l'involution, 41. — Qu'est-ce que l'œuf? 44. — Ovogénie, Embryologie, 45. — Que renferme un bloc de houille, 46. — Protoplasma primordial, 47. — Homogénie, Hétérogénie, 48. — Première phase de l'Evolution, 49. — Le transformisme, 49. — La Monade, 51. — Microcosme et Macrocosme, 52. — Lucifer, 54. — Adam, 58. Sathan, 62.

CHAPITRE III. — RENAISSANCE, RÉINCARNATION, DÉVAKAN. 60
La Réincarnation, 66. — Vérité de la réincarnation, 67. — Théorie de l'Evolution, 69. — Les nations civilisées ont cru à la réincarnation, 70. — Dévachan et Dévachani, 74. — Ce que sont les Skandas, 76. — Doctrine indiscutable des Renaissances, 77. — Dévakan, 79. — L'Avitchi, 82. — Les divers Lokas, 83.

CHAPITRE IV. — DE L'HOMME AU POINT DE VUE THÉOSO-
PHIQUE. . . . . . . . . . . . . . . . . 87

Composition de l'homme, 87. — Atma le Soi Supérieur, 88. — Fourreaux et Coques, *ibidem*. — Corps physique, 89. — Corps causal, *ibid*. — Corps spirituel, 90. — L'aura, 91. — Le corps mental, *ibid*. — De l'homme *post mortem*, 93. — L'Ego Supérieur ou *Manas*, 95. — Le but de *Karma*, 96. — Le cerveau, 97. — la série de nos existences, *ibid*. — Qu'est-ce que le manas? 98. — Le manas inférieur, 99. — Distinction entre le Manas et son rayon, *ibid*. — Les Nirmanakayas, 100. — L'*Ego* inférieur, 101. — Atma, 102. — La voix de la conscience, *ibid*.

CHAPITRE V. — LES POUVOIRS PSYCHIQUES. . . . . . . 104

But de l'Esotérisme, 104. — Que doit faire l'élève-occultiste, 105. — Moyens à employer pour obtenir une sorte de pouvoir régénérateur, 105, 106. — Que faut-il faire pour devenir Occultiste? 107. — l'Esotérisme est à la fois une science et un art, 109. — On ne saurait écrire un Traité d'Esotérisme à l'usage des gens du monde. 110. — Le secret de l'Occultisme, 111. — Paroles du Mage au Néophyte, 115. — Rien n'est caché pour l'Initié, 113. — L'Enseignement de Bouddha, 115. — Un passage d'Eliphas Lévi, 116. — Encore le Moi ou Ego Supérieur, 117.

# DEUXIÈME PARTIE

## La Doctrine Esotérique à travers les âges.

CHAPITRE VI. — CHEZ LES HINDOUS . . . . . . . . . 119
    Où est née la Doctrine Esotérique ? 119. — D'où proviennent les mystères ? 120. — Quelle est l'origine des Hindous ? 120. — Les Rutas, 121. — Périodicité des convulsions géologiques, 121. — Ce que nous apprend à ce sujet le *Hari-Purana*, 122. — La colère de *Puruska*, 122. — Prièrede Vishnou à Brahmâ, 123. — Où a été conservée la Doctrine Esotérique, 124. — Les Mahatmas ; que sont-ils ? 125. — L'Initié à la science occulte, 127. — Facultés que possède l'adepte, d'après Sinett, 128. — Fraternité du Tibet, 129. — Légendes orientales, 131. — La Courtisane et le pieux Bouddhiste, 132. — La morale que renferme cette légende, 136. — Conte tibétain traduit en français par Foucaux, 136.

CHAPITRE VII. — LA MORT DE YADINADATTA . . . . . . 138
    Introduction, 138. — Le roi Daçaratha, son bonheur, 138. — L'Education de son fils, 139. — Rama épouse la belle Sita, 141. — La Reine Kei-Keyi, 141. — Exil de Rama, 142. — La douleur de Daçaratha, 143. — Qu'est-ce que Raha ? note 1, p. 143. — Homicide par imprudence, 145. — Meurtre de Yadinadatta, 146. — Daçaratha se rend chez le Brahmane infortuné, 147. — Il raconte son meurtre inconscient, 149. — Sa mort, 155.

CHAPITRE VIII. — LA DOCTRINE ESOTÉRIQUE. CHEZ LES
    EGYPTIENS . . . . . . . . . . . . . . . . . . 156

D'où les Egyptiens tenaient-ils la Doctrine ? 156. —
Ils utilisaient le Symbolisme, 157. — Les Mystères,
160. — Il était interdit sous peine de mort de les révéler,
161. — La Religion Egyptienne et Maspero, 163. —
Une incantation magique, 164. — Le *livre des morts*,
commenté et expliqué ; Avant-propos, 165. — La
grande préoccupation de l'Egyptien, 166. — Au Congrès
International des Orientalistes de Paris (1897), 167. —
Aucun Egyptologue n'a pu interpréter l'Esotérisme du
livre des morts, 168. — Lepsius, premier éditeur du
*Livre des morts*, 169. — Généralités Egyptologiques,
170. — Religion, Dieu Unique, 172. — Opinion de
Pierret sur le *Livre des morts*, 177. — Pérégrination de
l'âme, 180.

CHAPITRE IX. — LE LIVRE DES MORTS. . . . . . . . . 183
Important dialogue de l'âme, 183. — Commentaires
du premier chapitre, 185. — Qu'est-ce que le Nirvana ?
186. — L'homme est-il Dieu ? 187. — Une procession
funéraire, 189. — Le chapitre XVI du livre des morts
n'a qu'une vignette qui représente un prêtre faisant
des libations, 189. — La science égyptienne (Sho), 190.
— Le champ d'Aanrou, 191. — Analyse des chapitres
XVIII à XX, p. 192. — Commentaires, 194. — Analyse
de divers autres chapitres de la première et seconde
partie, de 195 à 208.

CHAPITRE X. — LIVRE DES MORTS (*suite*) . . . . . . . 209
Opinion du regretté Fr. Lenormant sur ce LIVRE; 209.
Définitions de différentes parties de l'homme d'après
la Doctrine Egyptienne, 211. — Le double aithérique,
215. — Les juifs kabbalistes adoraient le Ka, 216. —
Les dix noms de Dieu dans la Bible, 216. — Etude de
la Troisième Partie du Livre des morts, 217. — Qu'est-
ce que le *Tiaou ?* 224. — *Soma* n'est pas un Don Juan
sidéral, mais une liqueur, 226. — Aperçus de Bla-

vatsky sur le livre, 228. — Invocation de l'Osiris N., 229. — Commentaires sur les Cynocéphales, 230. — Analyse du chapitre CXXVII du livre des morts, 231.

Chapitre XI. — Le Livre des Respirations . . . . . 250
Importance que les Egyptiens attachaient au souffle, 250. — Le livre des respirations : *Shaï-An-sin-sin*, *ibid*. — J. de Horrach, son traducteur français, 251. — Haute-Antiquité du *Livre* 252. — Commencement du Livre 253. — Commentaires, 254 à 256. — Ce livre était considéré par les Egyptiens comme un talisman, 257.

Chapitre XII. — Le livre des morts (*fin*). . . . . 258
Livre composé pour la naissance d'Osiris, 258. — Commentaires, 259. — *Shou* donne le souffle, 259. — Le Couple des Lions, 260. — Chapitre CXXXI, 261. — Commentaires 262. — *Hou*, le Dieu-substance, 263. — *Shou*, symbole du soleil, 263. — Analyse des chapitres CXXXII et CXXXIII, commentaires, 264. — Conclusions, 265. — Le Chef des chefs divins, 266. — Opinion de Chabas, sur les femmes Voyantes, 267. — Colonne de Spath, amulette, 267. — Analyse des chapitres CLIX à CXXV, 268. — Astres voyageurs, 269. — Localité dite Ammah, 270. — Un grand crime de l'Ancienne Egypte, 270. — Le secret des Pyramides de Memphis, 271. — Un Nil artificiel créé par les Pharaons, 272. — A propos de nos colonies africaines, 273. — Utilité de créer une mer intérieure en Afrique, 274. — Projet Roudaire, 275. — Fonction peu connue du Canal de Suez, *ibid*. — L'utilité d'un Congrès international pour régler la question du Nil, 276. — Le crime des Pharaons, 277. — Qu'est-ce que l'Egypte, *ibid*. — L'Egypte des Anglais, 278.

Chapitre XIII. — Traité d'Isis et d'Osiris . . . . . 280

Traduction Esotérique de ses XX premiers paragraphes, 280. — Comment est faite notre traduction, 281. — Qu'est-ce qu'Isis, 285. — § 1er, 286. — § II, 288. — Voracité de Saturne note 2, p. 287. — Qu'est-ce que Typhon, 288, note 1, p. 289. — § III, Qu'est-ce qu'Isis, 290. — Les Prêtres Isiaques, 291. — Un vieil adage, note 2, p. 291. — § IV, Sur les prêtres d'Isis, 292. — Un passage difficile à traduire, notre traduction, 293. — § V, Sur les prêtres Isiaques, 294. — Pourquoi évitaient-ils l'obésité, note 1, p. 294. — § VI. — De l'usage du vin en Egypte, 296. — § VII, Des poissons comme comestible, 297. — § XIII 298, Poisson et oignons, Truie, 299. — Horreurs des Egyptiens pour la mollesse, 300. — § IX, D'où étaient tirés les Rois, 301. — A propos d'*Amum*, 302. — § X, Quelques préceptes de Pythagore, 303. — Les hommes de guerre, 304. — § XI, A propos de Mercure, 304. — § XII, Rhéa et Saturne, 306. — Fête des *Pamyliès*, 307. — § XIII, Osiris instructeur des Egyptiens, 308. — Typhon s'empare d'Osiris, 309. — § XIV, Les Frayeurs paniques, 310. — Osiris amant de sa sœur, 311. — § XV, Isis recherche le coffre contenant Osiris, 312. — § XVI, Isis retrouve le coffre contenant Osiris, 313. — § XVII, Isis embrasse le corps d'Osiris, 314. — § XVIII, Typhon coupe en 40 morceaux le corps d'Osiris, 315. — Voilà pourquoi il existe tant de sépultures d'Osiris, 316. — § XIX, Osiris et son fils Horus, 317. — § XX, Ce qu'on doit penser des fables égyptiennes, 319. — Pourquoi les riches Egyptiens se font-ils enterrer à Abydos, 320.

CHAPITRE XIV. — L'ESOTÉRISME CHEZ LES CHALDÉO-ASSYRIENS. . . . . . . . . . . . . . . 323
Où avons-nous pu puiser l'Esotérisme Chaldéen, 323.

Pourquoi cet Esotérisme est-il moins connu que celui de l'Egypte, 324. — Noms de quelques Esprits Chaldéo-Assyriens : *Gi, gim, Junin, Ma3him, Sélal, Uraku* et autres 324. — Les *Oudesheim, Gedeschath, Utuq, Maskim,* p. 325. — Les *Mas, alap, Lammas, Sed,* 326. — Sur la Doctrine Chaldéenne, Recueil d'incantations, *Kasdim,* 327. — Les *Ga3rim, Khartumin, Kakamin, Asaphim,* 328. — Le sorcier, EA, L'Envoûtement, 329. — Formules d'incantations, 329 à 331. — Esprit de *Moul-ge,* Esprits divers, Talisman, les Ombres, 334 à 336.

CHAPITRE XV. — LA DOCTRINE ESOTÉRIQUE CHEZ LES HÉBREUX . . . . . . . . . . . . . . . 337

Prétentions des Hébreux, 337. — L'Esotérisme et la kabbalah, 338. — Les Thanim, Initiation à la kabbalah, 339. — D'où vient la kabbalah, 340. — Les mondes d'après la Kabbalah, 341. — L'âme après la mort, 344. Les 900 genres de morts, d'après le Talmud, 347. — *Le Habal de Garnim* ou Souffle des ossements, 348 à 350. — *Le Zelem,* 351. — Les Trois mondes : *Asiath, Jetsirah* et *Briah,* 352.

FIN DE LA TABLE SOMMAIRE ET ANALYTIQUE DES CHAPITRES
DU PREMIER VOLUME

Saint-Amand (Cher). — Imp. DESTENAY, Bussière frères.

www.ingramcontent.com/pod-product-compliance
Lightning Source LLC
Chambersburg PA
CBHW050308170426
43202CB00011B/1818